THE NUMEROLOGY KIT

数秘術
マスター・キット

あなたの魂に刻まれた情報を読み解く

キャロル・アドリエンヌ 著　斎藤昌子 訳

ナチュラルスピリット

日本語版プロローグ

発刊にあたって

人生は直感や明確な出来事を通して、進むべき時が来たと私たちに伝えてきます。たとえば喪失、人間関係や仕事にまつわる決定的な事態は、新しい何かが必要なことに気づかせてくれるでしょう。私たちはいつも直感をとらえているわけではありません。けれども直感によって動くと、しばしば予期せぬ不思議な方法で前に進めるのです。

私の場合もそうでした。1969年、二人の子どもをさずかった8年間の結婚生活に終止符を打つという決定的な事態を迎えた私は、自分のしていることの意味さえわからないまま、ひたすら直感の声に耳を傾け、人生を根底から変えて、今に至るキャリアの道を歩き出したのです。

社会の影響によって自立の道へ

アメリカでは1960年代半ばから1980年代にかけて社会通念や慣習が大きく変化し、私の人生もその影響を強く受けました。誰もが「自主自立」を目指していたその頃、同世代の多くの女性たちと同じように私もまた離婚して、娘と息子を育てながら働きはじめたのです。まだ20代の若い母親だった私は、「権威に流されず、個性を大切に」という当時の風潮そのままに、時間を見つけては好きな絵を描いて、パートタイムのアーティストとしてキャリアを重ねていこうと考えていました。

それからもう一つ、離婚してまだ間もない頃から私の中に芽生えはじめた思いがありました。それは、もう「ミセスXX」ではないのだから、いっそ名前を変えるべきかもしれないという思いでした。旧姓に戻るという手もあったのですが、それも何となくしっくりこない気がしたのです。でも、その時点では特にどうすることもなく、ただ新しい自分を象徴するような新しい名前を持ちたいというその思い（直感）だけを持ちつづけていました。

サンタフェでの不思議な日々

１９７４年に私は33歳になりました。友達が盛大な誕生日パーティを開いて、33という数字をかたどった大きなピンクのネオンサイン（私が当時夢中だったネオンアート）をプレゼントしてくれました。ちょうどその頃、私はケータリングの仕事をしていたのですが、ストレスをため込む日々が続き、子どもたちにも充分な愛情をかけられないようになっていたのです。そこでその誕生日パーティを機に、私は1週間の休暇をとって友達と二人でニューメキシコ州のサンタフェに旅をすることにしました。

アルバカーキーからサンタフェを目指して車を走らせていくうちに、自分が風景画に描いていたのにとてもよく似た赤土の低い山並みと、こんもりした緑の茂みが目に飛び込んできて、不思議な驚きを感じました。サンタフェでは、何もかもが私の喜びでした。澄みきった空気も、松の木が燃える匂いも、出会った人々も大好きになり、小さなシンクロニシティ（当時は「偶然の一致」と言っていました！）も両手で数えきれないほどたくさん体験しました。サンタフェは私にとても強いエネルギーを与えてくれる場所でした。だから私は家に戻るとすぐにあそこに永住しようと決心した──というか、そうしようと思ったのです。

私は仕事をやめて、家財道具をほとんどすべて売り払い、愛車のフォルクスワーゲンに子どもたちと最小限の手荷物をのせて、一路サンタフェに向かいました。あまりにも素早い私の決断と行動に、家族も友達も少なからずショックを受けたことでしょう。

サンタフェに到着した途端、シンクロニシティが次から次へと起きはじめました。たとえば到着した週の終わりに民族博物館に行ったところ、そこで久しく会わなかった旧友にばったり再会しました。彼らはちょうどその時、展示されていたバチック画に目を奪われながら私のことを考えていたそうです。そして振り向くと、私がそこに！彼らがニューメキシコにいるとはちっとも知らなかった私にとっても、それは驚きの再会でした。

不思議な日々がこうして始まり、私はその中で流れにのって動くことを学びながら、ウエイトレス、絵画モデル、アクセサリー職人、土産物屋の店長など、さまざまなパートタイムの仕事につきました。

そしてその9カ月か10カ月の間も、私は相変わらず名前を変えたいとずっと思っていたのです。

直感は運命のシグナル

その頃、私は複数の友人から一度ならず、彼らの友達のルース・ドレイヤーに会ってみるといいと言われていました。彼女と私は子どもたちの年齢も同じだし、芸術への興味も同じで、共通項がたくさんあるそうなのです。そしてある晩の集いでルースに紹介され、二人で話すことになりました。そこで私が何気なく、実は名前を変えたいのだと言うと、彼女が即座に「だったら私が数秘術でリーディングしてあげる」と言ったのです。「数秘術」という言葉を私が耳にしたのは、その時がはじめてでした。

彼女が小さな紙に書いてくれたチャートは何やらすごそうで、一体そこから初対面の私について何がどうわかるのだろうと、いやがおうにも好奇心が高まりました。結果はさらに衝撃的でした。チャートに並んだ数字を眺めながら、彼女は私の性格や、私の人生に起こったさまざまな出来事を実に正確に、次々と言い当てていったのです。そしてとうとう私は彼女のアドバイスをもらって、キャロル・アドリエンヌという新しい自分の名前を選びました。

でもその時はまだ、そこから先どんなことが待ち受けているか、この名前がどれほど思いがけないチャンスを引き寄せることになるかも、まったくわかっていなかったのです。

数秘術との出会い

それからしばらくの間、私は本屋という本屋をめぐって数秘術に関する本を買いあさりました。自分のチャートに現われたさまざまな数字は、私自身とその人生にどんな影響をもたらしているのか知りたくてたまらなかったし、もしそれがわかれば私だけでなく、他の人たちにとっても今回の人生の目的を知る大切な手がかりになるはずだと思ったのです。

やがて私ははじめて出会った人には必ず数秘術の話を持ち出して、数字の計算やリーディングを少しずつしてみるようになりました。その頃の私はまさか数秘術が将来の自分の職業になるなんて、夢にも考えていなかったのですが……。

ルースに出会い、数秘術を学びはじめてから数カ月が過ぎた頃、私の中で突然、「カリフォルニアに戻らなければ」という直感がひらめきました。その次の直感は、今こそ大学院に戻る時だというものでした。でもこちらのほうには今一つ気乗りがしませんでした。働きながら子どもを育てることの大変さは身にしみてわかっていたし、ましてや大学院に行くお金の余裕など、とても当時の私にはなかったからです。それに大学院で何を学べばいいのやら、それさえ見当もつきませんでした。

けれどもとにかく、私のいるべき場所はもはやニューメキシコではないとわかったので、私はカリフォルニアへ戻ることにしました。

その年にはその年の目的がある

当時、私はすでに数秘術の個人年サイクルを知っていたので、サンタフェに移り住んだのが私の個人年9の年だったことに気づきました。つまりそれは私にとって9年サイクルの最終年にあたっていたのです。9はそれまでのことを終了させ、新たな課題、新たな人生、新たなレベルに動くための準備をさせる数字。ですから9の年に新たな方向に向かおうと努力しても、その変化はえてして短命なのです。

私の場合も永住するつもりでサンタフェに行ったものの、翌年にはまた引っ越しすることになりました。9は終了と広がりの数字と考えれば、その年は古くなったものを手放してテリトリーを広げる準備の時だとすぐにわかります。

永住を考えていた私が再びカリフォルニアに戻るというのは一見、「挫折」のように思えるかもしれません。けれどもその期間をニューメキシコで過ごすことが、私の人生には間違いなく必要だったのです。私はそこでルースに出会い、数秘術を知り、再びカリフォルニアに戻って形而上学、シンボル、芸術、心理学への興味を育み伸ばしていく必要があったのでした。

名前は運命を表わす

親がつけた名前にどんな意味があるのだろうと疑問に思う人たちが大勢います。逆に結婚して姓が変わると、人生も変わってしまうのかもしれないと不安に思う人もいます。数秘術家は、子どもと親は魂レベルでつながっていると考えます。生まれてくる魂は何らかの課題を学ぶのにふさわしい人物を、あるいは完了していないカルマのつながりのある人物を、親として選んで生まれてくるのです。つまり私たちはみな、たまたまその親のもとに生まれたのではなく、自分の運命を全うする道をスタートさせるにふさわしい環境を選んで生まれてきているのです。

名付けられた瞬間から、名前は特有の波動を放ち、生年月日の流れのサイクルや特性とともにその人に作用しはじめます。この本を読んでいただくとわかりますが、数秘術ではその人の運命（運命数）と、人生を動かす動機（ハート数）を名前から調べます。つまり名前の持つエネルギーが特定の人々や出来事を引き寄せて、運命を全うできるようにしているのです。

たとえば私のもともとの名前の運命数は6でした。運命数6は責任と家族の絆を与え、教師や助言者、奉仕の道に進むことを求めます。高校生の頃、私はよくいろいろな人から教師になるようにと言われたものでした。勉強が得意というのも理由の一つでしたが、当時の女子高生にはまだ職業の選択肢がそれほど多くなかったことも関係していたでしょう。私は若くて不安定な年頃でしたし、自分が人に何かを教えている姿など想像もできなかったので、自分で教師になりたいと思ったことは一度もありませんでした。

でも結局私は今、教育機関にこそ属していないものの、こうして教師兼カウンセラーとして働いています。生まれた時につけられた名前を43年間も使っていなかった私ですら、結局その名前が持つ運命から逃れられなかったのです！

改姓改名して1年ほどたつと、新しい名前の影響力が顕著に現われてきます。たとえばキャロル・アドリエンヌ（Carol Adrienne）という私の新しい名前の運命数は11で、書く能力と話す能力の開発を求める数字です。11はまたしばしば、洞察やインスピレーションを分かち合うためのスポットライトやステージを呼び寄せます。この11という数字が新たに加わったことによって、私の場合は心理学的な洞察、シンボル、直感、想像力、形而上学、スピリチュアリティといった要素を教師の仕事に取り入れて行なうことが可能になりました。

つまりこの新しい名前は、教師としてのもともとの私の運命を変えたわけではなく、私の仕事を特定の領域に絞り込むという役割を果たしてくれたのです。

運命に逆らうことは可能か

人はその運命に逆らえるのでしょうか？　私たちはみなそれぞれ内側に魂の意志を強く持っていると私は信じます。けれども私たちはさまざまな理由から、運命に逆らおうとします。私たちの成長を阻む最大の壁は、他者の定義を自分の「真実」として受け入れてしまうことです。

たとえば作家になりたい人が、過去にいつも「頭が悪い」と言われて育ったとしましょう。私たちは自分の意見より他人の意見を信じるように訓練されてきているので、その人はそうした思いがあってもなお他者に言われたことを信じつづけて、潜在能力を開発しようという勇気を持てないかもしれません。自分の個性を伸ばしたいという奥深くに潜む憧れを人に知られたらどうしようと不安に思う時、私たちはしばしば自分の運命に抗います。

また、大事な夢を人に笑われたくないという気持ちから抵抗することもあるでしょう。さらに、怠け心や肌になじんだ快適な環境から旅立つことを恐れる気持ちから、自分の運命に従わないこともあります。かわりばえのしない人生を恨んだり、何の変化も起こらないと自分の外側に不満の原因を求める時、私たちは身動きがとれなくなります。

逆に、新しいことを学ぼうと心に決めた時、転職や離婚を決断した時、外国語を習うことや詩を書こうと思い立った時に、自分の運命のありようが明らかになったと多くの人が異口同音に明言します。つまり私たちの運命は、しばしば「何を行なうか」よりも、「どのようにやるか」に大きく関わっているのです。

どんなスケールであれ誰もが世界に貢献する

あなたの名前は、あなたがここにいる目的を告げています。その目的は千差万別で、なかには大勢の人々と接し、大きな舞台で生きることを運命づけられている人もいます。

たとえば、マハトマ・ガンジー（Mahandas Karamchand Gandhi）は１８６９年10月２日生まれで、誕生数（生まれ持った資質）は９です。誕生数９は、民主的かつオープンに人間性を理解する力や、思いやり、あらゆる階層の人々とつながる能力を与えます。

また生まれた時につけられた彼の名前を調べると運命数３、ハート数３、実現数（最終的な目標）がやはり３で、楽観性と創造性と自己表現によって他者の気持ちをつかみ、動かす人であることがきわめて強く示唆されています。コミュニケーションと表現を象徴する３がこれほど強く現われているということは、もしかすると彼の魂は過去生で自分の考えを伝えたいと望んだにもかかわらず、その使命を果たせなかったのかもしれません。

あるいはヴァン・ゴッホ（Vincent Willem Van Gogh）のように、芸術的な苦闘とみずからのビジョンの表現に集約された人生を生き、最終的に大勢の人生を変えるような作品を創造することになった人もいます。彼の名前が持つ運命数は、個人主義と独創性を強烈に示すマスターナンバーの55／1で、そのため彼の中には、独自の生き方をしたいというとてつもなく大きな欲求が生まれることになりました。

またゴッホの誕生数（1853年3月30日生）はカルマナンバーの14／5で、自由と服従の間で激しくせめぎあう葛藤をもたらしました。近代美術の誕生に貢献した才能豊かなこの人物は、内なるミューズと太い信頼の絆で結ばれることを求めつづけ、それができた時、ついに既存の芸術や社会の因習を打ち破ることができたのです。

あらゆることに目的が

あなたも私も、もしかすると自分の人生の目的に晩年になって気づく、遅咲きタイプかもしれません。「私は何者なのだろう？　私に特別なところがあるとしたらそれは何だろう？　私の人生の目的は何だろう？　今の仕事はやめるべきだろうか？　芸術や音楽の才能を磨いて、自分の運命と深くつながって生きるべきなのだろうか？」そんな疑問を私たちは自分に問いかけます。

もしも今、あなたが制約や束縛だらけの人生を生きているとしても、起こっていることには何かしら目的があります。そして私たちは常に内なる思いのままに生きる自由を手にしています。いつでも自由に選択できるのです。

「時間」というようなものはありません。仮に今回の人生で自分の運命を全うできなかったとしても、身につけた経験は残ります。そして私たちは同じ道を再び歩みつづけることを選択するかもしれないし、あるいは今度は魂が別の側面から、永遠の「目的」に向かって進みはじめるかもしれません。

人は何のために転生してくるのか

輪廻転生について、退行催眠実験によって得られた研究報告があります。この報告によれば、今回ここに生まれてきた理由を被験者たちにたずねたところ、次のような回答が得られたそうです（Hans Tendam: *"Exploring Reincarnation"* pp.149-150, Arkana, Penguin Books, 1990 より）。

・他者を助け、霊的に成長するため（27％）
・新たな体験を獲得して不足を補うため、あるいは過ちを正すため（26％）
・より社交的になるため（18％）
・カルマ的な人間関係に取り組むため（18％）
・その他の理由（12％）

退行催眠実験後の被験者たちのコメントを読むと、それぞれに運命数がほの見えてくるような気がします。いくつか例を挙げてみましょう。

・母親との関係でやり残したことがたくさんあった（13／4＝変容、根気、勤勉にまつわるカルマ的な問題）
・過去生で解決できなかったことを、すべてまとめて仕上げねばならない（9＝完成と統合）
・弱くてわがままな人生を経験することによってそれらを克服する必要があった（おそらくは3＝怠惰や虚飾などのネガティブな側面の問題、あるいは14／5＝中毒や建設的に時間を使うことにまつわるカルマ的な問題）
・生後15カ月の娘を火災で亡くした両親が私を必要としていたことを、私はちゃんと承知していた（13／4＝カルマ的な変容、または6＝家族の責任）

そのほかにも、恐怖心を克服する、リーダーシップを発揮できるようになる、忍耐と謙虚さを学ぶ、寛容になる、政治集団を率いるなど、被験者たちはさまざまな目標を語っています。この世界に生まれ変わるまでの間、魂はしばしば自分の意志で目的を選択することなく、その期間のほとんどを霊的なアドバイザーとともに過ごします。そしてその存在から各自の魂の性質や究極の目的について、幅広く奥深い知識を学んでいくのです。

　私たちが女性か男性かも偶然ではありません。同じ研究報告によると、被験者の76％が自分の目的を実現するのにふさわしい性別をみずから選んだと言っています。残りの24％の人は性別にはこだわらなかったか、選択肢がなかったそうです。

　こうした魅惑的な研究は、数秘術や占星術のチャートに現われた抽象的でスピリチュアルな情報を、実際の人生と結び付けてくれます。

著名な人々のチャートから

　キリスト誕生に先立つこと６００年前に生まれた古代ギリシャの哲学者、ピタゴラスの叡智を基《もとい》とする数秘術――この非常にシンプルで使いやすいツールを本書で分かち合えることを、私はとてもうれしく思っています。

　さて、これから数字の意味を学びはじめるみなさんに、一つだけお願いがあります。特に最初はオープンな頭と心をキープするように心がけてください。というのも、私自身も数秘術を勉強しはじめた当初は、一番「重要な」数字はどれだろうと混乱したり、最大の特徴を見誤ったりしたからです。名前と違って生年月日は変えられないので、もしかすると誕生数が一番重要なのかもしれないけれども、はたして本当にそうだろうかと考え込んだりもしました。けれどもいつしか、チャートに現われたさまざまな数字が互いに影響しあいながら織り成すパターンのようなものが見えてくるようになったのです。

　たとえばヴィンセント・ヴァン・ゴッホとアメリカ元大統領のフランクリン・デラノ・ルーズベルトの二人はともに、誕生数にカルマナンバーの14／5を持っています。ゴッホは芸術家として苦悶し（運命数55／1）、死後に偉大な名声を博しました。ルーズベルトは身体的な損傷に苦しんだ人です（彼は39歳の時にポリオを患いました）。ルーズベルトの運命数6は、１９３０年の失業の嵐が吹きすさぶ大恐慌時代と第二次世界大戦中に四期にわたって彼を大統領の座につかせました。ルーズベルトには44／8というマスターナンバーもあったため、ストレスや政治的な権力をうまく扱える人物で、難しい決断を下す時にも自分を見失わない強力な自制心の持ち主だったことがわかります。さらに3日生まれなので、スピーチも巧みです（「我々が恐れるのは恐怖心そのものであって、それ以外の何ものでもない」）。ゴッホもまた3日生まれで、彼の色彩や構成の巧さはそこからもたらされました。

また日本人では、野球で有名なイチローこと鈴木一郎選手（1973年10月22日生）の場合は、生まれ日の22（最上の建造者）と、身体数（9章「気質のバランス」を参照）の0という数字から、恵まれた肉体の持ち主であることがわかります。プライベートは静かに暮らす彼は、誕生数7（静か、人目を避けたがる、スピリチュアル）と運命数7（専門を究める、静か、スピリチュアル）と、どちらも7で、これは数秘術的に非常に幸運な組み合わせです。また試合中に発揮される彼のショーマンシップは、ハート数3からもたらされるのでしょう。3は得意分野で注目されることを愛する数字です。

もう一人の有名な松井秀喜選手は、表現力豊かで快活でクリエイティブという3が満載の、驚くべきチャートの持ち主です。彼のチャートには重要な影響力としてなんと10カ所以上にも3が現われます。1974年6月12日生まれの彼は生まれ日3のグループ。そして誕生数3、運命数3、人格数3、習慣数3、さらには身体数、知性数、感情数、直感数もすべて3で、人生のすべての時期の試練数までもが3なのです！　まさにスポットライトのもとに生まれ、プレイにプレイを重ねて生きる人。国際的なプレーヤーとして野球をプレイする以上に良い道がほかにあるでしょうか。ニックネームまで、世界的に有名なあの「ゴジラ」なのです。

女性の役割モデルとなっている人たちのチャートも覗いてみましょう。

アーティストであり、また元ビートルズのジョン・レノンの妻として知られるオノ・ヨーコ氏（1933年2月18日生）は生まれ日9のグループ（芸術家肌、地球規模の思想）で、誕生数9（国際レベルの文化的なインパクト）です。彼女の名声は運命数11／2と、実現数（最終的な目標）11／2の潜在的な可能性を充分に開発することによってもたらされたもの（11はインスピレーション、有名人の地位、芸術を支配する数字です）。また人格数は14／5（自立にまつわるカルマナンバー）で、彼女の芸術的、個人的な表現の激しさはこの数字によるものとすぐにわかります。また知性数が天才を意味する0というのも、彼女らしさをよく表わしているでしょう。

心臓血管外科医であり、宇宙飛行士でもある向井千秋氏（1952年5月6日生）は、パイオニア的な1の好例です。彼女の旧姓は内藤で運命数1なので、この運命数のもとに勇気と独創性を伸ばし、育むことになったはずです。さらに彼女の身体数は1で、これもまた強さと大胆さを示しています。向井さんは見事なまでに運命数1と誕生数1（カルマナンバー19／1）を体現し、日本女性初の宇宙飛行士となるとともに、日本人ではじめてスペースシャトルに二度搭乗しました。イチロー選手と同じく、彼女もまた誕生数と運命数が同じ数字という幸運な組み合わせです。

1日生まれで誕生数19／1、運命数1、習慣数1、感情数1という著名人がもう一人います。世界的に有名な指揮者、小澤征爾氏です。彼の場合は誕生時から44歳まで1と8の影響力を受けていたので、この間にいやがおうでも頭角を現わすことになったはず。44歳以降は頂点数が文化的、国際的な数字である9に変わり、それとともに世界各国のオーケストラで指揮するという無限の可能性が与えられています。

19／1（秀でることと衆目を集めることにまつわるカルマナンバー）は時として魂を強化する試練をもたらすことがあります。最近、映画「ラスト・サムライ」に出演し、素晴らしい演技で国際的に高く評価された俳優の渡辺謙氏もまた誕生数19／1で、そこに運命数7（スピリチュアルな深い理解と真実の探求）を持っています。またハート数は13／4（死と再生、変容を暗示するカルマナンバー）で、急性白血病に倒れながらも闘病生活の末に演技の世界に復帰するという彼の一連の魂の学びは、この数字からもたらされたと言えるでしょう。

私たちの魂はその生涯でみずからを癒すため、あるいは開発したり、手放すために特定のパターンを選びます。そしてなかには、とてつもなく大きな課題を引き受ける魂もいます。たとえば国連難民高等弁務官を勤めた緒方貞子氏（旧姓は中村で1927年9月16日生）の数秘術チャートには、もともとの運命数としてカルマナンバー14／5（急進的な考え、自由、見事な順応性）が現われます。さらに生まれ日が16／7、ハート数14／5（旧式の規則を打破することを望む）、実現数は13／4とカルマの影響力が数多く見受けられます。まるで彼女の魂が今回の人生でとにもかくにも大きな組織や世界を建て直し、複数の過去生を一度に癒したいと望んでいるかのようです！　また彼女の場合は幸運なことに誕生数がマスターナンバーの44／8なので、多種多様な人々や国々とともに働くために必要な並々ならぬ強さと、大きな権力を行使する能力も与えられています。

興味深いことに、彼女は結婚して緒方姓になっても運命数は14／5と変わらず、そこにハート数16／7（信頼と裏切り、スピリチュアルな深い問いかけ）と人格数16／7が加わることによって、スピリチュアルな探究心（そしておそらく孤独と瞑想を求める気持ちも）がさらに深まります。

有名な人々のチャートを調べるのは毎回とても興味深く、さまざまな数字の組み合わせによる影響力を知る上でも非常に参考になります。しかしながら、私たちにはそうした人々のプライベートな側面までは知り得ないことは覚えておきましょう。たとえば有名人の外見と数字がフィットしないように思える時も、そのせいかもしれません。

数秘術を学ぶ

数秘術に魅力を感じる人は、おのずとその知識を得ていくでしょう。なぜなら自分や人のチャートが常に頭に浮かび、出会った人の名前や生年月日も聞きたくなるでしょうから。数秘術はまた、家族を理解する上でも役に立ちます。子どもを充分に理解し、兄弟とも親とも違うその子独自の特性を伸ばしていけるようにもなります。

心理学者やセラピストの人はもちろん、どんなビジネスにも、数秘術を少し学ぶだけでさまざまな形で仕事に役立てていけるでしょう。数秘術は人を違う目でとらえ、その人がこの世界で取り組むべきスピリチュアルな目的や課題を知るための言語だと考えてください。仕事で決断に迷った時は、個人年と個人月の情報を読めば迷いや疑いが消え去り、プロジェクトを進めるための計画を効果的に立てられるようになります。

パートナーとの問題を抱えている人は、相手の個人年と頂点数、試練数を見れば、その人の内側に渦巻く感情や秘めた思いもわかります。一人ひとりがそれぞれの道をそれぞれに歩いていることがわかれば、私たちは自分と同じようになることを相手に押しつけることなく、互いをありのままに愛せるようになれるのです。

数秘術を使って魂と対話する

スピリチュアルな奥深い知恵に触れるためには、学びつづけることが何よりも大切です。数秘術も例外ではありません。ですからまずはあなた自身の数字を深く理解し、日常生活に活かすことを目指しましょう。それと同時に本をたくさん読みましょう。多くの本を読むほど、あなたにとって必要なものが見えてきます。

数秘術の本に関して言えば、チャート中の数字の呼び名は著者によってさまざまです（たとえば誕生数は表現数、ソウルパス、誕生力などいろいろに呼ばれます）。そうした名称に混乱しないようにして、計算方法からどの数字のことを言っているのかを確かめながら読み進めましょう。

そんなふうに学びつづけていくうち、もしかしたらいつかあなたも誰かのチャートを作ってあげることになるかもしれません。そうなったら、今まで読んだ本の中から最善の呼び名を選んで、一番好きな著者の方法に従いましょう。数字の意味は常に同じですから、1から9までの数字のポジティブ、ネガティブ両面の特性を上手にとらえるように努めてください。

また、チャートに同じ数字がいくつも現われる場合は、その数字に注目しましょう。それはその人がその数字のエネルギーを深いレベルで表現しようとしているという意味だからです。最初のうちはシンプルなチャートを作るようにして、誕生数、運命数、ハート数、個人年、頂点数、試練数といった重要な項目のみに集中しましょう。そしてそれらの数字がどのように働いているかを見るのです。

名前の中に現われない数字（8章「特性数と欠落数」を参照）はその人が体験を開発するために引き寄せる領域を示すもので、欠落数と呼ばれます。たとえば2（B、K、T）が名前にない人は、人間関係が大きな学びの領域となります。それは、その人が人間関係を持てないという意味ではなく、誰かとともに、あるいは誰かに恋して人間関係に取り組む必要があることを意味するもの。あなたに力がついてくれば、こうした部分の情報もその人をトータルに解釈する際に役立てられるようになるでしょう。

けれども、とにかく最初はシンプルなチャートを作り、そこに現われた数字を解釈して、相手のフィードバックを受けとるという作業を繰り返しながら、あなた自身の学びを深めることが大切です。その際に目指すべきことは、より高い目的を彼らに示し、そこに至る試練に取り組む方法を理解できるようにしてあげることです。相手の人生の進み具合を判断したくなったり、最善の解決策がわかる気がしても、そうした誘惑に負けてはいけません。どんな時もニュートラルで思いやりを持った態度を貫けるようになりましょう。

そして魂と魂の美しい交流の機会を楽しめるようになりましょう。

2005年1月　カリフォルニア州エル・サリートにて

キャロル・アドリエンヌ

目次

イントロダクション

数秘術とは

数秘術家として十数年、私は文字どおり数えきれないほど多くの人々の数秘術チャートを作ってきました。しかし今なお、一人ひとりのチャートに表われる数字の多彩さと、それらの数字の織りなす人柄や人生の展開の多様さには毎回驚かされています。

私自身もそうでしたが、誰でも自分のチャートを手にすると、伴侶や子どもたち、上司や親友のチャートも知りたくなるものです。「数秘術チャートの作り方を教えてほしい」という要望や、「このチャートはどのように読み解けばよいのでしょう？」といった質問が私のもとに数多く寄せられてきます。

本書『数秘術マスター・キット』はそうした多くの方々の声に応え、数秘術という魂の奥深い情報を読みとるツールを読者のみなさんに紹介するために作った本です。もしも今、あなたが本当の自分を知りたい、人生の目的を理解したいと思っているなら、どうぞ本書を使ってその手がかりを見つけてください。

使い方はいたって簡単です。それぞれの章の指示にしたがって単純な計算をするだけで、あなたとその人生を象徴するさまざまな数字が得られます。もちろん同じように計算すれば誰の数字でも調べられ、それぞれの数字の意味も解説してあるので読み解きもすぐにできます。

早い話、この本は「数秘術」という古くてしかも新しい偉大なツールを、あなたの人生に、そしてそこに関わる大切な人たちとの関係に役立てられるよう必要なすべてを網羅した、実践的な数秘術入門書なのです。

数秘術の歴史

数秘術は、数字とその意味を探究する深遠な学問体系です。森羅万象を数字で表わし、そこから奥深い意味を読みとる数秘術では、人間もまた誕生時につけられた名前と生年月日によってその人の内面のみならず、人生の様相や展開までも解き明かすことができると考えます。

歴史を越えて今なお人々に愛されつづける数秘術は、古来さまざまな文明において賢人たちの興味の対象となってきました。一般的にはピタゴラスがその「父」として知られていますが、さらに遡ること数千年前の中国、ギリシャ、ローマ、エジプトでも数秘術が使われていたという証拠が存在します。けれども数秘術は当時、とてつもなく強力なパワーを秘めた神聖な学問と考えられていたため、一部の選ばれた者にのみ口頭で伝えられていたのです。

哲学者であり数学者であったピタゴラスは、紀元前6世紀の南イタリアで教師として生きた人物です。ピタゴラスに関して直接確認できる資料はほとんど現存していませんが、彼の教えを信奉する学徒たちはピタゴラス学派と呼ばれ、その哲学的、宗教的な運動はやがて神聖ローマ帝国全域にまで広まり、支持されました。学校で習ったあのピタゴラスの定理と言えば、みなさんもピンとくるでしょう。

「世界は数字で表わすことができる。数字を使うことによってカオス（渾沌）に秩序が生まれる」というピタゴラスの信念に基づいて数秘術の原理は打ち立てられました。数秘術家は抽象的な概念も含めたすべてを数字に変換できる、そしてその数字の一つひとつに具体的な意味があると考えます。つまり言葉でも名前でも、それを数字にすれば隠された意味が見えてくるというわけです。

ピタゴラスの教えはプラトンに引き継がれ、さらにユダヤ教のカバラの書物によって補強されました。そしてアウグスティヌスをはじめとする初期のキリスト教の教父や学者が研究対象として探究する長い時代を経たのち、ルネッサンス期に入ってようやく広く一般に知られるようになりました。当時の人々は高邁な学者から学問のない一般大衆に至るまで、誰もが数秘術の素晴らしさを認識し、生活に役立てていたと言われます。

数秘術の方法と目的

占星術やタロット、易などと同じく、数秘術もまたここ数年ブームの再来を迎えています。リーディングの際には現代の数秘術家もやはり、たいていピタゴラス派のオリジナルシステムを採用しています。あとで詳しく説明しますが、そのシステムとはアルファベットの文字に1から9までの数字を順に割り当てていく（Aは1、Bは2、Cは3というように）という、きわめてシンプルなものです。

リーディングをするには、数秘術家はまずクライアントの名前と生年月日の数字をさまざまに組み合わせて計算し、人物像や人生に関わる重要な情報を引き出すための数字を求めます。そしてそれをみな独自の数秘術チャート表に記録して、各数字が指し示す意味を読みとっていきます。

本書ではあなたが自分で数字を調べていけるようにシンプルに設計した、私のオリジナルなチャート表を使います。指示に従ってその表に順に書き込んでいけば、あなたの数秘術チャートが完成し、求めた数字の意味も本文中に順次解説してあるのでその場で読みとりができます。

数秘術を学ぶのは、自分自身を知り、みずからの可能性に気づくためです。そして本当の自分を認めるとともに今の自分をそのまま受け入れて、手に入れた情報をもとに必要な調整作業を行なうことが私たちの目的なのです。

完成した数秘術チャートは、生まれ持った能力、人生の目的、動機、他者から見たあなたの姿、行動の癖、欠けている能力、仕事の方向性といったものを総合的にとらえる視点を与えてくれます。「汝自身を知れ」という古《いにしえ》の金言にあるように自分自身を知りたい、自分をもっと理解したいという思いを抱いている人なら、数秘術がそのために活用できる、とてもシンプルなツールだということにすぐに気づくでしょう。

自己への気づきが深まれば深まるほど、数秘術によって明かされた奥深い情報をより客観的にとらえられるようになっていきます。そうなれば、あなたの魂が今回の人生のために選んだ道や計画の全体像も、よりはっきりと見えてきます。自分の数字の解説を何度か読んでいるうちに、やがてそこで得られる洞察をオープンに受け入れられるようになっていることに気づくでしょう。もし解説を読みながら、これは自分のよく知る自分そのものだと感じられたら、それはあなたが歩を進めて、自分が「大きな絵の一部」としての存在だという真実を受け入れ、人生には意味があるという普遍の真理を高らかに肯定したことになるのです。

自己を尊重できるようになるためには、まずは自分自身を受け入れ、ゆらぎない穏やかな感覚を身につける必要があります。あなたのチャートと家族や友人のチャートを並べて見てください。彼らの人生の目標、才能、欲求、課題が自分のそれとはいかに異なるか（あるいは同じか）ということにすぐに気づくでしょう。そこに気づけば、自分自身のみならず彼らもまた（あなたがこうあってほしいと考える姿でなく）ありのままに受け入れられるようになります。

また数秘術チャートがあれば、あなたの人生に起こりくる変化の年や月もわかるので、たとえば結婚や引っ越しにベストなのはいつか、今は自力で解決すべき時か、あるいは抗わずに来るものを受けとる時かといった重大な決断や選択にまつわるタイミングも知ることができます。

神秘学の教えに共通する恩恵は、目的意識や今回の人生の焦点といった展望が得られるということです。形而上学的といわれるものはみな、（隠された、あるいは秘められた）全体像という視点をさまざまな形で示してくれます。体験から学び、進むべき道を見誤らずに進めるようになるためには、私たちはまず、そうした隠された部分に光を当て、明らかにしていかねばならないのです。

数秘術チャートの作成法

最初に数秘術チャートの内容をざっと紹介しておきましょう。このチャートで取り上げる項目は、次のとおりです（かっこ内は対応する本文の章番号です）。

・**生まれ日**　あなたという人をおおまかに表わす数字（↓1章）
・**誕生数**　生まれ持ったあなたの資質や才能、生きる姿勢（↓2章）
・**運命数**　今回の人生の目的、使命。この人生であなたは何に取り組み、何を現実化させていくのか（↓3章）
・**実現数**　誕生数と運命数の合計。この人生で最終的にあなたが達成しようとしていること（↓4章）。
・**ハート数**　あなたの選択の内側に隠された動機。あなたが一番大切に感じること（↓5章）
・**人格数**　他者の目に映るあなたの姿。人はあなたをどう見るのか（↓6章）
・**習慣数**　無意識のうちにバランスを失いやすいあなたの弱点（↓7章）
・**特性数と欠落数**　名前を構成する数字が明かす、日常レベルのあなたの特徴や能力（↓8章）
・**気質のバランス**　身体、知性、感情、直感の各表現レベルから見たあなたの特徴（↓9章）
・**頂点数と試練数**　あなたの人生の四つの時期を後押しする良い影響力（頂点数）と、課題や責務を与える数字（試練数）。各時期にどのような環境や機会、出会い、あるいは試練を与えられていくのか（↓10章）

では、いよいよあなたの数秘術チャートを作成していきましょう。

本書の数秘術チャートを作成するために必要な基礎データは、あなたの「名前」と「生年月日」の二つのみです。

はじめに巻末の数秘術チャートを一枚切り取るかコピーして、チャートの一番上の欄にあなたの名前をローマ字で名・姓の順に書きましょう（名前については、26ページの「名前のガイドライン」を参照してください）。次にそのすぐ下の欄にあなたの生年月日（西暦）を記入しておきます。

ここでは、生年月日と名前から最初に割り出され、チャートの中でもっとも重要な項目でもある「誕生数」と「運命数」の求め方を実例に、チャートを作るための基本的なやり方とルールを説明していきましょう。この二つの項目の出し方さえしっかり理解しておけば、ほかの項目はすべてその応用になります。

誕生数

生年月日の合計数を「誕生数」と呼びます。誕生数はこの世に生を受けた時からあなたの中に存在する能力を示す数字です。

この誕生数は、生年月日の数字だけで構成されているため、例としては一番シンプルでわかりやすいでしょう。そこでまず第一の基本ステップとして、あなたの誕生数を計算してみます。数秘術で必要な計算は、1＋2＝3のようにごく単純なものばかりです。

表aを見てください。たとえば1942年10月11日生まれという場合、生年月日を構成している

表a　誕生数の計算例

生年月日 1942 年 10 月 11 日			
1＋9＋4＋2＝16，1＋6＝7	1＋0＝1	1＋1＝2	
7	＋ 1	＋ 2	＝10　すなわち 1＋0＝1

数字は1942、10、11です。表のように、最初に年・月・日ごとにそれぞれの数字を足し、次にその3つの数字を合計してください（生まれ年は4桁の西暦年を使います）。

この時に大切なルールがあります。

★ルール1　チャートの計算はすべて、最終的にひと桁の数字になるまで足し合わせる。

最終的にひと桁になるまで数字を足しつづけていくというこのルールは、誕生数だけでなく、数秘術チャートのすべての数字の計算に共通する基本原則です。

ただし、次の場合は例外です。これが2番目のルールとなります。

★ルール2　もしひと桁にしていく計算の途中で、
・13、14、16、19＝カルマナンバー
・11、22＝マスターナンバー
が出た場合には、ふた桁の数字も併記する。

カルマナンバーとマスターナンバーはどちらも重要な数字ですから、これについての説明をよく読んでください（次ページ）。

以上の２つのルールに基づき、例にならって実際にあなたの誕生数を求めてみましょう。そして、数秘術チャートにあなたの誕生数を書き込みます（書き方は29ページの「チャート記入例」を参考にしてください）。

ここでその意味を知りたい人は、誕生数（２章）のページを開いて、あなたの数字の解説を読みましょう。

運命数

第二の基本ステップは、あなたの名前のローマ字をすべて数字に変換し、計算できるようにすることです。

では、名前はどれを使って調べればよいのでしょう。あなたが今使っている名前でしょうか？　それとも結婚前の旧姓でしょうか？　あるいは、まわりの人からいつも呼ばれているニックネームや通称でしょうか？

表b　変換表

1	**2**	**3**	**4**	**5**	**6**	**7**	**8**	**9**
A	**B**	**C**	**D**	**E**	**F**	**G**	**H**	**I**
J	**K**	**L**	**M**	**N**	**O**	**P**	**Q**	**R**
S	**T**	**U**	**V**	**W**	**X**	**Y**	**Z**	

これについては次のルールを覚えておいてください。

★ルール３　名前は必ず、出生届に書かれた本名を使う。

★ルール４　日本語名は、ヘボン式ローマ字で表記する。

名前については、「名前のガイドライン」を掲げますので、これに従ってください（26ページ）。そして次に、このローマ字の名前を**表b**の「変換表」に従ってすべて数字に置き換えていきます。

★ルール５　名前のアルファベットは、一文字ずつ数字に変換する。

これさえできれば、あとは前のステップと同じく、ひと桁になるまで数字を足していくだけです。

この変換表を見てわかるように、Ｊから始まる二段目以降は、アルファベットの何番目かという

カルマナンバーとマスターナンバー

★カルマナンバーとは

カルマナンバーである13、14、16、19という数字は、それが現れた項目（たとえば運命数、試練数、誕生数など）が特別な意義を帯びているというしるしです。

カルマナンバーとは今回の人生で取り組むことになっている未完の体験や責任や衝動を暗示する数字です。輪廻転生の考え方に基づけば、そうした課題はやり終えるまで繰り返し与えられることになってしまいます。

そのため、カルマナンバーの数字はひと桁にした数字とともに記して、その数字の特別な意味を忘れないようにすることが大切だと私は考えています。私はいつも「13／4」「14／5」「16／7」「19／1」というように併記します。

★マスターナンバーとは

11、22、33……という数字はマスターナンバーです。本書では各章で11と22のみについて解説してあります。というのも、それ以上に波動の高い数字に適応できる人は実際にはほとんどいないからです。

けれども、チャートのどこかにこうしたマスターナンバーが出てきたとしたら、そこにはひと桁にした数字（11なら2、22なら4）をはるかに凌ぐ強烈な影響力が与えられるという意味なので、そのことは頭に入れておいてください。カルマナンバーと同様、これらも「11／2」「22／4」というふうに並べて表記しましょう。

マスターナンバーとは、スピリチュアルな高度の情報を学び、統合させる潜在能力の存在を暗示する数字です。この学びはより高くを目指すタイプの学習とは異なり、その大部分がストレスに満ちた環境を通してもたらされます。

もしもあなたがマスターナンバーを持っていて、普遍的な概念や哲学的な研究、あるいは形而上学的な原理に根ざして考え行動しているなら、あなたはそのマスターナンバーのレベルで動いていると言えます。しかし自我レベルの衝動や反応のままに目の前の現実に関わることを選択している場合には、ひと桁にした数字（たとえば22ではなく4）のパラメーター内で動きつづけることになるでしょう。このため、マスターナンバーは「試す数字」とも呼ばれます。

Karmic Number & Master Number

名前のガイドライン

Guidelines for Working with Your Name

名前は、あなたという人物を特定するための重要な手がかりです。その名前はある人（または人々）の意図が働いてつけられたもの。しかも、新生児と親（あるいは名付けの責任を担う人物）とはサイキックな絆で結ばれていて、名付け親はその子に一番ふさわしい名前を無意識のうちに「感じとる」のだと言われています。

「親につけられた名前はずいぶん前から使っていない」と言う人がたまにいますが、その名前を使っていなくても（たとえば幼いうちに養子になって姓が変わったなどの理由で）、もともとの名前の運命数の効力は変わらずに残ります。

改姓改名後の名前、ニックネーム、ペンネームなどは、出生時の名前と比較する目的でなら使うことができます。たとえば、洗礼名の数字を計算して、その名前とともに獲得した新たな側面を見るというのもその一つです。

けれども数秘術においては、あなたという人はあくまでも、「誕生時の命名」という意図的な行為によって定義されます。姓名を変えることによって起きる変化はどれも、その後に開発したり取り組むことになった後続の道を示しているにすぎず、本当のあなたを成り立たせているものではありません。

あなたが本来何者であるかは生涯変わらないし、変えられないのです。とはいえ、もちろんあなたの選択次第で特定の側面を開発育成していくことは可能で、姓名を変えることによってそれをより容易に行なえるようにもなります。

自分の苗字か名前のどちらかが嫌いだと言う人も少なくありません。そういう人は、そこに附随する才能や能力を否定したり、軽んじたりするかもしれません。でもそれを拒むということは、開発するために生まれ持った自分の一部を拒むことにほかならないのです。

出生届に名前が間違って記載されている人は、それを書いた人物を見つけましょう。もしもそれが名付け親なら、そこに書かれている名前をそのまま使って調べます。なぜなら、その人がそう書いたのには何かサイキックな理由があったと考えられるからです。もし名付け親以外の人物が不注意で書き間違えた場合は、本来書かれるべきだった名前で調べます。

数字をひと桁にした数字と一致しています。

たとえば次のとおりです。

J＝10＝1＋0＝1

K＝11＝1＋1＝2

V＝22＝2＋2＝4

これらは何度か計算するうちに、対応する数字を自然と覚えてしまい、表を見なくても変換できるようになります。

こうして出生時の名前のアルファベットを一文字ずつ数字に変換し、その数字をすべて足し合わせたものが「運命数」です。これもまず姓と名それぞれに足してから、最後に合計します。

たとえば女優のシャーリー・マクレーンの名前から運命数を求めてみましょう（なお彼女の本名の姓のTは一つです。弟のウォーレン・ビーティはTを二つにしたBeattyを芸名にしています）。

表cのように計算していくと、シャーリー・マクレーン・ビーティの運命数は9。この運命数は特に演劇方面での活躍や、人生の高次の原理を教える人であることを暗示します。彼女は諸外国に旅するなど、人生のなかで幅広い体験を与えられ、精神世界への関わりも強い人です。

表c　運命数の計算例：シャーリー・マクレーン

S H I R L E Y	M A C L A I N E	B E A T Y
1 8 9 9 3 5 7	4 1 3 3 1 9 5 5	2 5 1 2 7
42＝4＋2＝6	31＝3＋1＝4	17＝1＋7＝8
6＋4＋8＝18		
1＋8＝9		

さあ、今度はあなたの出生時の名前をアルファベットで書き、数字に置き換えて、あなたの運命数を計算してみましょう。

運命数を求めたら、あとは数秘術チャートに書き入れるだけです（書き方は次ページの「チャート記入例」を参考にしてください）。姓の合計と名前の合計もそれぞれ書いておきましょう。そうしておけば運命数を構成する数字の特徴もわかります。

ここでその意味を知りたい人は、運命数のところ（3章）を開いて、あなたの運命数の解説を読んでください。そして運命数の主な意味をチャートの裏に書き、必要な時にすぐに読めるようにしておくといいでしょう。

以上述べた誕生数と運命数以外の項目については、次のページに掲載されているシャーリー・マクレーンの「数秘術チャート記入例」にならうか、あるいは本文各章のはじめにある、それぞれの計算方法を参照してください。

★四つの時期の年齢区分（頂点数と試練数の期間）

36－誕生数 9 ＝ 27 歳（第１期終了）

1．誕生から 27 歳（第１期終了） ＋1＝ 28 歳（第２期開始）

2． 28 歳（第２期開始）＋8＝ 36 歳（第２期終了） ＋1＝ 37 歳（第３期開始）

3． 37 歳（第３期開始）＋8＝ 45 歳（第３期終了） ＋1＝ 46 歳（第４期開始）

4． 46 歳（第４期開始）から終生

生年月日（西暦）1934 年 4 月 24 日

＊それぞれひと桁にする 年（8） 月（4） 日（6）

★頂点数（ひと桁にした数字を使う）

第１期：月（4）＋日（6）＝ 10＝1

第２期：日（6）＋年（8）＝ 14＝5

第３期：第１期頂点数（1）＋第２期頂点数（5）＝ 6

第４期：月（4）＋年（8）＝ 12 ＝ 3

★試練数（ひと桁にした数字を使う。常に大きい数から小さい数を引く）

第１期：月（4）－日（6）＝ 2

第２期：日（6）－年（8）＝ 2

第３期：第１期試練数（2）－第２期試練数（2）＝ 0

第４期：月（4）－年（8）＝ 4

	年齢区分	**頂点数**	**試練数**
第１期	誕生 ～27 歳	1	2
第２期	28 歳～36 歳	5	2
第３期	37 歳～45 歳	6	0
第４期	46 歳以降	3	4

MEMO

The Numerology Chart

数秘術チャート〈記入例〉

名前（出生届に記載された本名、ヘボン式ローマ字）

名 SHIRLEY MACLAINE BEATY

生年月日（西暦） 1934 年 4 月 24 日

〈変換表〉

1	2	3	4	5	6	7	8	9
A	B	C	D	E	F	G	H	I
J	K	L	M	N	O	P	Q	R
S	T	U	V	W	X	Y	Z	・

誕生数 生年月日の合計 （年＋月＋日）	1934 4 24 17＝8 4 6 8 ＋ 4 ＋ 6 ＝ 18 ＝ 9	9
運命数 名前の文字を 変換表で数字に 置き換えて合計	SHIRLEY MACLAINE BEATY 1899357 41331955 25127 42＝6 31＝4 17＝8 6 ＋ 4 ＋ 8 ＝ 18 ＝ 9	9
実現数 誕生数＋運命数	9 ＋ 9 ＝ 18 ＝ 9	9
ハート数 名前の中の 母音の合計	I E A AI E EAY 9 5 1 19 5 517 43 ＝ 7	7
人格数 名前の中の 子音の合計	SH RL Y M CL N B T 18 93 7 4 33 5 2 2 47 ＝ 11	11/2
習慣数 名前の文字の総数	20 ＝ 2	2

特性数 名前の中にある 数字：それぞれ 出てくる回数	1	2	3	4	5	6	7	8	9	**欠落数** （カルマのレッスン） 名前の中にない数字	
	4	2	3	1	4	0	2	1	3		6

気質のバランス			
	名前の数字	1899357 41331955 25127	・
	身体数 4と5の総数	v v vv v	5
	知性数 1と8の総数	v v v v v	5
	感情数 2と3と6の総数	v vv v v	5
	直感数 7と9の総数	v v v v v	5

＊ふた桁の数字はひと桁になるまで足し合わせる（例：15＝1＋5＝6）
＊13、14、16、19：カルマナンバー、11、22：マスターナンバー

本書の使い方

この本は「数秘術チャート」の項目別に構成されています。1章ごとに、チャートの項目を一つずつ取り上げます。

どの章も、冒頭でその項目の基本的な意味や計算方法などを述べ、そのあとで個々の数字について解説していきます。

数秘術チャートを有効に使うために

チャートにある項目はどれも、あなたの興味に応じて自由に使えるようになっています。けれども、もし調べた数字を最大限に活用したければ、その数字は幅広いコンテクストの中でじっくり時間をかけて見ていく必要があります。

出来上がったあなたの数秘術チャートは、いつも手の届くところに置いておきましょう。なぜなら遅かれ早かれ、あなたも必ずそこに現われた数字の影響力を感じるような体験をして、日々の生活でそれを実感するようになるからです。

数秘術の情報は、受けとる人の状態に応じて、その時点のその人に見合う洞察を少しずつもたらしてくれます。ですから、解説の中で覚えておきたいことや、その時々に気づいたこと、気になった言葉を書きとめておくと、あとで非常に役立つのです。

きっとあなたも使っているうちにわかってきますが、たとえば決断を迫られたり、変化の兆しを感じた時にそうしたメモを読み返すと、貴重な導きやヒントが得られます。また時には、自分の数字に対する新たな認識や気づきがおもしろいほど次々もたらされることがあり、それらも忘れないうちに書いておくといいでしょう。

さらに数秘術の対象は、生年月日や人名だけにとどまりません。気になる言葉、惹かれる言葉も名前と同じ方法でアルファベットから数字に変換し、数秘術で調べることができます。

例を挙げれば、愛＝LOVE（9）、お金＝MONEY（9）、平和＝PEACE（3）、サポート＝SUPPORT（8）、信念＝FAITH（8）などです。この数字から、運命数の章（言葉にもそれぞれ運命があるので）の該当する解説を読みましょう。

言葉に限らず、たとえばあなたの家の住所の運命数を計算することもできます。部屋番号だけでもいいし、番地や町名を加えて計算してもいいでしょう。あなたのまわりを取り巻くさまざまな言葉や数字、たとえば車のナンバーや、電話番号、健康保険証の数字が、もしかしたらあなたへの大切なメッセージを持っているかもしれません。

矛盾する数字

数字は内側からあなたに語りかけてくるさまざまな「声」のようなもの。ですからチャートに矛盾する数字が現われたとしても、何の不思議もありません。第一に矛盾するのは人間の常ですし、第二に生涯を通じて私たちに働きかけてくる影響力は一つではなく、時に応じて多様に変化するからです。誕生数にしろ、運命数にしろ、一つの数字だけで人を正確かつ完全に説明することはできないと私が繰り返し言うのはそのためです。

なかには、自分で思っていたのとはまったく違う自分を示す数字ばかりがチャートに出てくると感じる人もいるかもしれません。たとえば運命数は7だけれども、自分としてはスピリチュアルな道を歩いているとはとうてい思えないというように……。比較的若い人なら、それは精神的な側面を開発するチャンスにまだめぐり会っていないということでしょうし、あるいは今のところは他の数字の影響が強く、そちらの数字にまつわる体験のほうが多くなっているとも考えられます。

チャートを使って自分の内面の一部を認識するようになると、時間がたつにつれてその新たな側面が徐々に馴染んできて、やがてはそんな自分が愛しいとさえ感じるようになるでしょう。普通はそんなふうに少しずつ自己発見と統合のプロセスが進んでいきますが、時には何らかの異常事態や強いストレスが引き金となって、それまで隠れていた見知らぬ自分が突然、一気に表に飛び出してくる場合もあります。そこで慌てないためにも、日頃からチャートを見て、内側の真実との接触を保っておくことが大切です。

チャートによって全体像をとらえる

『数秘術マスター・キット』は数秘術をはじめて学ぶ人のための本です。今から数カ月後、数年後には、あなたもきっとその方法や意味にすっかり馴染んでいるでしょう。それと同時に、あなた自身や、周囲の世界に対する理解も確実に深まっているはずです。

数秘術チャートを作る真の目的は、「そこに現われた数字を見比べながら全体像をとらえる」ことにあります。このチャートは、あなたのすべての数字を一覧できるようになっているため、全体をホリスティックに眺めることができ、数字どうしの重要な関係もよく見えてくるでしょう。

人間がみな一人ひとりユニークで異なるように、数秘術チャートもまた同じものは一つとしてありません。

チャート全体を眺めて、そこに現われているさまざまな数字を見比べていれば、一つか二つの項目の数字を出しただけでその人を理解したと思い込んでしまうような落とし穴には、はまらずにすみます。チャートの真髄は、それぞれの数字がどれもうまく機能するように生きるという、そのバランス感覚を身につけることにあるのです。

もちろん影響力の強い一つの数字が何カ所にも現われて、その数字の特徴だけが目につくような人もたくさんいますが、そういう場合でも、必ずチャート全体を見て判断すべきです。自分のことでも、他人のことでも、同じ数字が複数の項目に現われたからといって、私は「5」だとか、この人は「7」だとか「3」だなどと決めつけないように、くれぐれも気をつけてください。

数字から人生の洞察を得ていくという作業は、まるで複雑に枝別れした海底の洞窟を、懐中電灯の一筋の光をたよりに探検するようなものです。どこまでも奥深く続くその洞窟を、手もとの光で一気に照らし出すことはできません。スピリチュアルな道の気づきは、長い時間をかけて起こってきます。あせらず、ゆっくり進みましょう。

1章

Day of Birth

生まれ日

すべての人間は生まれつき、知ることを欲する

——アリストテレス『形而上学』

生まれ日とは

さあ、最初はあなたの生年月日のうち、日にちのみの1から31までの数字を見ていきましょう。この数字はごく大まかに「あなたはこんな感じ」という全体的な印象を教えてくれます。あなたという人について詳しく特定するものではありませんが、いろいろな特徴がわかります。

あなたもきっと一度や二度、何かの数字を聞いた時に「それって私の誕生日！」と思ったことがあるでしょう。生まれ日は、私たちが最初に意識する自分の数字。だれにとっても親しみのあるものです。

この数字からは、あなたのものの見方や行動パターンなどが読みとれます。私もチャートをリーディングする時には、最初に生まれ日を見て、その後の参考にしています（それに誕生日なら、興味があればいつでもどこでも聞けますから）。

ここでは、あなたの生まれ日の解説と同時に、そのグループのところも読んでください。

生まれ日のグループの計算方法

①生まれ日がひと桁の人は、そのままそれがグループの数字になります。

②生まれ日がふた桁の人は、2つの数字を足し、ひと桁にした数字がグループの数字です。たとえば27日生まれの人は、2＋7＝9となります。

生まれ日をより深く理解するために

生まれ日によって全体的な特徴をつかんだら、チャートのその他の数字との関係も見ていきましょう。それによって、あなた自身をよりよく知るための具体的な手がかりが得られます。たとえば、（姓ではなく）名前の合計数と生まれ日の数字が同じという人は、その数字の性質がより明確な形で与えられることになります。

もしも生まれ日の情報にズレを感じるようなら、あなたはチャートの他の主な数字（運命数、誕生数、ハート数など）から、もっと大きな影響を受けているのかもしれません。1日生まれの人でも、誕生数（2章）やハート数（5章）に2を持っていると、リーダーシップが前面に出てきにくいものです。

また数秘術では、生まれ日の影響力がもっとも強いのは、おおまかにいって28歳から56歳までの期間と考えます。頂点数（10章）を出したら、その時期の頂点数が生まれ日と補いあう（同じような方向性の）関係にあるか、それとも対立しあう（まったく異質の方向性をもつ）関係にあるのか、それぞれの説明を読み比べてみるといいでしょう（補いあう数字はスムーズにその方向に後押しする助けになるなど、数字の関係性からさまざまな読みとり方ができます）。

＊＊＊

生まれ日が示すあなた

生まれ日 *1* のグループ ― 1・10・19・28日

生まれ日1のグループの人は総じてリーダータイプ。自主的、積極的、スピーディ、大胆で独創的ですが、飽きっぽいところもあります。英雄のように人生に立ち向かい、障害をチャレンジととらえ、すすんで取り組むことを生きがいとします。とてもポジティブで強い現実的な理想をもち、達成できないと落ち込みます。

ファッションも最新の流行を好みます。時流に乗り、新しい考え方をどんどん取り入れるでしょう。1のグループの人は道を切り開く人、開拓する人、達成する人。力もあり、たいてい非常に恵まれた天賦の才能を持っています。大志を抱き、思いきりがよく、しばしばひねりのきいたユーモアのセンスを見せます。

1日生まれ

あなたは集団の中で頭角を現わそうと努力します。生まれながらのリーダーで、目標に向かって突き進む強い希望と意志を持っています。起業家など、自分でビジネスを立ち上げるタイプです。何ごとも「ノー」とは言わないあなたですが、最後までやり抜くのは（つい先延ばしにする傾向があるため）頑張らないと難しいかもしれません。実行するより計画を立てるほうが好きで、原因をつきとめて修復する才能があります。

理想主義者ですが、自分ではむしろ現実主義者だと思うでしょう。感情はあまり表に出さないほうかもしれません。でも、実はとても深く愛する人で、時にロマンチストでさえあります。あなたは忠誠心を非常に高く評価します。「正しいやり方はこうだ」という明確な基準を持っています。

10日生まれ

バイタリティあふれるあなたは、つまずいてもへこたれず、すぐに立ち直ります。創造的で、さまざまな幅広い興味を持ち、常に前向きに考えます。周囲の環境を組み立てる才能があり、その場に欠かせない人物となるので、他者の助けが必要になることはめったにないでしょう。

デザイン、設計、構築などの仕事に向きます。

19日生まれ

四つのカルマナンバーの一つであるこの数字は、あなたが何か特別な方向を選択しているか、あるいは具体的な人生の目標を持っていて、それを達成すべく常に努力していくことを暗示しています。1（抜きん出たいという欲求）と9（人々のためになりたい、奉仕したいという欲求）をあわせ持つあなたの性質は複雑です。

きわめて深い洞察力と鋭い知覚の持ち主で、親しくなるまでは知性のよろいを着て素っ気なく、よそよそしい印象を与えるかもしれません。丁々発止のやりとり、鋭いユーモアのセンス、さりげないウィットがあなたの会話の特徴です。感情的に執着しやすい面はありますが、それ以上に自制心も強い人です。否定的な面として表われやすいのは辛らつな発言、頑固、あるいは異文化アレルギーなどでしょう。

28日生まれ

自立と自由を愛しますが、他の1のグループよりも愛情深く優しいタイプです。尊敬し憧れている人たちから注目されたいと思い、良質な友人を求めます。あなたの伴侶となる人は自分をしっかり持っている人でなければならないし、あなたも理想にそぐわない人とは結婚しないでしょう。

1のグループの人はみなそうですが、28日生まれのあなたも、（大きな）志のためなら犠牲をいとわない重役タイプです。どんな職業でも成功しますが、教育、法律、工学、建築、デザイン関係は特にいいでしょう。行動のすべてがドラマチックで、パートナーにもそういう人を求めます。

生まれ日 2 のグループ — 2・11・20・29日

生まれ日2のグループの人々はみな、とても敏感で感情豊かです。1のグループのような熱い野心はなく、裏方として働くことに喜びを感じ、しばしば権威的な人や力のある人のサポート役にまわります。

2のグループの人はよく状況を分析し、職場でも家庭でも、そこでやりとりされる感情のエネルギーを敏感に察知します。完璧主義に陥りやすく、細かなことを気にしすぎる傾向もあるので、自分のペースで仕事をしていける環境が必要です。

周囲に和をもたらす努力は惜しみません。そのため、不本意な状況に必要以上長くとどまることもしばしばあるでしょう。未知への恐怖や不安に悩みがちです。

2日生まれ

あなたの幸福のカギは社交生活と伴侶にあります。良い友人を持つことで、あなたは仕事以上の達成感を得るはずです。周囲の影響を受けやすいので、気の合う人たちと働くのがベスト。また、対立関係が生じると調停役になり、自分の本当の気持ちは言わないかもしれません。誰かのために長時間働くこともあるでしょう。

2日生まれのあなたは愛情を切望し、人の誕生日を聞くとたいていすぐに覚えます。また会話を振り返って「私は間違ったことを言っていなかっただろうか」とか、「あの人のあの言葉の裏にはどんな意味が隠されていたのだろう」などと、あれこれ気になりがちです。

神経質で興奮しやすいところがあるので、睡眠不足で体に負担をかけないように注意が必要です。音楽や美術の才能を掘り起こしましょう。あなたが愛する美しいものを追い求め、手に入れてください。忍耐強く、細かな仕事に秀でる人です。自信や競争心に満ちた数字を持つ人たちと自分を比べたり、業績を競ったりしないようにしましょう。

11日生まれ

あなたの生まれ日の11はインスピレーションのマスターナンバー。２のグループはみな感受性が強いのですが、なかでもあなたは特に敏感です。

またこの数字は、教師や見本となるべき人という可能性も暗示しています。いつの間にか注目を集め、女性ならまれに見る魅力的な人でしょうし、男性なら洗練された性格の持ち主か、美への探求心を持っているかもしれません。成功する分野はマスコミ関係、詩、精神世界、芸術、心理学、スピリチュアルな研究などでしょう。

あなたは人や考えに惚れ込みやすいところがあります。実現しそうにないことに恋いこがれて、あと一歩というところで足踏みするかもしれません。また「やるべきことは他にある、こんなことをするために生まれてきたのではない」という気持ちを抱きながら、平凡な仕事についているかもしれません。あなたらしさを発揮できる道を見つけましょう。

20日生まれ

あなたはとてつもなく良心的で、友好的で、思いやりがあって、すすんで人を助けようとします。小規模なビジネスに向くタイプで、「みんなの助けが得られないなら大きなプロジェクトは引き受けたくない」と思うでしょう。またスピリチュアルなことに惹かれ、人生を通してその探究をかなり深めていくはずです。

あなたは感性豊かなセラピスト、アーティスト、写真家（特に人物や風景写真）、女性向けのテーマを扱うライターになるかもしれません。細部が気になるタイプなので、仕事は遅いほうです。余計な不安を感じないためにも、整理整頓を心がけましょう。

29日生まれ

スピリチュアルな関心がとても高い人です。２と９を足すと11で、これは神秘的、精神的な世界のインスピレーションを象徴するマスターナンバーです（11日生まれを参照）。あなたは収入を得ながら仕事を身につける（庭づくり、料理、裁縫、建築）など、地に足をつけておくことが大切です。

自分の気分をよく観察して、すべきことは手遅れにならないうちにきちんと片付けましょう。あなたは他者に感化する人物になるか、あるいは教育や芸術でスポットライトを浴びるかもしれません。たとえば経理やウエイトレスといった仕事をしながら芸術的な興味を追求して成功する可能性もあります。

女性なら愛らしい人でしょうし、男性もどちらかというと上品な顔立ちでしょう。

生まれ日 *3* のグループ ― 3・12・21・30日

ハッピーで外向的、とことん楽観的で活発、おしゃべりで散漫というのが、生まれ日3のグループに共通する特徴です。人づきあいや気晴らしをこよなく愛し、肉体的にきつい仕事は好みません。営業力や外交力に優れ、常にたくさんのプロジェクトを平行して抱えるでしょう。

3のグループの人たちが楽しく働けるのは、クリエイティブだと感じられる仕事。お金や将来のことはあまり気にせず、伸びやかで衝動的です。課題は集中力をつけることと、わがままを控えること。ポジティブな3の人はあらゆる状況に喜びと明るさをもたらします。また、病気になっても回復が早いほうです。

3日生まれ

チャーミングな人で、どんな場合にもすぐに冗談を言いますが、少々頼りない感じがあるかもしれません。また忙しくしているのが好きで、一度に多くのプロジェクトに手を出しすぎる傾向もあるでしょう。精力的ですが、散漫になりやすいタイプです。

あなたの最大の関心事は社交生活。友達が多く気前もいいので、プレゼントは予算を考えて贈るようにしましょう。賑やかなのが大好きで、職場で「飲みに行こう」と誘ったり、みんなを集めて誕生日パーティを開いたりするかもしれません。

あなたは出来事やエピソードを何気なく装飾す

るのが得意で、その若々しさと熱心な話ぶりが有名なはず。友達はあなたのとりとめのなさを笑うかもしれませんが、みんなあなたのことが大好きです。あなたは自分の話を聞いてくれる人をとても大事にします。クリエイティブな趣味を持ちましょう。

12日生まれ

12は人を惹きつける魅力をもっともパワフルに放つ数字。あなたは素晴らしい説得力と類いまれな自己表現力を兼ね備えた人です。また、問題の核心を正確に見抜き、理想主義者でありながらも論理的。そんなあなたは間違いなく立派な人物になるでしょう。

ただし気が変わりやすいところもあって、教わるだけ教わると相手への興味が一気に失せてしまうことも少なくありません。人を虜にしたいとか、からかって遊びたいという誘惑に勝てないかも。

また、色彩やデザインに対する素晴らしい鑑識眼の持ち主で、ことに写真については際立っています。映画や雑誌、テレビを愛し、最新の芸能情報にも明るい人です。あなた自身、かなりの有名人かもしれません。

21日生まれ

他の3のグループの人たちよりもやや物静かで衝動的な度合いも低い、どちらかというと考えてから話すような繊細なタイプです。想像力豊かで夢見がち、もしかすると詩を書く人かもしれません。あるいは生まれながらのシンガーかソングライターかも。あなたは快楽と美の追求を愛します。力仕事は可能な限り避けたいと思うでしょう。

他の3のグループとちょっと違って、友達の数は少なくても親密なほうが心満たされます。神経質なところがあるので、何ごとも分析しすぎないようにしましょう。また人に心酔しやすく（想像力と脚色力があり、何でも良いほうにとらえがちなため）、ひょっとしたらだまされやすいかもしれません。

30日生まれ

並はずれたエネルギーの持ち主。熱意が相手に即、伝わるので、人をやる気にさせたり、説得することが上手です。歯に衣着せずものを言うタイプで、議論に勝つための事実をつかんだり、言葉を的確に使う天賦の才を持っています。サイキックな能力も強いかもしれません。

あなたは教師、講演家、弁護士、俳優、ミュージシャンとして優れるでしょう。あるいは素晴らしい聖職者という可能性もあります。

ただ、関心のあることには真剣だし熱心ですが、昔の約束は忘れがちで、なかなか守れないかもしれません。他の3のグループの人たちと同様、やや軽率なところがあります。飲みすぎたり、衣装代、交際費にお金をかけすぎたりする傾向もあるので気をつけましょう。

生まれ日 *4* のグループ ― 4・13・22・31日

生まれ日4のグループは、総じて「地の塩（社会の腐敗を防ぐ者）」と呼ばれるほど忠実で生産的。真面目で、家族と家庭と国を愛し、安全な環境や安定を好みます。そして用心深く道を進み、手作業を楽しむでしょう。築く人であり、管理運営する人。伝統を重んじますが、改善、改良、効率アップには熱心です。

4日生まれ

ビジネス、マネージメント、製造、建築、そのほか土・地面・現実世界につながることなら何をやっても成功します。あなたは努力して学ぶタイプ。原理さえわかれば学べないものはないという自信も持っている人です。しかし大局に立って大きな視点からものを見るのはあまり得意ではないかもしれません。

また仕事にも人生全般にもかなり用心深く慎重で、油断すると時流に疎くなりやすいところがあります。考え方は根本的かつストレートで、物事の正しいやり方というものにこだわりを持っています。あなたの経験が周囲に認められるようになるまでは、人生のなかで複数の手作業をこなしていくでしょう。

13日生まれ

製造業、商業、不動産業、建設業（特にリフォーム）に関わるビジネスがよいでしょう。13日生まれのあなたは、4日生まれの人よりも言語表現力と多様な創造性に富んでいます。

もっと人づきあいがうまくなりたいと思っているかもしれませんが、あなたが本当に幸せを感じるのはたぶん仕事を通じてでしょう。あらゆる状況や環境を改善できる素晴らしい能力の持ち主。もしも感情を突然爆発させるような激しい一面があるとしたら、それはあなたが常日頃、自分の気持ちを無視している証拠です。

22日生まれ

マスターナンバー22は、個人的な願望よりも普遍的な善のために働くことを求めます。つまりあなたは、スピリチュアルな学びや鍛錬を自己の柱にすべき人なのです。引き受けたことなら何でもと言っていいほど幅広く有能にこなしてしまいます。そうしたさまざまな体験は、いつの日か挑戦しがいのあるプロジェクトに取り組むことになった時、ここに役立てるためだったと気づくことになるでしょう。

自分の理想にかなった仕事を選んでください。なぜならあなたは趣味でさえ、追求する価値があるかどうかで選ぶ人だからです。また、地位や名誉や贅沢な暮らしよりも、有意義なことに貢献したり、意味のある生き方をすることにあなたの関心は向かいます。水瓶座の友人が多いかもしれません。22という数字を持つ人はみな独創性や有能さ、改善能力といった特徴が共通しているので、会えばお互いにすぐわかります。

あなたは敏感で、分析的、批判的なところがあります。また、ひたむきで真剣になりすぎたり、自分の能力にこだわりがちかもしれません。高みから注がれるパワーを受け取り、周囲に分かち合う媒介者であることを自覚しましょう。

31日生まれ

あなたは手を使って働くことで大きな満足感を得る人。彫刻家や画家かもしれません。また自分に対して非常に高い目標を設定する人です。

あなたは伝統を重んじ、友人を愛し、人の誕生日を忘れません。料理も得意でしょう。旅行と社交が大好きな人ですが、その気になれば時間に関係なく働きます。一人暮らしは苦手なタイプで、そのせいもあって結婚すると相手の機嫌をそこねないよう神経を使うかもしれません。自分のことや自分のプランを好んで話し、興味をもって聞くことを相手にも期待します。

生まれ日 5 のグループ ― 5・14・23日

生まれ日5のグループの人はみな活発で順応力があり、好奇心旺盛で、強く自立を求めます。スケジュールに縛られるのを嫌い、常に何かしら新しい要素を加えていくタイプ。社交的で説得上手、優れたセールスマンになるでしょう。

5のグループの人は有利な条件と成功を愛し、求めます。自発的で、上手なチャンスの活かし方も知っています。動きが早く、失敗してもこだわりません。チャーミングでお茶目、わざとへそ曲がりな発言をして楽しんだりします。

新規のテリトリーを開拓し、大きな取り引きを進める人。「不可能」という言葉は受け入れないでしょう。

5日生まれ

あなたは旅行が大好きです。「結婚が遅くなってもいい、行ってみたいところがまだたくさんあるから」と考えるかもしれません。冒険心に富み、リスクがあってもやりがいのある特異な仕事に惹かれます。スポーツでも音楽でも、あなた自身がスターになるよりは、プロモーターとして手腕を発揮するタイプ。

話し上手で冗談好きな人として有名かもしれません。あなたは恋愛から多くのことを学ぶでしょう。手に入れたものをまたたく間に使いつくし、次々と新しい刺激を求めていく傾向があります。

常に油断おこたりなく、好奇心と探求心が旺盛で、ドラマチックなことが大好きです。そんなあなたはさまざまな仕事につくでしょうし、「すぐそこにあるはず」と確信している幸運を見つけようと若いうちに家を離れるでしょう。流浪の王子やシンデレラと自分を重ねて見る人です。

14日生まれ

あなたは生涯を通じて、しばしばカルマのつながりを感じる人々に出会うでしょう。そして、あちこちにひそむ挫折や失敗を乗り越えていくという起伏に富んだ人生を送るかもしれません。「ここまではできる」「これ以上は無理」という自分の限界をきちんと見定めておくようにしましょう。

常に新しい刺激を求め、試したいと思う人ですが、基本的に元気で負けず嫌いなので、短期間に達成できる目標があれば前向きに取り組んでいけるでしょう。あなたは自分のための仕事につくべき。旅行、営業、大衆、舞台、エンターテイメントに関わるものならぴったりです。ただ生きているだけでは飽き足らず、「生きたい」と望む人です。

過去の体験からくる自説にはこだわるタイプかもしれません。たぶんセクシーな外見を持ち、エキセントリックな一面も持っているでしょう。

23日生まれ

あなたはきわめて自主独立の人です。エキセントリックなところが人々の注目を引くかもしれません。芸術や音楽、あるいはニューエイジの理想に惹かれるでしょう。独自の人生観を持ち、どんな出来事や状況もうまく活用していける人です。

話術たくみで表現力豊か、よく機転がききますが、時に反抗的になることもあり、ストレスにさらされると狭量になったり、あら探しをしがちかもしれません。でも普段のあなたは抜群の説得力の持ち主で、人が求めているものもよく察します。いつまでも若さを失わないでしょう。

生まれ日 *6* のグループ — 6・15・24日

生まれ日6のグループの人たちは一般に責任感が強く、伝統的なライフスタイルと家庭的なくつろぎを好みます。親であり、教師であり、実用的な職人であり、ヒーラーでもあります。何であれ、手をかけ心をこめて物事を成し遂げる人です。

しかし不安に苛まれることも多く、人の役に立つことをしていないと元気をなくしてしまうでしょう。

素晴らしい地域活動家であり、正義感あふれる人。「正しいこと」に関しては意見を譲りませんが、妥協の重要性もよく理解し、常に最大多数の人々のためになる答えを探し出そうとします。

6日生まれ

とても愛情深い人ですが、同時にテリトリー意識も強いでしょう。生まれながらの教師で、「親とはこうあるべき」という明確な考えを持ち、家庭を何より大切にして几帳面に自分の責任を果たすでしょう。

豊かな生活を愛し、細やかな心遣いが大好きです。破産に対するいわれのない不安を抱えているかもしれませんが、6のグループの人はみな自分の事業アイデアを支援する資金源を見つけていけるので、まずそういうことにはなりません。

あなたの成功のカギは社会的な立場と人脈。相互に利益を与えあうことの大切さがよくわかっている人です。

あなたは常に家族と友人を最優先します。グループで旅をする時のために、良いリュックサックか装備の整ったキャンピングカーを持つといいでしょう。

15日生まれ

あなたは自分の家庭をとても大切にします。また（生まれ日6のグループはみんなそうですが）、人から助言を求められるほど、お金の管理がうまい人です。

他の6のグループよりも、おおらかで、元気で、自立していて、旅行にもよく出かけるほうです。女性の場合は家庭も自分の業績の一つと考えますが、同時にそれ以外の仕事も求めるはず。15日生まれのあなたは素晴らしいファッションデザイナーかインテリアデザイナー、または救急看護士や教師になるでしょう。

また、あなたは教養のある人々と幅広く交流します。家族第一ですが、あなたにとっては友達もみな「家族の一員」です。創造性と歌の才能に恵まれているかもしれません。少なくとも、声の良い人として評判でしょう。

24日生まれ

あなたの望みは家族の繁栄です。家族経営の事業を立ち上げたいと思うかもしれません。一人でいたり、責任を担う家庭がないことは寂しく感じて、自分のため、周囲の人たちのために富を築きたいと願います。教師、計理士、銀行家、不動産業といった伝統的な職業で成功するでしょう。

若い頃に考えた方針や見解を変えることなく持ち続ける人でもあります。そんなあなたは伸びやかで創造的なタイプに憧れ、また（自分が脅かされる心配がないので）そういう人と結婚したいと思うでしょう。

あなた自身は自分のことをリベラルでオープンだと考えていても、周囲からはそう見えないかもしれません。どちらかというと感情は激しく、嫉妬心も感じやすいほう。でも、普段のあなたは慎重で注意深く、生産的です。あなたが計画したことはたいていどれも成就します。

生まれ日 7 のグループ ― 7・16・25日

生まれ日7のグループはみな特別な才能を持つ、独特な人たちです。孤独を愛する知的な一匹狼タイプで、まわりからはいつも何かに没頭しているように見えるでしょう。たいてい自然や動物、静謐な環境を愛します。そして物質的な成功よりも、自分のルールで生きることのほうを大切にします。

生まれつき深みがあって直感的、鋭い観察力とスピリチュアルな能力や才能を持っています。警戒心は強いほうで、決断に時間をかけますが、他者のアドバイスはあまり受け入れません。また、時としてアルコール依存の問題が生じることもあります。

7日生まれ

一つのことに集中できるようになれば、成功するでしょう。直感に導かれて適切な機会を得ていける人なので、あとは選んだ分野の専門知識を身につけることに専念できるかどうかにかかっているのです。なんらかの技術や知識を深く究めるかもしれません。

仕事は調査研究にまつわるものか、あるいは大地に根づく農業や酪農などもよいでしょう。あなたは他人の助言ではなく、常に自分の勘に従うようにすべき。自分の内側に譲れない意見があること、そして主張しすぎると大切な関係をそこなう可能性もあることを覚えておきましょう。

あなた自身も気づいているかもしれませんが、辛抱強く待てばチャンスが巡ってくる人です。積極的に動いてもあまり良い結果にはならないかもしれません。賭け事には手を出さないほうが無難で、お金に関しては慎重な態度を貫きましょう。

また珍しい楽器を演奏したり、変わった趣味や友人を持つかもしれません。自然や動物に心惹かれるあなたには、瞑想と一人の時間が絶対に必要です。口数も少ないほうで、限られた特別な友達を大事にするタイプです。

16日生まれ

16は特異な数字の一つで、人生のターニングポイントとなるような驚愕すべき出来事を暗示します。あなたはかなり風変わりな人と友達になったり、エキセントリックな生き方を選択するかもしれません。そして「自分はどこか人と違う」という思いにしばしばとらわれるでしょう。

16はカルマナンバーの一つで、過去生でともに生きた人たちと今もつながっていることを示す数字。今の人生であなたはそういう人たちに出会っていくでしょう。その出会い方や相手の内面に、特別な何かが感じられるはずです。

16日生まれの人の人生に、退屈している暇はありません。あなたは努力と苦労を重ねて多くを学んでいく人。しかし不当なリスクまで引き受ける必要はないので、背負い込みすぎないようにしましょう。

また、あなたの態度によって仕事や結婚生活が複雑になる可能性もあります。生まれ日7のグループはだいたい生まれつきスローペース。16日生まれのあなたも、やるべきことをつい先延ばしにしがちです。分析力に優れており、技術や歴史の分野の研究で非常に重大な事実を発見したり、今までにないユニークな発明をするかもしれません。

あなたの中には「友達は選ぶもの」という、はっきりした思いがあります。アンティークや切手の収集に凝りやすいでしょう。

25日生まれ

あなたは直感力が強く、周囲の影響を受けやすいため、感情を乱されて情緒不安定にならないよう適度な距離を保っておく必要があります。

他者にとって、あなたはどちらかというとわかりにくいタイプでしょう。芸術や音楽で非常に恵まれた才能を持っているか、あるいは獣医を目指すほど動物と心が通いあうかもしれません。憂鬱な気分だからといって、友人や家族に心を閉ざさないように。バランスよい規則正しい食事を心がけ、毎日できる運動を見つけましょう。

人生において（特に27～28歳頃）苦難を体験するかもしれませんが、その時期にセラピーなど個人的な成長を助けてくれるものに出会うでしょう。ことによると、あなたはバイセクシャルな傾向があるかもしれません。

生まれ日 *8* のグループ ― 8・17・26日

生まれ日8のグループの人は総じて勤勉で現実的。常により良い地位を求め、目指し、そのためにすべきことをきちんと把握しています。

もともと自信があるので、従属的な立場には長くとどまりません。生まれながらの統率者であり、経営者なのです。仲間からも敬愛されつつ、少し近寄りがたいところがあって、同じ仲間の一人とはみなされにくいかもしれません。女性の場合も、自分の指導力と達成力を認識する必要があります。

8のグループの人たちにとって、お金は第二の天性。お金の力、その価値や仕組みをよく承知しています。厳格なところはあっても、部下や従業員たちに対しては常に公明正大です。客観的で人の上に立つ力があり、信頼されるタイプ。外見もきちんとした人が多いでしょう。

8日生まれ

あなたは成功したいという強い意気込みがあり

ます。かなり野心家かもしれません。何があっても自分の選んだ道を邁進しつづけるでしょう。そんなあなたには、やりがいのある仕事が何としても必要です。従属的な立場には長くとどまらず、監督、支配人、親方、部長クラスにすぐに昇進するか、あっという間にその道のプロになるでしょう。それも運よくというよりは、あなた自身が懸命に働いた結果です。

8日生まれの女性は、外で働く必要があります。8のグループの人は、たとえば政府、司法機関、軍、金融機関、法律事務所、病院、工場といった大きな組織で成功しやすいタイプ。職種に関してはだれかのサポート役でなく、みずから主導権を発揮できるものがいいでしょう。

お金の扱いに長けているあなたは経済的に恵まれた人生を過ごすでしょう。成功を逃した時はシニカルになったり辛らつな発言をしがちですが、それ以外は基本的に真面目で、大人で、自制心があり、有能です。高級ブランドが似合う人です。

ただし、異性との感情の分かち合いは不得手かもしれません。そのため意中の人にも、とことん自立した支配的なタイプと思われてしまう可能性があります。パートナーには受容的で従順な人を求めるでしょう。

17日生まれ

あなたは精力的なやり手です。大きなプロジェクトに着手する勇気と大胆さ、さらに適任者に仕事を任せていくという管理職に必要な才能、しっかりしたビジネス観、金融・財政に関する見解も持ちあわせています。しかもあなたには明確なビジョンと不屈の決意もあるので、手がける事業は間違いなく最先端となり、業界をリードしていくでしょう。

17日生まれの男性は、みなぎるパワーで女性を魅了するタイプ。女性の場合、あなたの魅力が伝わるには少し時間がかかるかも。男性を引きつけるには女性的な面をもう少し表に出すようにするといいかもしれません。

17は最高の達成を約束する数字で、そのカギは誠実さにあります。あなたは常に正しい判断によって難題を見事に切り抜けていける人ですが、細部にとらわれると身動きできなくなってしまうので、細かなことはできるだけ人に任せるようにしましょう。

　また学者や歴史家に憧れる一面もあり、技術や事実にもとづく文章を書かせたら、あなたの右に出る者はいないでしょう。曖昧さのまったくない人です。

26日生まれ

　26日生まれのあなたは17日生まれよりも激しさが和らぎ、情緒的受容性と愛情をより多く持ちあわせています。調和を大切にする人で、結婚にも仕事と同じくらい関心を注ぐでしょう。

　おしゃれが大好きで、素敵な家を持ちたい、子供を立派に育て上げたい（そして自分の評価を高めたい）と望みます。生まれ日8のグループのなかで、あなたは寛大なほうです。ただ過去のいざこざや引っかかりをなかなか忘れられないかもしれません。

　大きな夢を思いついても、他の8のグループの人たちほど強い自信はないので、人々の力も借りて一緒に実現しようとするでしょう。あなたはより内省的で、心理学的、分析的にものを考えるタイプ。仕事としては、ケータリング・ビジネス、あるいは外交、行政関係の事務職など。

生まれ日 *9* のグループ ― 9・18・27日

　生まれ日9のグループの人は一般に理想主義者で、気前よく、愛情深く、多才です。「普遍的な善」に関心を寄せ、自由に活動できる領域に惹かれます。音楽、芸術、（特に）演劇、ヒーリング、聖職者、精神世界、社会改革といった領域はどれもふさわしいでしょう。自己表現したいという強い希求はありますが、1や8のグループよりも利己的な動機は薄まります。

　やや散漫ではっきりしないところもあります。外側からの作用に対してとても傷つきやすかったり、自分の今後をなかなか決められないことが多く、総じて決断が苦手です。

　9のグループの若者は伝統に対して反発を感じやすく、エキセントリックな生き方を選択する傾向があります。その生き方をずっと続けるかどうかは、どんな人に出会い、どんな体験に影響されるかによって決まるでしょう。9のグループはよく何もかもを自分に向けたメッセージとして受けとめがちなので、全部がそうとは限らないことを学ぶ必要があるのです。

また9のグループの若者は、主義主張に共鳴する運動には積極的に参加し、それに同調しない人たちの気が知れないと感じるでしょう。彼らは社会改革や教育の集団において能力を発揮します。

その他、9のグループ全体の特徴として、服装から話し方や身のこなし、人生哲学まで、すべてにドラマチックな趣きがあることや、たまによそよそしく冷淡な感じになるなどが挙げられます。

9日生まれ

芸術、ヒーリング、教育、博愛主義、音楽に関する仕事なら、何をやっても成功します。あなたは理想主義者で、しかも感情豊か。真面目な人生観を持ち、「世界に奉仕する人でありたい」という強いビジョンもあるので、進路を決めるのには手間どるでしょう。

有能な人ですが、日常的なルーチンワークにはあまり集中できないかもしれません。幅広く多彩な好奇心を持ち、何でもいったん興味を持つやいなや夢中になります。世の中のさまざまな問題に関してスピリチュアルな見解を持つでしょう。そんなあなたは人生中盤になると集団で何かに取り組んだり、特定の組織やグループ活動に関わるかもしれません。

広く世界を旅する可能性も高いので、あなたの人生は驚きに満ちた日々になるでしょう。内面的な変容をもたらすセラピーに惹かれる可能性もあります。

18日生まれ

あなたは1の衝動と意志、8の実行力を兼ね備えた人。一つのことに専念すれば、とてつもなく大きなことを成し遂げられます。ただし、より多くを学んだり理解せざるをえないような困難にぶつかった時、そこを乗り越えるには少々がんばりが必要になるでしょう。

子どもの頃、あなたは生まれながらの成熟ぶりを発揮する、相当なおませさんだったはず。そして今も人から助言されることはあまり好まないかもしれません。もともと優れた批評力を持っている人なので、プロの評論家（特に演劇、美術、音楽方面）になれば、その力を活かせます。

とにかくあなたは間違いなく、他者のためになる仕事をすべき人です。

27日生まれ

他の9のグループよりも控えめなあなたは、人生を鋭く観察する人です。音楽や芸術の才能に恵まれています。また、はるか彼方の地に憧れて、その土地の詩に親しんだり、そこの宗教に入って暮らしたいと考えるかもしれません。

あなたは素晴らしいジャーナリスト、野生生物写真家、書道家、あるいは古美術商になるでしょう。しかし9のグループの人はみな才能も興味もふんだんに持ち合わせているので、一つに絞るまでに時間がかかる傾向があります。

あなたは気前がよくて、友人に寛大です。そんなあなたが幸せと充実感を感じるために必要なのは、一つの理想のもとに生きること。常に手放すことを学んでいくでしょう。

2章

Birthpath

誕生数

肉体以上に、魂強き者となることを選択せよ

——ピタゴラス

誕生数とは

「誕生数」とは、本来のあなた——つまりあなたが持って生まれた資質や傾向、人生に対する姿勢などを明らかにしてくれる数字です。「本当の私は？」「私が得意なことは？」「私の生まれ持った才能は？」などといった疑問に答えてくれるのがこの誕生数なのです。

一生変わることのない、生年月日から割り出される誕生数は、あなたの基本的かつ普遍的な特質を表わします。

誕生数の計算方法

誕生数は、生年月日の数字をすべて足し合わせて求めます。

①数秘術チャート表の一番上の欄に、あなたの生年月日の数字を記入します(たとえば「1947年10月12日」というように)。

②まずは年、月、日ごとに数字を足しましょう（1＋9＋4＋7、1＋0、1＋2)。次にそれぞれの合計を足していき、最終的にひと桁の数字になるまで足し合わせます（本書に出てくる計算は以下、基本的にみな「ひと桁になるまで数字を足し合わせる」というルールに則っていることを覚えておいてください)。

ただし、マスターナンバー（11、22)、カルマナンバー（13、14、16、19）が出た時は例外です。その場合にはマスターナンバーまたはカルマナンバーの解説とともに、ひと桁にした数字（たとえば11なら2、13なら4）のところもあわせて読みましょう。

〈参考例〉

参考に、スイスの心理学者、カール・グスタフ・ユングの誕生数を調べてみましょう。彼の生年月日は1875年7月26日です。

上の表のとおり、ユング博士の誕生数は9になります。これは知恵、成熟、共感、癒しを象徴する数字です。さらに彼の誕生数9は、思考を表現する並はずれた言語能力を与える3（1875年)、創意と探究心に富んだ性質を示す7（7月）と、生まれ持った権威と人間性への理解力を示す8(26日)からもたらされていることがわかります。

（例）カール・グスタフ・ユングの誕生数

1875年	7月	26日
1＋8＋7＋5＝21＝3	7	2＋6＝8
3＋7＋8＝18＝9		

誕生数について覚えておきたいポイント

①同じ誕生数でも、生年月日の違いによって、おのずと違いが出てきます。

②だいたい28歳頃までは生まれ月の数字の影響力が強く、そのあと56歳頃までは生まれ日の数字、以降は生まれ年の数字の影響力が強くなります。

＊＊＊

誕生数が示すあなた

誕生数 *1*

〈キーワード〉

決断力　ダイナミック
勇気　当意即妙
リーダー　せっかち
正直　革新的
活発

誕生数1のあなたは、自分自身と自己の能力を高めようと努力する人です。達成への衝動があり、はっきり自分の意見を主張し、責任を担っていきます。内側からもたらされる鋭い直感を信頼することが、あなたの成功のカギ。誉れ高く、決まり切ったルールが苦手なあなたは、自分と同じように、他の人にもみずからの行動原理によって生きることを期待します。待つよりも、自分から始める方法を見つけ出す人です。

あなたは友を選び、すでに社会的に認められている人あるいは何かしらの才能を示す人に惹かれるでしょう。良質なものが好きで、買い物では倹約よりも品質を大事に考えます。ありきたりなことでは満足せず、困難を克服するコツもちゃんと心得ています。誕生数1の人に「不可能」はありません。

あなたはもともと隙のない人です。誰かに出し抜かれると、敵視とまではいかなくても、やや警戒するようになるかもしれません。会話にさりげないウィットを織り込みますが、時に辛らつになることもあります。

誕生数1の人はしばしば両親のどちらか一方が支配的な家庭に生まれ、早くから強く自立を望みます。みずからの意志で決めたい人なので、上司や権威者と衝突するかもしれません。あなたは他者の強さに憧れ、自立した自分に自信を感じます。そしてあなたの基準にさえ見合えば、相手が変わった人でも気にせずつきあうでしょう。

気をつけたいのは、追いつめられると頑固や傲慢、または防衛的になりやすいという点です。もしも新しいやり方や考え方に抵抗しながら、英雄的なまでの意志を貫こうとすれば、不必要な嘆きに悩まされることになってしまうでしょう。あなたは「なんてドラマチックで大変な人生なんだ」と思ったとしても、もしかしたらポジティブな人生に飽き足らないあなた自身がそういう状況をつくり上げているかもしれません。

あなたはリーダーとなり、模範となる人。誕生数1（特に1月生まれか10月生まれ）の子どもを持つ親は、その子の決断力と自立心を伸ばすように後押ししてやりましょう。誕生数1の人はほとんど必ずといっていいほど自営業か、独立して事業を営みます。

誕生数 2

〈キーワード〉

協力的　収集家

芸術家肌　完璧主義者

機転　理解

忍耐　臆病

控えめ　優柔不断

誕生数2のあなたは生まれつき敏感で、分析的、心理学的に物事をとらえていく人。気持ちを深く分かち合える親友を、少なくとも一人は持つようにしましょう。美と精神性に満ちた静かな雰囲気に包まれて暮らす必要もあります。

そんなあなたは、やはり同じように敏感で、気持ちを分かち合えるパートナーを求めます。結婚生活やパートナーとの関係のなかでもっとも幸せを感じるでしょう。

他者を支え、その人の達成を助けたいと願うあなたは、何かと自分より人を優先させたり、抜き差しならない状況になるまで自分からは動こうとしない傾向があります。もしかすると間違いをおかして注目されるのを恐れ、臆病になってしまうのかもしれません。

　あなたは意見であれ行動であれ、人と同じであることを好みます。それはなぜでしょう？　もしかするとあなたの内側には、自分をとがめ、禁じ、批判する強力な声（子どもの頃、親や重要人物から学んだこと）が鳴り響いているのかもしれません。あるいは目立つことにまつわる恐れが、行動を抑制しているのかもしれません。いずれにしても今までの人生を振り返ってみれば、「自分の意見を言いたい」と思ったことが多々あったのではないでしょうか。

　まわりの人は、物事をすすんで処理し、友情に厚くて信頼できるあなたを素敵な人だと思っています。あなたは説得力があるのに、押し付けがましいところがありません。

　気をつけることは、口やかましくなったり、批判がましくなりやすい傾向です。もめごとや心配事にとらわれそうになった時には、「自分にはどうにもできないことを何とかしようとしているのではないか？」と自問してみましょう。

　誕生数2の人はみずからを犠牲にしやすいところがあるので、必要なことをきちんと伝えられるようになりましょう。また人の気持ちを傷つける（そして怒りを招く）ことを恐れて、相手の喜びそうなことを言おうとする傾向があります。

　子どもの頃（特に2月生まれの人）は人と比較したり、兄弟姉妹や友達を守ろうとして自分を引っ込めたりして、なかなか自信を持てなかったかもしれません。あなたは人間関係に多くの時間をさき、良くも悪くも感情面をいちばん大事にして生きるでしょう。

　あなたは調停者であり、継続性と協力、暖かさと肯定を世界にもたらす人です。

誕生数 3

〈キーワード〉

表現力　喜び
社交的　散漫
魅力的　のんき
空想家　冗談好き
人なつこい　遊び心

誕生数3のあなたはビジュアルなイメージを描き、未知の可能性を他者に示していける人。オープンな心の持ち主で、自分だけでなくみんなの幸せを願います。大勢の友人と、グループや集団への帰属感があなたの幸福には欠かせません。

あなたは気楽に生き、のびのびと人生を楽しむことを愛します。そして贈り物、創作、ユーモア、花、色、おもちゃ、贅沢品といったもので生活に彩りを添え、生来の遊び心を発揮していくでしょう。芸能界のペースとライフスタイルがぴったりの人です。

自他共にプラスになるとはっきり見えない限り、「雑事」はなるべく避けて通ろうとします。面倒なことやつまらないことは後回しにして、その時その時を楽しく生きたいと考えるでしょう。天性のロマンチストでもあるあなたは、結婚の責任より、甘い求愛を楽しむかもしれません。

説得上手で、時には自分の話にうっとりしてしまうこともあります。また、自分自身のことは気にしても、持ち物に対してはあまり執着しません。すぐ人に物をあげてしまいますが、それは与えてもすぐまた手に入るとわかっているからです。そんな気楽な態度は、ひょっとしたら仕事上ではマイナスにひびき、真面目な人たちを遠ざける結果になるかもしれません。人脈の開拓があなたの成功を左右する最大のカギなので、属している組織やサークルの会費などを払い忘れないように気をつけましょう。

誕生数3の人はエネルギーと活力に満ち、刺激と多様性を求めます。物事の完成や達成にはそれほど関心がありません。誕生数3の子ども（特に3月生まれ、12月生まれ）を持つ親は、その子の創造力を認め、完成させたものをほめてあげることが大切です。しつけは毅然と、しかもデリケートに対応し、空想に浸ったり遊ぶ時間も充分確保してあげましょう。誕生数３の子どもは想像力が旺盛なので、架空の友達と遊んだり、空想の世界に生きることもあります。

一般的に誕生数３は外に向かうポジティブな影響力として現われるので、ネガティブな面が出てくるのは、持ち前の楽天性を一時的に失った時か、やるべきことから目をそむけている時だけ。そうすると、おしゃべりになりすぎたり、わがまま、逃避、自暴自棄、あるいは浪費に走りやすくなります。

批判には驚くほど傷つきやすいところがあります。批判されると子どものように衝動的に反応して後から悔やむものの、行動は正当化しがちかもしれません。虚栄心や利己心は自分の立場を不利にする恐れがあるので、気をつけましょう。

生まれつきサイキック能力があり、そのおかげで窮地に陥っても抜け出してしまうあなたは、楽々と「流れ」にのって進んでいくでしょう。

誕生数 4

〈キーワード〉

伝統的　待ちの姿勢
保守的　平静
頼りになる　率直
管理者　決まった手順
自制心　頑固

誕生数４のあなたは組織的な実行力、現実的な行動力、献身的な態度で名を馳せるでしょう。忍耐強くて面倒見がよく、忠実な友となる人。感情的な理由よりも、むしろ道義心から他者を助けようとします。

あなたは極上の世話役で、必要とあらば持てるものを快く提供します。でも自分にとって重要でないと思う人たちを助けようとは思わないでしょう。どちらかというと少数の親友を大切にするタイプ。知り合いはあまり多くないでしょう。親しくない人は、あなたのことを真面目で少しとっつきにくいと思うかもしれません。

あなたは何かと人から頼りにされます。出世や昇進とはあまり関係ない職業につく傾向はあっても、仕事で成功することによって大きな満足感を得る人です。自分の環境を思い通りにしたいと望み、つきあいで時間を「無駄」にするよりは、仕事をしているほうがずっと落ち着くでしょう。

今の職場が理想的でなくても、いずれ良い地位につけると思えればやっていける人です。ただし、そうしているうちに外から新しい人がやってきて、突然あなたの上司になる可能性もあるということは心にとめておきましょう。

融通のきかないところや頑固さが、あなたの最大の難関かもしれません。あとから新しいやり方や、より良い方法を見せられると不機嫌になりやすいので、はじめに最適な方法をとりましょう。

あなたは几帳面に仕事をする良い社員ですが、監督する立場になると厳しくなりがち。自分のペースでやっていける時に最高の力を発揮するでしょう。また、仕事を効率よく処理するためのマニュアルやシステムづくりも得意です。

丈夫な身体、健全な常識と論理を持ち、誠実かつ良心的で、しっかりした価値観によって生きていく人です。買い物では、支払う金額に見合うものを求めるでしょう。そんなあなたの強みは根気強さと問題処理能力にあります。

誕生数 5

〈キーワード〉

反体制的	社交的
活発	熱狂的
多才	魅力的
浮気っぽい	衝動的
スピーディ	競争心
利口	愛情深い

誕生数5のあなたは、人生の多種多彩な体験に心惹かれる人。好奇心旺盛で、(みずからの順応力を信じているため)リスクを恐れず新しい体験に飛び込んでいきます。

あなたは時流に取り残されたくない、ありきたりな生き方はしたくないと思う人です。好奇心の趣くまま、思いついたら即座に行動し、考えもめまぐるしく変わり、さまざまなことに関わっていくでしょう。

友達から「いったい今度は何を始めたの?」とあきれたように言われるのは、あなたのこの変わり身の早さのせい。真面目で現実志向の人たちは、あなたの行動を見て「腰が軽い」と言うかもしれませんが、あなたの魅力と熱意のため、たぶんその言葉にトゲはありません。事実、そんなふうに言う人たちもあなたのことを知れば知るほど、次のエピソードを楽しみに待つようになります。

あなたは幅広くさまざまな種類の人々と接しながら学んでいき、変わったタイプの人とも知り合いになるでしょう。人生中盤ごろになると、それまでの行き当たりばったりな自分のパターンに気づきますが、同時にそのおかげでためらわず行動したり、不確かな状況をうまく切り抜けたりする術を身につけてきたこともわかるでしょう。

生まれつき勝負師のあなたは、普通なら見過ごしてしまうようなチャンスも確実にとらえていきます。せっかちになりやすく、現状に退屈したり不満を感じやすい傾向もあり、とにかく常に動いていたい、全部捨てて一からやり直したいという衝動にかられがち。

あるいは逆に、その激しい情熱から、良くないとわかっていても断ち切れない何かにはまってしまう可能性もあります(5の人に中毒の傾向があるとされるのはそのためです)。いずれにしても極端に走りやすく、そうした無意識の衝動を和らげるためにも、日課や継続的な運動習慣によって、なるべく健康に配慮した生活を送るように心がけましょう。

常識的な生き方を望む人との結婚は、あなたの時間と空間がいつでも充分保証されているのでない限り、賢い選択とはいえないでしょう。たとえば誕生数4の人は仕事上の達成に惹かれますが、誕生数5の人は情熱的なアバンチュールに魅力を感じやすいからです。

あなたは内気なタイプではなく、思ったことは何でも率直に口にします。実際、何気ないあなたの一言から口論に発展することも、よくあるでしょう。年をとっても若々しさを失わない人です。

誕生数 *6*

〈キーワード〉

家庭的　堅実
養育的　気前がよい
教師・助言者　忠実
因習的　毅然
品行方正　妥協
安全第一

誕生数6のあなたは理想主義者で、誰かの役に立っていると感じることで幸せになれる人。助言、サポート、奉仕によって周囲に大きく貢献するでしょう。決断が感情に左右されるところはあるものの、みんなの幸せを望み、利己的な動機で動くことはありません。

他者のために働き、義理がたいあなたは、まわりの人々に安心感を与えます。家庭を守り、しっかり責任を担って着実に人生を生きていくでしょう（あなたは過去生においても奉仕の人生を数多く歩んできた可能性があります）。若くして兄弟の面倒を見るか、晩年に親の面倒を見ることになるかもしれません。また名前にFかOかXがなければ、結婚は一度ではない可能性もあります。

生活が家庭や家族、ガーデニング、芸術、くつろぎ、安全といったものを中心にまわっていれば良い人生だと感じられるでしょう。旅行をしても、家に帰るのが嬉しいほう。あなた自身、幸せな結婚生活によって繁栄し、理想に反する結婚生活でダメージを受けやすい傾向にあります。誕生数6の人はたいてい勤勉に働き、パートナーにも同様に勤勉な人を選ぶことによって安心感とくつろぎを得ます。

ただし、場合によっては異性を支えつづけたり、相手の責任まで背負い込むような関係に陥ることもあります。女性なら夫や子どもを常に優先させ、男性なら一家のために身を粉にして働く大黒柱となり、犠牲的な人生を生きてしまうかもしれません。誕生数4の人が仕事上の達成を求め、誕生数5の人が変化と冒険を求めるとしたら、誕生数6の人は「必要とされている」と感じることを無意識のうちに願い、それを求めるのです。

しかし常に相手から必要とされるような関係は、世話する側が犠牲的な役割にはまって疲れ果ててしまう結果になりがち。一方的に相手を助けたり支えたりすることによって得られるのは、愛でなく、支配感や所有感だということを覚えておきましょう。

誕生数6のあなたは、教師やトレーナーとして地域社会にうまく溶け込む人。を積んでいき、誰かと競い合うような立場は人に譲りたいほうです。気をつけたいのは「〜すべき」と決めつけるような言い方をしがちな点でしょう。誕生数6の人はセラピストとして働くことが多く、芸術や音楽の趣味を楽しみます。

誕生数 7

〈キーワード〉

真面目　よそよそしい
専門家　群れない
完璧主義者　エキセントリック
エレガント　隠す
優秀　とことん信じるか懐疑的
聡明　思考者

誕生数7のあなたは、人生のより深い理解を常に探し求めていきます。その探究はたいてい一つか二つの領域に絞って行なわれるでしょう。

あなたは隠れた情報を探し出して分析する人。物事を額面通りには受けとらず、常に疑ってかかるほうですが、逆に疑われるのはあまり好きではないでしょう。観察力や洞察力も鋭く、時に皮肉屋。周囲からは思慮深く、ちょっと気むずかしいタイプと思われるかもしれません。

一見関係なさそうな事実の関連性を見抜き、状況判断が得意です。物事を突きつめて考えるタイプで、感情には流されません（ただしチャートの中に3か5か6を多く持っている場合は別）。実際あなたは、冷たい人、打ち解けない人、よそよそしい人といった印象を周囲に与えがち。思索的な大学教授タイプや上品な紳士淑女タイプ、あるいは鑑定家のように見えるでしょう。

あなたは特別な情報を掘り起こす作業に専念

し、研究に一人いそしむ技術者かもしれません。あるいは自然療法、占星術、心霊療法、教育といったスピリチュアルな仕事に打ち込んでいるかもしれません。どの分野に入っても、あなたはその道のエキスパートになるはず。結果よりも概念そのものに関心を抱く人です。

あなたの人生は物質的な利益を中心としたものにはなりません。それでも誕生数7の人は、その専門知識や技術によってお金を引き寄せます。経済的に困窮すると、他者を顧みず自己中心的になったりエリート的な態度をとることがありますが、それはまだ自分の仕事が道なかばということかもしれません。あなたの努力の成果は、たいてい長い歳月を経たあとに実ります。目標に向かいながら、たぶん多くの派生的な問題に対処していくことになるでしょう。

あなたは二番煎じや、まがいものは受け入れられません（特に運命数が1・7・8・9の人は）。集団になかなか溶け込めず、たとえ人里離れた環境でも自分で管理しながら働くほうを好みます。他人をあてにせず自分を頼りに生きる方法を知っているので、一人で暮らしたいと思うかもしれません。あなたといつも一緒にいたいと思う人にとっては、少々むずかしいタイプでしょう。

あなたは静かな場所で暮らすことを求め、自然と動物を愛します。食事や健康関連グッズにこだわります。けれども人生が与えてくるものに対しては、一種の静かな諦念をもって受け入れるというストイックな面があります。あなたは情緒的な人間関係よりも、みずからの思考のめざましい進歩に自己価値を見い出す人です。

誕生数 *8*

〈キーワード〉

強い	プロフェッショナル
実行力	ぶっきらぼう
お金	熟練
決断力	判断力
権威	問題解決能力

誕生数8のあなたは物事を取り仕切る手腕と、

人生において意義あることを成し遂げるパワフルな能力を授かっています。あなたの成功は、目標や目的を持って働くことによって、また困難を克服する強い力を発揮することによってもたらされるでしょう。

あなたは直感的に計画全体を見てとり、実行に必要なことを本能的に察知し、最適な人材に仕事をまかせます。誕生数8の人は（たとえば、より現実離れした誕生数7とは違って）、利益と達成を追求する物質的な世界で生きるタイプ。問題の核心をつき、無遠慮なまでに力強く単刀直入に物事を処理します。あなたの関心は真実と正義にあるのです。

性格判断が的確で、ほとんど一瞬のうちに相手がどんな人かを見抜きます。生まれつき心理学的な才能があり、個人的な感情をまじえずに他者を客観的に見ていく人です。

誕生数8の女性は、持ち前の指導力を発揮する自己表現の場として、仕事かボランティア活動を求めるでしょう。家庭においても采配を振るいます。もしかすると男の子を望んでいた両親のもとに生まれ、男性的な面を見せたいという無意識の欲求を抱いて育ったかもしれません。あなたは強く、自信に満ち、負けず嫌いです。

誕生数8の人は幹部や重役を目指し、常に組織を動かす方法を見つけていきます。団体、協会、企業、政府などに自然と引き寄せられるのはそのためです。あなたはどんな状況にも均衡をもたらし、お金を適切に運用し、客観的な決断が求められる重要なポジションで働きます。トップや管理職になる日のため、研鑽を積んでおきましょう。

若い頃のあなたは（1月・8月・10月生まれの人は特に）、精力的な行動と強い目的意識で知られていたかもしれません。また若くして重い責任を負わされ、そこであなたの性格が形成されて、絶対に期待を裏切らないという自己イメージが出来上がったかもしれません。

どの分野にいても、あなたは重責をまかされていくでしょうし、あなた自身もできるだけ高く昇りつめたいと思うでしょう。誕生数8の人は専門職やエキスパートが多く、何らかの分野で熟練の域に達します。

誕生数 *9*

〈キーワード〉

哲学的　　寛容
賢人　　思いやり
ドラマチック　　直感的
宗教的　　幸運
愛　　すべてか無か

誕生数9のあなたは、この人生もより大きな全体像の一部にすぎないというスピリチュアルな悟りに至るべく、他の数字の体験（たとえば8の物質的な成功など）をすべてかさね、進化してきた人です。誕生数9が意味するのは完成と統合、知識と理解。そのような人生を生き、知りえたことを、喜んで耳を傾ける人々に伝えることがあなたの人生の目標です。

あなたは（誕生数6の人とは違って）人々が学ぼうが学ぶまいが頓着しません。この誕生数はあなたを人生経験の集大成というべき領域へ導くでしょう。あなたはあらゆる種類の人々と出会い、さまざまな分野に入っていくことになります。

誕生数9を持つ人の魂は成熟していて、過去生の学びもすでに自分の内に統合し、寛容の知恵と広い心をよく知っています。その影として心の狭さや頑固さもありながら、あなたは癒しの道を歩く人です。

あなたの人生は時として非常にドラマチックで、情熱的なものになります。そんな激しさは誕生数9からくるものです。あなたを経由して、ある人々や集団にパワーが注がれるでしょう。

また人生全般において、個人的で親密な関係にはあまり執着しない傾向があります。そのため、結婚によって束縛を感じたり、生きる情熱がなくなるといった問題が生じるかもしれません。おそらくあなたは、仲間に一杯おごるつもりだったのに時間を忘れて朝になったり、友人の相談に夜通しつきあってしまうようなタイプ。つまりすべての人に優しくて気前のよい、典型的な人道主義者なのです。でも、はたして結婚相手はそれを快く受け入れてくれるでしょうか。

あなたは理想と現実のギャップに日々試されて

いくでしょう。そのため、時に皮肉っぽくなったり辛らつになったりするかもしれません。あなたの課題は、些細なことにとらわれず、その奥を見ること。誕生数7と同様、あなたは自己と他者に関する高次の理解と、惜しみなく与えられる豊かな宇宙の英知を扱っていく人なのです。

人生において何かを手放さざるを得なくなっても、すぐにまた立ち上がり、前進します。あなたは基本的に幸運な人です。ただ同時に、広がりをもたらす9の影響力のせいで気分の極端な揺れも経験するでしょう。歓喜と憂鬱のあいだを激しく行ったり来たりするかもしれませんが、知恵が深まるにつれ、それも次第におさまってきます。

誕生数9はパワーを暗示します。しかし、9は無執着の象徴でもあるので、誕生数9の人はたいてい物質的な達成への野心を持ち合わせません。あらゆる職業、あらゆる生活層に誕生数9の人がいるのはそのためです。優柔不断と混乱した思いに悩む人が多いのも、この誕生数の特徴ですが、それはたぶん自分の選択によって可能性を限定したくないという無意識の欲求から、決断をためらうせいでしょう。

誕生数 11

＊あわせて誕生数2も読んでください。

〈キーワード〉

インスピレーション	有名
詩的	女性的
ロマンチック	受動的
洗練	激しさ
感覚的	エキセントリック

11はマスターナンバーで、誕生数に現われたこの数字は、人生に対してスピリチュアルな見方を養っていく必要があることを暗示します。したがって誕生数11の人は、何かを生産するというよりもむしろ、芸術、詩、演劇、宗教、精神世界、心理学などを通して何かを「伝えて」いくことになるでしょう。

あなたにとっては外側の「現実」より、内側の「真実」のほうが大切かもしれません。誕生数11の人は、現実の枠（ポジティブな意味でもネガティブな意味でも）を越えない範囲で、啓示に満ちた不思議な内面世界を育てていく傾向があります。理想、高次の意識、詩、ファンタジーといった、あなたの「内なる元型」を無視していると、それらがうごめき出し、主張し、あなたを支配する（そして狂信的な一面を引き出す）かもしれません。時にありあまるほどのエネルギーを手にしている自分に気づくこともあるでしょう。

マスターナンバーは試す数字なので、「常に最善をつくさねば」という妙な不安や、「何かしら使命を果たさなくては」という思いが、あなたの中にしばしば生まれます。

自分の身に起きていることの意味を知りたいという思いに駆り立てられ、あなたは出来事を分析してサイキックなレベルで関連性をとらえようとします。そしてその解釈によっては、同時に二つの世界――細部が前兆としての重大な意味を持つ抽象的な世界と、細部が平凡で障害となるこの現実世界――で生きているように感じることになるでしょう。

誕生数11は感情の平静さを保ちにくい数字です。不安、心配、敏感というひと桁にした2の特性と、熱狂的で感動しやすい11の特性のあいだで気持ちが揺らぎつづけるかもしれません。あなたの任務はみずからの理想を生き、人々の見本となること。だからこそ、あなたの上にしばしばスポットライトが降り注ぐのです。

あなたは先を見る人であり、革新者です。自分の直感を信頼しましょう。気をつけることは、エリート意識です。自分のペースを保てるような、感覚志向の環境で働くことが大切になります。

伴侶やパートナーに多くを望みすぎると、相手との関係はむずかしくなるでしょう。誕生数11の人は、誕生数2の人より妥協しにくい傾向があります。また自分に対する期待も大きく、「特別なこと」を成し遂げない限り、落ち込みやすいかもしれません。高揚と落ち込みという極端な気分の振れに気づいているようにしましょう。

誕生数 22

＊あわせて誕生数４も読んでください。

〈キーワード〉
達人　専門家
有能　誠実
ビジョン　勤勉
実践的　合理的
効率的　リーダー

誕生数22のあなたは、自分の理想を実践する方法を常に見つけていくでしょう。有能で、頼もしく、忍耐力があるといった（ひと桁にした）４の特性をすべて持っていますが、さらに直感や霊感にもとづく観点から物事に取り組む時に最高の力を発揮します。

マスターナンバー（11、22）は試す数字なので、あなたが目標にたどりつくまでには数多くの障害にもぶつかるでしょう。しかしこうした障害によって、さらにリサーチを重ね、再考し、さまざまなアプローチの利点を発見することができるのです。あなたは古くなったシステムを刷新したり、改善・拡張・開発するという機会を喜んで歓迎します。

あなたは真面目で誠実で、身近な人々や地域社会につくす人です。一人ひとりの力が世の中を変えるという考えから、政治やその他の公の活動（映画制作、ドキュメンタリー、講演活動など）に関わるかもしれません。物事を深く感じとるという点では誕生数11の人と同じですが、22のあなたは自分の夢の中に閉じこもることはありません。むしろ事実を集め、仕事に必要な技能をみがくことに力を注ぐでしょう。

自分には成し遂げることがたくさんあるとわかっているので、エネルギーもやる気も、ほとんどなくすことはありません。ただしあなた自身が「できる、やりたい」と思う夢に駆り立てられるあまり、他者の能力のなさに苛立つことがあるかもしれません。あなたは計画する人、実行する人。大きなプロジェクトに関わり、多くの要素を調整する仕事で最高の手腕を発揮するでしょう。

また誕生数11と同じように、あなたはまるで二つの世界――ゆっくりとした日常世界と、霊感に満ちた、すべてが可能な世界――に生きているように感じるかもしれません。誕生数22の人は、人生の早期にさまざまな仕事を体験しがちです。最初のうちは何をしても結果が出ないような気がして、挫折感を味わったり、負担に感じたり、自分は理解されないなどと感じるでしょう。障害が大きすぎて、とても乗り越えられないと思うかもしれません。けれども徐々に自分の力量に気づいていきます。誕生数22のあなたは、体験から自信を培っていく人なのです。能力を示す機会はいずれ与えられます。

ひと桁にした数字が4なので、あなたは土・地面・現実世界ともしっかりとつながっています。手を使って働くか、建設関係の仕事をするかもしれません。あなたは良き伴侶となり、良き上司となり（喜ばせるのはむずかしくても）、生涯の友となる人です。

また最高の経営者にもなれる人なので、まわりに有能な人材を集めれば大きな目標を達成できるでしょう（いくらあなたでも、一人では不可能です）。あなたはとことん調べてからでなければ、リスクを冒しません。近道は決してしようとしないこと、そして不誠実な人とはつきあわないようにすることを覚えておきましょう。

あなたは何であれ作り直し、改善し、達成するためにここにいます。あなたは他の人たちの手本となる人です。

誕生数 *13*

＊あわせて誕生数4も読んでください。

〈キーワード〉

改善　組み立てる
主張　ヒーラー
根気　実践的

誕生数に現われたカルマナンバー13は忠誠心、責任、約束というテーマに取り組む道を、あなたの魂が選択していることを暗示します。

したがってあなたは、自分自身もしくは他者の頑固さを変えたいという思いが強く、あらゆる状況のなかで条件の改善や、製品の改良を目指すことになるでしょう。けれども時には、誰よりも懸命に働いて自分の価値を証明しようとしたり、問題をわざわざ探し出してみずから困難を招くこともあるかもしれません。「壊れたら直す」をモットーに、あまり取り越し苦労をしないように気をつけましょう。

職業的には、建設、改築、都市計画、法律、リハビリテーション、カイロプラクティック、刑事裁判、刑務所の改善、環境問題、整形外科など、あらゆるタイプの修復作業に携わる可能性があります。あるいは健康、有機栽培、食品、ビジネス、エコロジーといった分野をテーマに執筆活動をするかもしれません。

また人生のある時点で、あなたはそれまでとは全く違う生き方を始める可能性もあります。

誕生数 14

＊あわせて誕生数5も読んでください。

〈キーワード〉

自立　自由を愛する
情熱的　精力的
順応性　複数の仕事
人気者　セクシー
生への希求

誕生数に現われたカルマナンバー14は、極端に走りがちな傾向を理解して癒す道を、あなたの魂が選択していることを暗示します。

したがってあなたは、自分自身あるいは身近な人々の問題を通して、食事、飲酒、セックス、薬物への依存傾向や、責任を放り出したいという思いを適度に抑制し、バランスを取り戻す作業を行なうことになるでしょう。また建設的な形で「自由」を行使することも、あなたのもう一つのテーマです。

仕事としては、化学薬品依存症のためのカウンセラーや、イベントプロモーター、不動産開発業などがいいでしょう。政治に関心を持ったとしたら、改革派になるタイプ。あなたは何でも一般的でないほうに惹かれがちです。

内側で感じる落ち着かない気分を解消しようとして、むこうみずな選択や決断をしないよう気をつけましょう。

誕生数 16

＊あわせて誕生数7も読んでください。

〈キーワード〉

直感的　触媒
信頼　深さ
専門家　情熱的
思考家　分析家
心理的　エキセントリック

誕生数に現われたカルマナンバー16は、あなたの魂が、体験を通して急速に成長する道を選択していることを暗示します。

したがってあなたは、今回の人生で多くの尋常でない事態に遭遇し、何度も価値観を変えながら、自分にとって本当に大切なものを探し求め、見極めていくことになるでしょう。そしてその途上であなたは、人生のカギを握る人々と出会い、共に働くことになるはずです。そうした人々とは何かしら尋常でない出会い方をし、その瞬間に運命的なものを感じて、「この人だ」と気づくでしょう。

仕事としては執筆、歴史調査、スピリチュアルな訓練、財政分析、法律、催眠術、占星術、数秘術、深海調査、自然保護に関わるもの。あるいは、何か一人で時間を過ごすことが求められる職業につく可能性があります。

自己破壊的な傾向に負けると、孤独でみじめな晩年になってしまうかもしれません。毎日を建設的に生きていけば、熟年期にはおのずと社会的に認められ、自分自身ともずっと楽につきあえるようになります。

誕生数 19

＊あわせて誕生数1も読んでください。

〈キーワード〉

リーダー　役割モデル
謙遜　自立
誠実　大胆
才気煥発　革新的
大胆　決断力
クリエイティブ

誕生数に現われたカルマナンバー19は、「自立」

「自信」「革新的な考え方」というテーマに取り組む道を、あなたの魂が選択していることを暗示します。

したがってあなたは、自分の理論やアイデアを表現したいという思いを常に抱き、探究・執筆・発明・実演に心惹かれ、何らかの形で関わっていくでしょう。もしかすると、あなたはみずから下した決断によって、報酬と名誉を受けとるか、屈辱を味わうか、どちらかの立場になるかもしれません。なぜなら「激動を体験し、その後、再び自尊心と威厳を取り戻す」こともまた、この誕生数が暗示するテーマの一つだからです。

支持されにくい、主流をはずれた考えであっても、あなた自身が正しいと信じるなら、自信をもってそれを表明しましょう。あなたの才能や資質を埋もれさせないよう充分に育み、世界に提供してください。勇気をもって信じるほうへ足を踏み出せば、あなたの道は開かれていきます。

3章

Destiny

運命数

すべての日がそれぞれの贈り物をもっている

――マルティアリス『エピグラム』

運命数とは

「運命数」は、あなたがこの世界で成し遂げようとしていること、つまり今回の人生の使命や目的を表わす数字です。あなたに与えられる機会や環境、そして潜在的な可能性もこの数字から見えてくるでしょう。運命数によって明かされる運命とは、「この人生であなたがなすべきこと」という意味です。

あなたの名前のアルファベットを数字に変換して、足し合わせた合計が運命数です。「私の人生の目標は？」「進むべき方向は？」「私に成し遂げられることは？」などという問いに答えてくれるのがこの数字で、大切なのは、運命数には「あなたの魂を進化させるために探究・開拓・開発すべき領域」が示されているということです。

運命数の計算方法

①数秘術チャートの名前の欄に、あなたの本名をヘボン式ローマ字で書きます（巻頭の「名前のガイドライン」を参照してください）。

②チャートの変換表を見ながら、アルファベットを一文字ずつ数字に置き換えていきましょう。

③姓と名それぞれの合計を出し、その二つを足します。

④合計した数字をひと桁になるまで足し合わせてください。

〈参考例〉

たとえば、マザー・テレサの本名は、Gonxha Agnes Bojaxhiu です。上の表のとおり、彼女の運命数は7（16）となります。これは彼女の進むべき道がまさにスピリチュアリティと人生への深い理解、真摯な宗教的探究心であったことを示しています。

（例）マザー・テレサの運命数

G O N X H A	A G N E S	B O J A X H I U
7 6 5 6 8 1	1 7 5 5 1	2 6 1 1 6 8 9 3
33 = 6	19 = 1	36 = 9
6 + 1 + 9 = 16 = 7		

運命数について覚えておきたいポイント

苗字（姓＝ラストネーム）には家族全体で共有する特徴が現われ、そして下の名前（ファーストネーム）にはあなた自身の特徴が現われます。またミドルネームには、自分では気づいていない（あるいは否定して封印している）潜在能力が示されています。

運命数をより深く理解するために

●運命数と誕生数

運命数と誕生数の関係は非常に重要です。この二つを足し合わせた数字は「実現数」といい（たとえば運命数1で誕生数2の人は実現数が3）、これについては次の4章で説明します。

もし誕生数と運命数に同じ数字が現われた場合は、人生の目的にぴったりの資質をもともと持っているということなので、より成功しやすくなります。

●名前にある数字（特性数）のサポート

名前を構成する一つひとつのアルファベットもまた、運命数が示す人生の使命への取り組みにどんなサポートが得られるのかという貴重な示唆を与えてくれます。それぞれのアルファベットの数字を調べてみれば、あなたの強みや弱点がわかります（8章を参照）。

たとえば、Laurie Simons（ローリー・シモンズ）は運命数2ですが、この名前にはB、K、Tがないので、2という数字は現われません。そのためローリーは、調停役として働くという人生の目的（運命数2）を持っているにもかかわらず、（名前に2がないので）人の話を辛抱強く聞くのは苦手と感じるでしょう。すると職場で意識的に人と協力することはできても、家庭ではなかなか調和を保ちにくいかもしれません。

もう一つ例を挙げましょう。運命数8の人は何かしら人々の上に立ち、決断し、お金を動かすことを求められるのに、名前に8（H、Q、Z）がないと、それを実行する自信が持てないかもしれず、判断が甘くなってしまう可能性もあります（詳しくは8章を見てください）。

●頂点数のサポート

運命数は、あなたの人生の四つの各時期に影響を与える「頂点数」からサポートされることもあります。たとえば運命数と同じ数字が頂点数として現われると、その期間は人生の目標を達成したり、その目標に向かってめざましい進歩を遂げやすくなります（詳しくは10章を見てください）。

***

運命数が示すあなた

運命数 1

〈潜在的な可能性〉

自主的　創意に富む
自己主張　知性的
独創的　強い
迅速　信念

あなたのなすべき仕事は、人々の先に立ち、指示を与え、みずから顕者な見本となること。あなたは自分が持てる力を総動員して頂点に昇りつめなければならないことを、本能的に知っています。

一人で働くのがベストですが、対等の力を持つ人とはアイデアの交換を楽しみます。ただし能力がないとか迅速に対応できないと感じる相手に対しては、その人の決断をくつがえしたり、自分の意見を貫こうとするかもしれません。

あなたは自分の独創性を認められたい、自分についてきてほしいと感じるでしょう。対人関係では、相手に自分と同じ強さや才能があると感じれば喜んで耳を傾けますが、そうでなければあなたのほうが強い立場になります。また正義感のとても強い人ですが、旧態依然とした組織にはあまり多くを望みません。

ストレスを抱えると批判的になりやすく、長所より短所や欠点に目がいくかもしれません。態度もいくぶん皮肉っぽく、当意即妙なユーモアさえ辛らつになりがちでしょう。

あなたはさまざまな考え方を整理して、大筋をとらえ、ポイントを明確にするのが得意です。そして人々に指示を出し、仕事を割り振っていきます。細かな作業はできれば人に任せ、自分はもっと先へ進みたいと思うでしょう。会議のたぐいは「疲れるだけで時間の無駄」と嫌います。とはいえ別に競争心が激しいわけでなく、向上心が強いだけなのです。

あなたは清廉潔白、名誉、プライドを重んじます。運命数1は既存の秩序や因習を打破し、新たな地平を切り開くことを求める数字。その運命数を持つあなたは、おのずと伝統に逆らう方向へ進むことになるでしょう。

あなたが自分にふさわしいと感じるのは、新たなスタート、未来の計画、近代的なデザイン、くっきりしたライン、シンプル、ハイテクなど。遅れやルーズさを嫌い、自分の限界や能力を試そうとして、あえて難題を設定することもしばしばあります。でもあなた自身がそこに気づくのは人生中盤になってからかもしれません。

〈運命数19〉

運命数に現われたカルマナンバー19は、「自立」「独創性」「誠意と誠実さ」がカギとなる人生を歩むことを暗示します。あなたはさまざまな局面でみずからの理念と信念を掲げ、立ち上がることを求められ、学んでいくでしょう。

ネガティブな傾向が強まると

頑固、怠け者、自分勝手、せっかちになりがち。威張り散らしたり、批判的で思いやりがなくなったり、自己流のやり方を独断的に押し通そうとするかもしれません。

仕事・天職・才能

自営業の可能性が高いでしょう。人のために働くとしたら、影響力のある指導的な立場で企画立案し、指揮しようとします。デザイン、文学（出版・PR・販売促進）、教育（未来に向けた新しいコンセプトによる）、発明、探検、開拓の分野でチャンスに恵まれます。

あなたは喜んでリスクや挑戦に立ち向かい、正義のために立ち上がります。たとえば建築家（チャートの中で4が目立つ人は特に）、弁護士、政治家、精神分析医、外科医、製造業者、土建業者、調査官、人事担当者、監督、服飾デザイナー、シェフ、会社役員、スタイリスト、芸能人など、先見力が重視される場で仕事を探すといいでしょう。また、アバンギャルド、最先端、新しい発想、リサーチといった分野か、もしくは指示や命令を出す立場の職業もいいでしょう。

希望と恐怖

あなたが望むのは、最高、一番、トップ、最速であることで、そういう自分を期待します。ときどき一人になりたいと思うでしょう。また自分の社会的なイメージを大切にします。

あなたが恐れるのは、孤立すること、二流になること、遅れをとること、決まった手順に縛られること。また怠け者、プライドが高い、不誠実とは見られたくないと思うでしょう。チャンスを逃すことを恐れ、決断を急ぎすぎるかもしれません。自分ではどうにもできない事態になることを恐れます。

結婚

あなたがリードできる関係か、あなたのエネルギーや情熱を理解してくれる相手を求めるでしょう。あなたはほとんどいつも仕事に夢中で、家のことにはあれこれ口出ししません。父親としては、子どもに際立った才能や可能性が見い出せない限り、子育てにあまり熱心ではないでしょう。

涙もろくはありませんが、完璧を求め、理想を実現しようと努力するので、もしかすると並はずれてまめなロマンチストかもしれません。

また唐突な言動に出たり、皮肉を言ったり、わざと反対の立場をとったりする傾向（それはあなたの人生における任務の一部なのですが）から、関係に波風を立てやすいところもあります。あなたは強い個性と忠誠心の持ち主。伴侶にわずかでも小言や非難めいたことを言われると、反発を感じるでしょう。

運命数 2

〈潜在的な可能性〉

敏感　芸術家肌
美を愛する　友好的
サポート　穏やか
決めてかからない　聞き上手
駆け引き上手

あなたはたぶん人間関係を何より大事にするでしょう。あなたの自己価値と幸福感は、他者の言葉や態度によってかなり左右されます。あなたは、たいてい誰からも「いい人」「穏やかな人」と思われるでしょう。

美しいものの価値を知っているあなたは芸術家かもしれません。あるいは、共通の目的のもとに人々を集め、まとめ役になるかもしれません。運命数2の人は、たとえば運命数1の人のように自信や決断力によってではなく、むしろ気ばたらきと説得力、そして適切な時を待つことによって成功を手にしていきます。

また運命数2の男性は、感性や共感力や優しさといった女性的な側面を開発していくことになるでしょう。

あなたは他者の考えや動機を読みとり、理解するという特技を持っています。結婚には、とことん尊敬できる人を選びましょう。なぜならあなたはパートナーのイメージによって自分を評価しがちだからです。また、パートナーとの関係を最優先する傾向もあります。チャートの中に2が多く現われる人はバイセクシャルの傾向があるか、フェミニズムに大きな関心を持つかもしれません。

運命数2のあなたは、我慢の限界まできてとうとう爆発することはあっても、基本的に逆らうことはしません。気を配り、細部を処理し、分析し、訂正し、さらに心を砕いて考え抜きます。こうしたあなたの最良の特質を忘れ、パワフルで押しの強そうな人たちと自分を比べはじめると、自信をなくしてしまうので気をつけましょう。

あなたはじっくり考えてから行動するほうなので、即断即決を求められない職業が向いています。自分の意見に固執することなく、問題をさまざまな側面から見て検討したり、他者の意見を尊重して聞き入れていける人です。

ネガティブな傾向が強まると

気分屋、内向的、悲観的、感傷的な傾向が目立ち、傷つきやすく、失敗にこだわりやすくなります。たえず自分の欠点を見て、「あの時、あんなことを言うべきではなかった」といつまでも悩んだり、気をつかってお世辞を言いすぎたり、あるいは逆に感情を内に閉じ込めてしまったりするかもしれません。

あなたはストレスの多い仕事や、自分より優れていると感じる人の上に立つのは苦手でしょう。チャートの中に2が多く現われる場合は、ときどき急に落ち込み、現実から逃げ出したくなりがち。無用な不安や悩みを溜め込まないように気をつけましょう。

仕事・天職・才能

分析的で細部に強く、注意深いあなたは、素晴らしいまとめ役。秘書、出納係、統計学者、会計士、記録者、図書館司書、公務員、美容師、文房具店主、美術品蒐集家、美術館学芸員、切手収集家、詩人、風景画家、庭師、伝記作家、心理学者、クラブの主催者、ツアーガイド、輸入業者、コック、ウエイトレス、ミュージシャンに向いています。チャートの中に4か7が目立つ人は、コンピュータ関係の仕事を望むかもしれません。

希望と恐怖

あなたの望みは、関係者全員にとって物事がうまく運ぶことです。

恐怖はあなたにとって最大の試練。自分にはどうにもならない問題に頭を悩ませ、決断をためらうでしょう。ミスを恐れ、神経質で躊躇しがち、競争を嫌います。

また自分には独創性がなく、煮え切らず、誰かの助けがなければ何一つ達成できないと思い悩んだり、偽善的だと思われそうで本当の気持ちをなかなか口にできないかもしれません。

結婚

あなたは生来のパートナーといえるでしょう。うまく人に合わせていき、美しい住まいを演出することができます。ただし潔癖すぎるほどきれい好きで、片づけ魔だったり、そのわりにテキパキ動けないところもあるかもしれません。

運命数2の人は細部にこだわります。とにかく言い争いは避けたいと思うでしょうが、明確なコミュニケーションを心がける必要があります。あなたに必要なのは、愛情と安心感、親近感を感じさせてくれるパートナーです。

過去ではなく、常に今現在の問題（理由をつけて目をそむけている問題も含め）に目を向けることが肝心。そうすれば溜め込んだ不満を突然一気に吐き出し、パートナーをびっくりさせることもなくなるでしょう。

基本的に愛情深く相手につくし、分かち合い、バランスを保つ努力を怠らない人ですから、パートナーとの良い関係を育めば、恐怖や悩みも手放していけます。

運命数　3

〈潜在的な可能性〉

楽観的　遊び
想像力豊か　説得力
創造性　ドラマチック
社交的　気前がよい

あなたは世界に創造性と熱意を与える人です。自分の考えを絵や言葉や図に表現して、他者が共有できるようにするという特技を持っています。人生に喜びと友情をもたらし、友達も恋人も同じように惹きつけます。その楽天性で人気者になるかもしれません。あなたにとって友達は一番大切な財産であり、避難場所でもあるでしょう。


運命数3のあなたは人生を楽しむ力があり、ふとした機会をとらえ、利用する才能にたけています。3は統合の数字でもあるので、あなたが望めばさまざまな要素が一つにまとまります。あなたはそうやって周囲の人々が変わるきっかけをつくり、周囲に変化をもたらしていくでしょう。

多才なので、あれこれ気を散らさないように注意しましょう。また、快楽や一時的な満足を追い求める傾向もあります。その情熱が度を越さなければ、バランスがとれ、人生全般がうまくいくということにあなた自身もいつか気づくでしょう。運命数3の人はもともと体力があり、病気になってもすぐに治るし、珍しいほど健康に恵まれた人生を送れます。

でも耐久力を求められるような重労働には向きません。プロジェクトの細かな部分は人に任せたいと思うほうでしょう。運命数3のあなたは人々のやる気を引き出す才能を持つ、生まれながらのリーダーであり、スポークスマンです。この能力を活かせるような立場でなければ、がっかりしてその場を去り、特別な才能を一人で開発しはじめるかもしれません。

あなたには音楽、おいしい食事、美しい服、アクセサリー、プレゼント、シャンパンといったものに彩られた、良い暮らしが不可欠で、そのためにはお金に糸目はつけません。でも大丈夫、3は金運もよい数字です。

あなたはいつも魅力的で快活、衝動的。恋に恋するようなところがあるでしょう。天性のもてなし上手で、有名人やオピニオンリーダーが大好きですが、派手に振る舞いすぎたり、お喋りになりすぎると、そういう人々を遠ざけてしまうかもしれません。

また、相手も興味を持つはずだと思い込み、自分の考えや自分自身について、つい事細かに話しがち。沈黙を埋めようとしている自分がいたら、それに気づけるようになりましょう。

ネガティブな傾向が強まると

うぬぼれ、浪費家、明るい展望しか見ようとしなくなります。落ち着きがなく、やるべきことを終える前に動き出したくなり、仕事でも人間関係でも充実感を味わえないかもしれません。場合によっては無責任になったり、抑制がきかなくなったり、軽薄でうわさ話に夢中になる、人を利用する、などの面が現われるでしょう。

仕事・天職・才能

あなたは創造性、ビジョン、人脈、言葉、ユーモアのセンスが活かせる分野で成功するでしょう。

仕事としては、著述家、エンターテイナー、俳優、手品師、ダンサー、イラストレーター、デザイナー、漫画家、花屋、言語学者、法廷弁護士、教師、プロモーター、聖職者、遊び場の建設や管理、薬剤師、調香師、おもちゃ職人、ギフトショップのオーナー、菓子業者か食品業者、工芸職人、美容師、服飾デザイナーか販売員、モデル、コピーライター、編集者、写真家などが向いています。

希望と恐怖

最高の状態の時、あなたは熱心で外向的で、すすんで人を助けたいと望み、楽天的です。でも時には不愉快な事実にフタをして、都合のよい現実だけを見ようとすることもあるでしょう。

あなたが恐れるのは批判されること、または派手、見かけ倒し、表面的、未熟などと思われること。それを避けるために自慢げに話したり、劣等感を隠そうとするかもしれません。あるいは親密さを演出しようとして決まり文句に頼ったり、同じ話を繰り返したりすることもあります。

結婚

男性の場合は、おそらく良き夫というよりも良き父親になるタイプ。女性の場合は、夫をしっかり支える妻になります。

あなたの伴侶になる人には、ユーモアの感覚とよい審美眼が必要でしょう。突然の変化に対応する能力と、あなたの活発な社交生活に積極的に参加する意志もなくてはなりません。なおかつ、あなたのたび重なる出費にも寛容でなくてはならないはず。大きな買い物をする時は、事前にパートナーに相談するようにしましょう。

あなたはどちらかというと何ごとも自然にまかせて生きていくほうなので、パートナーが計画重視のタイプなら、事前に考える機会を与えてあげる必要があります。また相手が運命数4か6の場合は、あなたが日常的なルーチンワークは苦手で、時間にもルーズなところを理解してもらうことが不可欠です。

ライフスタイルも定住タイプではありませんから、鍵、ノート、財布、ヘアブラシといった持ち物を所かまわず置きっぱなしにして、相手を苛立たせることもよくあるでしょう。

あなたは誰とでもよく話します。子どもを愛し、子どもたちの気まぐれにも喜んでつきあいます。運命数3の女性は、結婚によって協調性や創造性を発揮するようになることも多く、外に出て働くよりはむしろ家庭にとどまることを選ぶかもしれません。

運命数 4

〈潜在的な可能性〉

実践的　　現実的
分別ある　忠誠心
合理的　　勤勉
誠実　　　真面目

あなたは常に、自分の発想を現実に応用する方法を見つけていくでしょう。4は組み立てる人、管理する人、働く人の数字。困難に耐え、たとえ犠牲になろうとも、長期にわたって仕事に打ち込むことができます。

真面目で毅然としたあなたは、常に事実を求め、運には頼りません。保守的で、伝統的なルールとモラルによって生きます。用心深く、何ごとも簡単にはあきらめない人です。決まった手順をきっちりこなし、あらゆるプロジェクトに秩序とシステムを導入するでしょう。良識あるセンスと価値観の持ち主です。

運命数4の人はとても現実的で、たいてい形ある物を扱う仕事を好みます。また自分がやりたくないと思う仕事は、人にも押しつけません。そんなあなたがもっとも自分を活かせるのは細部、常識、規律に目を向けなければならない管理職の立場でしょう。世の中の大きな問題を扱うのはそれほど得意ではありません。

運命数4の女性は母親、妻、忠実な友という役割を大切にします。人生をシンプルにとらえ、物事のサイクルや季節のリズムを愛し、日常の仕事を上手にこなしていくでしょう。

運命数4の人は何についても自分のやり方を持っていて、常に冷静です。頑固になりやすい傾向はありますが、人生のなかで柔軟性と順応性を身につけていくことになるでしょう。「安心・安全」を何より求めるあなたは、危険を冒すことなく着実な選択をしていきます。

〈運命数13〉

運命数に現われたカルマナンバー13は、つまずきや試練に屈することなく物事を組み立て、良き管理者となることを目指させます。

あなたは今回の人生で「根気」と「生産性」を

育み、システムを改善する機会を与えられていくでしょう。

ネガティブな傾向が強まると

偏狭な考えにとらわれて融通がきかなくなったり、日課や細部にこだわって支配的になったりしがちです。いったん抱いた第一印象がなかなか変えられず、気まぐれを嫌い、独断的、意固地になるかもしれません。また、手でさわれないものは信用しなくなるでしょう。

仕事・天職・才能

4は土・地球・現実世界を象徴する数字なので、建築、建造、採掘、契約、数学、科学、物理学、不動産、構造に引き寄せられていくでしょう。どの分野であれ、あなたは改善と改革に努めます。

天文学、地図製作、地質学、制度にまつわる仕事、企業のオフィスワーク、政治行政、測量調査はどれもあなたの才能が求められる仕事です。技術を身につけ、腕を磨いていけるので、シェフ、ミュージシャン、時計職人の可能性も。また忍耐力があるので、良い教師にもなれるでしょう。

会計、秘書、経理、記録（録音・録画）、銀行、保険、投資もすべてあなたのジャンル。あなたはのんびりした人生とは無縁でしょう。何であれ概念に形を与え、支え、実行し、秩序立て、組織化するために、ここにいる人です。

希望と恐怖

銀行にある程度の貯蓄をしていないと不安になるほうで、ローンを組んでまで買い物をしようとは思わないでしょう。また「これからどんな社会になっていくのだろう」と未来を案じ、「古き良き日々」を懐かしみます。

子どもが反抗的になろうものなら、心配で夜も眠れないかもしれません。あなたは「仕事がきちんと評価されている」「正当な報酬を受けている」と感じることで精神的な安定を得ます。四角四面な人と思われることを恐れるかもしれません。

結婚

あなたは頼りになる伴侶と、安心できる家庭を求めます。口やかましくなったり、何かにつけてパートナーを「改善」しようとしないように気をつけましょう。あなたは結婚生活に満足していても、愛情や好意をあまり表に出さず、「日々の行動のなかで充分愛情を示している」と思い込んでしまうところがあります。

あなたは何でも時間をかけて行なうほうで、忠誠心が強く、友人も吟味して選びます。人に何かを伝える時に「あなたのためになるから」と前置きする傾向もあります。

道徳的で、ごまかしや言い逃れを嫌うため、不貞を続けたりはしません。運命数3か5の人と結婚すれば、柔軟性を伸ばしていけるでしょう。

運命数 5

〈潜在的な可能性〉

冒険心　説得的
素早い　外向的
違いを好む　セクシー
カリスマ的　衝動的

あなたの目標は自分を広げること。ボヘミアンのようなあなたの生き方は冒険者として尊敬されるかもしれないし、慣習に従わないことで他者の反感を買うかもしれません。伝統的な生き方をする人たちから「何でも屋」と呼ばれる可能性もあります。

5は世俗的な体験を暗示する数字なので、あなたは複数の職業につき、(しばしば風変わりな人たちと)幅広く交際することになるでしょう。好奇心が強く、旅や新天地を愛するために、生まれ持った才能の多くを開花させていきます。

ただし、快楽や「変化のための変化」を求めて行動したとしても、あなたの落ち着かない気分はおそらく解消されません。そのことを理解しないと葛藤が大きくなり、やがてはみずから背水の陣を敷くことにもなってしまいます。

あなたは一度にたくさんのプロジェクトを進めがち。そういう傾向を自覚し、エネルギーを一つに集中させることを覚えましょう。そうでないと、多くのことを手掛けながら、どれもみな中途半端になってしまうかもしれません。

しかし、あなたの動機は完成させることでなく、探求することにあります。他者の価値観で自分を計って罪悪感を持ったりしないようにしましょう。興味あるものに熱中し、そこに興奮と刺激がある限り、とことん追求していく人です。

あなたの魅力は、磁石のようにあらゆる種類の人々を惹きつけるでしょう。何でも少しずつかじりながら必要なことをあっという間に吸収し、これ以上学ぶものはないと感じると、これまたすぐに手放します。興味ある分野のことにはよく精通し、息をするように自然にみずからの興奮を人々に伝えます。

運命数5の人は概して、とても健康です。あり余るエネルギーは、(過食・過飲あるいはドラッグに頼ったりせず)運動で解消するようにしましょう。病気になっても回復力があります。性的なエネルギーも活発で、そのやりとりから人生の課題の多くを学ぶでしょう。

運命数5の人の率直な言葉や態度は、他者を苛立たせる場合もあるかもしれません。あなたは現状維持やマンネリズムには耐えられない人です。伝統的な考え方に縛られず、既存の価値観や因習を打破するために、あなたはここにいるのです。

〈運命数14〉

運命数に現われたカルマナンバー14は、人間的な幅を広げること、建設的な形でより多くの自由を手にすることを目指させます。

多くの職業につき、多くの変わった人々に出会いながら、あなたは内側の制限を一つひとつ解き放っていくでしょう。

ネガティブな傾向が強まると

一貫性がなくなり、気まぐれ、大げさ、わがまま、あるいは競争心が強く攻撃的になったり、無責任で、人の気持ちに気づかなくなったりするでしょう。すぐに態度が変わるので、他人からはまるで本心を偽っているかのように思われてしまうかもしれません。決まりごとに無頓着になり、やるべきことを先延ばしにしがち。とりあえず目の前の欲求が満たされれば、すすんで問題を解決しようとはしないでしょう。

仕事・天職・才能

順応性が求められる公共性の高い活動全般、販売促進、広告宣伝、心理学（観察力の鋭さを活かせる分野）を扱うあらゆるジャンルの仕事に向いています。添乗員、理学療法士、健康食品アドバイザー、形而上学者、テレビのパーソナリティ、コピーライター、プロモーター、スポーツ選手、不動産仲介業者、自動車のセールスマン、貿易業者、予約代行業、芸能人、俳優、講演家、小売業者、ＣＭやポスターの制作会社、政治家、あるいは以上のすべてを組み合わせた職業で成功するでしょう。

希望と恐怖

あなたは始めたことを最後までやり遂げられない自分を責めるでしょう。人から、頭はいいけど深みがないと思われることを恐れるかもしれません。たとえ自分は腰が軽くても人には真面目に受けとめてほしいと思うでしょう。「口がうまい」「いんちき」などと言われると憤慨します。

お金で買えるものはすべて手に入れたいほうです。また自分のやり方、自分の考え方でやるために一番先に立ちたいと思うかもしれません。あなたの夢は、人生の大半を旅しながら過ごすこと。ヨットの旅、遠い島々への旅にも憧れるでしょう。性的なアバンチュールに憧れるあなたは、老いを恐れるかもしれませんが、運命数５と運命数３の人は年をとっても若さを失いません。

結婚

パートナーには、あなたが家にじっとしているタイプではないことを理解してくれる人を選びましょう。あなたは「家庭も家族も大切」と口では言っても、その二つを最優先することはめったにありません。

嫉妬深い相手や、いつも一緒に過ごしたがるような相手との結婚は避けたほうが賢明です。あなたは束縛を感じると、浮気に走るかもしれません。おそらくセックスはあなたにとって大きなテーマでしょう。ほかにも食事、飲酒、ドラッグ、ギャンブルといった身体感覚を刺激するものに依存しやすい傾向に、常に注意が必要です。

あなたは子育てや結婚に関して、開かれた考えを持っているかもしれません。また、あえて反対の意見を言ったり、相手に議論をふっかけて楽しむこともあるでしょう。

運命数2・4・6の人と結婚すれば、忍耐力や思慮深さを学べます。運命数7の人が相手なら、あなたはその結婚を誇りに思うでしょう。また運命数9の人の場合は、あなたが相手に極端な行動(たとえば過度の飲酒習慣など)を仕向け、かなりドラマチックな結婚生活になる可能性があります。運命数1の人は常に節度を重んじるので、あなたにとっては少しむずかしい相手かもしれません。

運命数 *6*

〈潜在的な可能性〉

責任感　頼りになる
面倒見のよい　愛情あふれる
芸術家肌　実用的
人なつこい　伝統的

あなたの人生のテーマは「奉仕」。くつろぎをもたらし、物質面だけでなく、適切なアドバイスをする才能に恵まれています。人々を教え、育てる人です。

あなたは真実、美、正義、調和という理想によって生き、(たいていは実用的な)芸術的センスを持っています。そして自分自身と愛する人たちに、美しく調和した環境を提供するため一生懸命働くでしょう。

また法律をよく守り、しっかり計画を立て、勤勉に働くといった伝統的なスタイルで目標を達成しようとします。運命数5の人よりも権威的な存在を認め、ルールにも従います。でも運命数4の人ほど厳格ではなく、思いやりと共感をもって他者を理解しようとします。ただしこの特性は、無意識のうちに相手を間接的に支配し、優位に立とうとして使われる場合もあるので注意しましょう。

運命数6の人は判断力が優れているので、心や感情に関連した仕事に向きます。また、たいていは食通、ワイン通で、料理上手。あなたは生まれながらの接待役であり、保護者、友であり、地域社会のために働く人なのです。

ことによると強い責任感に駆り立てられて、誰かの人生のレッスンに介入したり干渉したくなるかもしれませんが、それはしてはいけません。あなたのエネルギーを間違った方向に使うことになってしまいます。

あなたにとって、人づきあいほど大切なものはないでしょう。いろいろな人が助言を求めてあなたのもとにやってきて、あなた自身もまた愛する家族や友人をサポートすることによって幸せを感じるはずです。

仕事の一環として、学生なら課外活動として、あなたは何らかの形で人を教え導く機会を常に見つけていくでしょう。里親、保護司、あるいはチャリティ募金の活動家タイプです。

ハート数が2・4・6・9なら、感情豊かで共感に満ち、寛大、実践的で伝統を重んじる側面がいっそう強まるでしょう。また、ハート数が4か8なら、素晴らしい実業家か教師になるでしょう。ハート数1の場合は、思いやりを持ちたくても、そのために自分のチャンスを犠牲にするとなると葛藤が生じるかもしれません。またハート数が3か5の場合は、責任を押しつけられることに不満を覚えやすいでしょう。

運命数6の人は伝統的なライフスタイルを選択することが多く（チャートの中に1・3・5・7が目立つ人は別）、子どもの頃にも家族の価値観を比較的すんなりと受け入れます（ハート数が1か5でなければ）。他人の意見はよく尊重しますが、たまに頑固になって自説を曲げないこともあります。

ネガティブな傾向が強まると

心配性、偏見的、嫉妬深い、横柄、悲観的、干渉的になり、「～すべき」という言葉をよく使うでしょう。何がなんでもやり遂げなければという思いが強くなりすぎると、「こうしたほうがいい」「彼らのためにいいから」「あなたがそうしたいなら自分でやれば」などと言って自分の行動を正当化しがち。

場合によっては、説教好きで人の意見に耳を貸さない、息が詰まるような人物になるかもしれません。また仕事や用事にかかる時間を気にしすぎる傾向も。一つの意見にこだわりつづけたり、非難がましくなったり、恨みを手放せなくなる可能性もあります。

仕事・天職・才能

奉仕活動全般に向いており、福祉、治療、看護、カイロプラクティック、家事、教育、あるいは酪農、農業、家具販売、調理器具製造販売など。そのほかに楽しめそうなものとしては、レストラン経営者、料理人、パン屋、肉屋、内装業者またはインテリアデザイナー、職人、家庭教師、図書館司書、俳優、衣装・服飾デザイナー、織物デザイナー、著述家、詩人、作詞作曲家、ミュージシャン、歌手、美容師、地域プロジェクトの世話役、エコロジスト、環境デザイナー、土木技師、ホテルのマネージャー、医療事務、主婦、家政婦、聖職、販売コンサルタント、カウンセラー、心理学者などが挙げられます。

希望と恐怖

あなたは人の役に立っていないと、元気がなくなります。結婚や家庭生活への理想がとても高いため、結婚しないか、あるいは離婚する可能性もあります。小さなことはあれこれ不安に感じがちですが、大きな問題は難なく処理します。心配性で、自分が正しいと思うことを人がやらないと心を痛めます。

他人の犠牲にはなりたくないと思いながら、しばしば必要以上の責任まで背負い込みます。常に安心感を求めるので、自分がコントロールできなくなる事態を恐れるかもしれません。

あなたは知っている人全員の健康と、自分の家庭の調和を望みます。競争を恐れ、ケチと思われることを恐れます。問題を早く解決したいと思うあまり衝動的になることがあるでしょう。

結婚

あなたは愛情表現豊かな、理想のパートナーになるでしょう。同時に、パートナーというより親の役割を担い、何かと相手をコントロールしようとする可能性もあります。伴侶の仕事にも口出ししたくなるかもしれません。仕事に関しても楽しい接待の場をつくるのが得意です。

愛情深い人ですが、あなたの幸福感を左右する領域（たとえば時間を守る、お金を賢明に使う、健康に気を配る、手際よく物事を行なうなど）でパートナーがミスを犯すと、まるで自分が攻撃されたように感じて傷つくかもしれません（ハート数2か6の人は特に）。また、実際の有益性がはっきりしている場合を除いて、なかなか自分の考えを変えられないところがあります。

一般的に運命数6の人の家は美しく、手入れが行き届いていて快適です。人をもてなすのが大好きで、家族や友人に囲まれている時に最高の気分を味わいます。子どもの成績や業績を誇りにするでしょう。

運命数　7

〈潜在的な可能性〉

もの静か　　用心深い
洗練　　分析的
知的　　深い
勤勉　　精選

あなたは懐疑論者であり、質問者、調査官、分析家、完璧主義者、思索家、発明家です。仕事の質の高さを認められたいという気持ちが強いので、軽薄なものを遠ざけ、技術、科学、農業、機械、工芸、形而上学、心理学、哲学などの分野に惹かれるでしょう。

あなたは自分のことを、なかば自嘲的に「知恵を頼りに生きる一匹狼」ととらえます。仕事仲間との気のおけない穏やかな会話は好きですが、気を散らされるのは好きではありません。

「なかなか親しくなれない」「親しくなるのに時間がかかる」と言われることがあっても、人の意見はあまり気にしません。自分の専門分野について話す時はかなり饒舌になりますが、それ以外は静かに状況を観察するほうでしょう。

組織に属している場合は、自分のテリトリーを確保して、周囲からはよくわからないような状況をつくりがち。これは生産性次第で良くも悪くも評価されますが、たいていはあなたの調査分析によって全体の意志決定がなされたり、より良い製品づくりに結びつくことが多いでしょう。

知的好奇心から、何らかの特殊な人々とつながりを持つかもしれません。あなたの関心は仲間に加わることでなく、そこで共有される概念を楽しむことにあります。あなたは教育や学位を重んじるでしょう。

あなたは、さまざまなタイプの人々に魅力を感じます。そのほとんどが思索者で、風変わりな人や目立つ人も多いでしょう。あなた自身も、どことなくエキセントリックなところがあります。人格数7の場合はこの傾向が助長されて、無口で内気な印象がいっそう強まるでしょう。人格数が3か5なら、社交的になります。人格数8なら、やや堅苦しい雰囲気はあるものの、ユニークかつ豊富なボキャブラリーで人々に感銘を与えます。あなたの影の部分に潜むものは、もしかしたら傲慢さやプライドかもしれません。

運命数7の人にとっては、しばしば失望が学びの機会となります。あなたは事態の原因、関係性、意味を分析し、答えを見つけることによって、失意を乗り越えていくでしょう。もしかすると何か執着しているものを手放すことになるかもしれません。そうした体験はみな、あなたの魂の成長を促すために計画されたものです。その意味を理解し、受け入れ、さらに成長することこそ、あなたの人生における重大な使命なのです。

人生に弄ばれているとか、自分を犠牲者のようにとらえてしまうと、成長は望めません。人と距離を置くようになり、正真正銘の一匹狼になる可能性も出てきます。おそらく40歳前後には本当の自分を感じられるようになり、みずからの人生のパターンにある深い意味もわかってくるでしょう。

ポジティブな方向に進んでいる時のあなたは、天性の教師そのものです。


〈運命数16〉

運命数に現われたカルマナンバー16は、あなたの魂が「信頼」にまつわる学びを進めようと選択していることを暗示します。

人生に起こることに何一つ偶然はありません。そのことを理解し、心と目を開いていましょう。そうすれば、どんな時も必ずスピリチュアルな導きを受けとることができます。

ネガティブな傾向が強まると

秘密が多く、いやみ、エリート主義、ぶしつけになったり、ひそかに溜め込み、悲観的で、つきあいづらい人になる可能性があります。もっと自分の特別な能力に見合った暮らしができるはずだと思うかもしれません。あるいは偏執的な傾向が出てきたり、猜疑心から人間関係が悪化する可能性もあります。傷ついた気持ちや不安を口にできないあなたに、友人たちは当惑し、あなた自身も孤独感をつのらせることになるでしょう。

仕事・天職・才能

質の高さ、完璧さ、分析、リサーチが求められる業務全般。文学、研究、実験作業、統計、化学、専門医学、石庭づくり、林業、森林管理、獣医学の分野でチャンスに恵まれるでしょう。そのほか、精神分析医、専門学校の教師、歴史家、編集者、作家、記者、風刺作家、ヴァイオリニスト、聖職者、神秘学解読者（占星術家・数秘術家）、動植物研究家（自然や動物を愛するため）、園芸家、探偵、スポーツ選手、農場経営者、鑑定人なども挙げられます。

希望と恐怖

あなたは「変わっている」と人に笑われることを恐れるかもしれません。避けられないことは受け入れ、必要以上に悩まない人ですが、偏執的な傾向が出てくると、人の言葉やその意図がたえず気にかかるようになります。あなたは質問されることを好みません。神経質で、（貧困を恐れ）お金に細かく、食べ物にもうるさいかもしれません。

常に最高の自分を望み、ばかな間違いをしでかすことを恐れます。また、何の役にも立たないことで時間を無駄にしたくないと思うでしょう。

結婚

運命数7の人は一緒に暮らすのがもっとも難

しいタイプ。あなたの伴侶となる人には、受けとる以上に与えるという気持ちがなくてはなりません。あなたには一人の時間と自分の部屋が必要で、静かできちんと整頓された家を好むでしょう。

あなたが求めるのは、波長が合い、自分の関心を分かち合えるような相手です。でも、もしかすると最高の自分を分かち合わずに隠しておけるという理由から、まったく正反対の相手を選ぶかもしれません。

あなたは感情的な人ではなく、むしろ感情をあらわにすることを不快に感じるでしょう。自分の子どもと日々接するときも、遊びより教育のほうに関心を持ちます。

あなたは忠実な人ですが、宗教や研究や仕事への情熱を性的親密さの代用にする傾向があります。ほかの数字にくらべ人に合わせるのは不得手なので、パートナーのほうがある程度あなたに合わせていかなければならないでしょう。

運命数7の女性は、尊敬できて、しかも興味を持てるような仕事をしている男性と結婚する必要があります。

運命数 8

〈潜在的な可能性〉

パワフル　効率的
大物　形式的
保守的　洞察力
自信家　頼もしい

あなたは権力の行使に関わる使命を携えています。その衝動と大望と才能ゆえに、権威あるポジションに立つ可能性がとても高い人です。

運命数8の人にとってふさわしい領域といえるのは財政、金融、不動産、ベンチャー企業、政府機関、法曹界、司法施設、病院や大学の事務局など。取引でも管理でも、あなたは最高に良い仕事をするでしょう。しばしば何らかの専門職や特別な知識を必要とする職業につきます。

あなたは重大な決断を迫られるような局面でも、たじろぐことなく冷静沈着に対処できる人です。集中力があり、やや格式ばっていて、堅実でとことん頼りになるあなたは、むやみにリスクを冒さず、何ごとも最初から決めてかからないという姿勢を身につけています。

卓越したトラブル処理能力があり、常にバランスを回復させ、効率よくスピーディに、あざやかな手さばきで難題を次々と片付けていきます。あなたはむしろ、そういう機会を障害物競争のように楽しんでしまうでしょう。めったに時間を無駄にせず、よく自制し、事情通で、太っ腹です。

運命数8の人の使命は、この物質的な世界の「日常」のなかにスピリチュアルな法則を見い出し、その気づきと共に生きることです。たいていはお金と権力に長く関わった末に、その気づきがもたらされるでしょう。そうなるまでは神秘的な洞察に心を開かず、頭ごなしに否定するかもしれません。こうした気づきへのきっかけは、運命数8の男性の場合、しばしば娘や恋人からもたらされます。

あなたは高級品や一流ブランドのアクセサリー、小物などを好みます。保守的で、身だしなみもきちんとしているでしょう（人格数2・4・6・7・8の人は特に）。

運命数8の女性はキャリア一筋に追求するか、結婚しても外で仕事を持ちたいと望むでしょう。

ネガティブな傾向が強まると

物質的な豊かさを追い求めることに夢中になるかもしれません。あるいは他人に干渉しすぎたり、辛らつになったり、頭ごなしに決めつけたり、不寛容になる可能性もあります。成功にとりつかれると逆らう人に厳しくなります。ワーカホリックになりやすいので、リラックスできて自分を成長させられるような趣味を見つけましょう。

仕事・天職・才能

出版、印刷、不動産、ローン、大学、銀行、経営、保険、医療（手術）、運輸、雇用仲介、海洋調査の分野でチャンスを見い出すでしょう。どんな職種であれ、あなたはたいてい大きな組織や企業、協会や施設で、監督者や責任者のような権力をともなう役職につきます。

チャートの中に8が目立つ女性は、たとえば土木工事、銀行業、経営、機械や工業技術の分野など、伝統的に男性の仕事とされてきた領域で自分の力を試したいと思うかもしれません。

そのほかの職業としては、物理学者、発明家、人事担当者、バイヤー、会計士、保険数理士、統計学者、プロデューサー、俳優（シェークスピア劇団の主役）、ディレクター、バンドマスター、評論家、批評家、編集者、スポーツのコーチ、プロスポーツ選手、工場経営者、裁判所書記、蒐集家、賃貸物件仲介業者、機器や備品の取り扱い業者、シェフ、支配人、警察官、郵便配達人、消防士、兵士など。

希望と恐怖

あなたはたえず自分の価値を証明しなければならないという思いに駆り立てられるでしょう。あるいはそれに気づかず、人々から評価されているように感じるかもしれません。あなたはみずからの恐怖を他者に投影しがち。自信が揺らぎ不安になると、助けを求めるかわりに誰かの相談にのり、エネルギーを注ぎます。それによってあなたのパワーと自信を感じられるからです。あなたは自分で統御できなくなることを何より恐れます。従属的な立場に甘んじていることはできません。

運命数8の人は、不安より先に怒りを感じやすく、むしろ恐怖には支配されにくいでしょう。でも、いつもこんなに孤軍奮闘しているのに結果がついてこないと感じるかもしれません。ハート数が2・3・6・9であればそれほど野心的でも頑なでもありませんが、ハート数1・4・8なら、少なくとも社長を目指すでしょう。

結婚

あなたは夫あるいは妻として、結婚生活でも主導権を握るでしょう。女性なら家の中に自分の部屋かスペースを持つ必要があります。

気楽に家でお客をもてなすタイプではありません。何かにつけて酒食にあずかろうとするような人たちに押しかけられるのは苦手でしょう。混沌や雑然、ルーズ、言い訳を嫌います。けれども実はあなた自身が遅刻魔で、よく大事な用事で遅れたようなふりをするという一面もあります。

相手からは近づきにくい、よそよそしい、冷たい、などと思われることがあるかもしれません。またポイントをずばりと突くので、議論では負け知らずです。自分の見解を裏付ける情報をいつも山ほど蓄えているでしょう。

あなたは仕事に夢中でいつも忙しく、家で過ごす時間をあまりとれないため、パートナーは無視されているように感じるかもしれません。家事はほとんど相手がこなすか、ハウスキーパーにまかせるかもしれません。

運命数8の女性はそれほど母性が強いほうではありませんが、仕事を持っていなければ、その管理能力を発揮して家庭をうまく切り盛りしていくでしょう。仕事をしている場合は、何もかも自分でやろうとせずに、ハウスキーパーを頼むのがベストです。

子どもに対してはどちらかというと厳しく接するほうですが、自信にあふれ世渡り上手なあなたから、子どもは役に立つ知恵をたくさん吸収していくでしょう。あなたは自分にも、夫や子どもたちにも、多くを期待する人です。

運命数8の男性は、何ごともきちんとしたいほうで、家庭や男女の問題にも妥当な解決策があるはずだと考えます。家庭生活において、あなたは愛情を示すこと、そしてゆっくり労働の成果を味わうことを学ぶ必要があります。あなたの理想の姿は、強くて頼りになる、誠実で勤勉な夫です。社交的な面では妻の助けを借りましょう。

運命数 9

〈潜在的な可能性〉

人道的　　普遍的
夢想家　　敏感
ロマンチック　　感性豊か
詩的　　ダイナミック
寛大　　進化した

人道的な理想を追求し、包容力と共感を育てること、さらには世界を一つにするために働くこと、それがあなたのこの人生の使命です。大げさに聞こえるかもしれませんが、9には他のすべての数字の可能性が備わっているのです。運命数9のあなたにとっては、理想の実現と、人々の人生の質を向上させることのほうが、お金のために働いたり物を消費したりするよりずっと重要でしょう。

この仕事に取り組む道はいろいろあります。たとえば聖職者、治療家、教師、指導者のように、多くの人々に直接影響を与え、状況をよりよく変えられるような職業につくかもしれません。あるいは、自分の包容力を広げるような相手と結婚するかもしれず、この場合には影響を与える相手は一人ですが体験の深みは増すでしょう。

あなたは想像力豊かで、芸術家肌、敏感で、(だまされやすいほど) 感受性が強く、宗教や哲学、神秘思想に興味を持ちます。政治や社会的な運動、宗教的集団などに惹かれたり、みずからその指導者になる可能性もあります。

いずれにしてもあなたは9という大きなパワーを持って生まれたのですから、日常の小さいことだけにとらわれたり、スケールの大きな体験や達成が得られないような状況にいつまでもとどまってはいけません。

あなたは多種多彩な体験を引き寄せますが、それらはみな、あなた自身の選択の表われです。遠からずあなたは、人や物に執着しなくなるでしょう。失望を哲学的な考察によって受けとめ、より大きな文脈のなかで体験をとらえるようになっていきます。そして何も必要としなくなった時、すべてを持っていることに気づくのです。

運命数7と同じように、あなたもまた知恵の道を歩く人です。どんな方法であれ、常に自分自身に対する教育を心がけましょう。あなたは論理的・演繹的な思考ではなく、「第六感」や「感覚」を使って、生まれ持った直感力を高めていける人です。枝を広げつづけ、あなた自身を常により大きく成長させなければなりません。狭い心や物質的な目標はあなたの行く手を阻みます。

あなたはおそらく過去生の学びを自分の内に統合している「古い魂」の持ち主であり、物質的な野心にはほとんど心を動かされないでしょう。運命数9の人のなかに、のんきな夢想家や、成りゆきに身をまかせる「流浪の民」がいるのはそのためです。

ネガティブな傾向が強まると

理解しがたく、説得を受けつけず、冷たく、自分のことしか考えない、気分屋、理想に走りすぎる、いくじなし、内気、悲観的、ないものねだりといった傾向が強まるでしょう。

本来は与える人であるはずのあなたが奪う人になったり、強い意見の持ち主や説得力のある人に盲目的に追従するようになるかもしれません。日常生活の責任から逃れたいと夢想する神秘主義者や、偏狭な頑固者になることもあります。

また、生き方を決めかねて悩む可能性もあります。これはこの数字を持つ人にとって、最大の問題でしょう。あなたがそうなるのは、あまりにもいろいろなものに心惹かれ、多くの才能にも恵まれているからです。ひょっとすると、いくつも仕事を持つかもしれません。

9は限界のない数字なので、時にはドラッグやアルコールに対する抑制がきかなくなることもあります。そういう時、あなたは自然にまかせておけばいいと思うでしょう。

仕事・天職・才能

運命数9のパワーのおかげで、あなたには無限のチャンスが与えられていくでしょう。それらの中から真にあなたの心をとらえるもの、人々のためになるものを選んで、そこにエネルギーを注ぐことがあなたの課題です。

運命数9の人は芸術、演劇、歴史、哲学、宗教、医学、文学、建築、音楽など、文化的な分野で働きます。多岐にわたる才能や能力を持っている可能性があるので、常に広い視野に立ち、細部にとらわれず、将来を見越して物事を考えていくようにしましょう。

運命数9のあなたは、上手に職業を選択するでしょう。そうでないと、自分のことを世間一般の問題にあえぐ大衆の一人としか感じられなくなります。でもたぶん、あなたは心のどこかで、果たすべき使命があることを自覚しているのではないでしょうか。

物質主義的な生き方の不毛さにも、気づいているかもしれません。だからこそ、「大きな権力や高い収入を得られる仕事をすべき」という思いと、「物質的な成功は本当の自分やそのエネルギーを閉じ込める罠である」という思いの間を、しばしば揺れ動くことになるのでしょう。運命数9を持つ人は、誕生数やハート数に注目して仕事を選び、一つの分野に集中するように心がけることが大切です。

希望と恐怖

高みへの憧れに突き動かされるあなたは、人生を愛してやみません。しかし愛を失うことへの恐れからしがみついて、逆に愛をなくしてしまう可能性もあります。気分が変わりやすく落ち込みやすいので、否定的な考えや不安を手放し、心の平安を保つように努めましょう。

また極端に走りがちな傾向もあります。妨害されたり目立つことを恐れ、そのせいで内気になったり、人を遠ざけたり悲観的になったり、気まぐれに振る舞ったりするでしょう。あなたは生まれつきドラマチックか、臆病かのどちらかです。

結婚

寛容で、表現力豊かで、愛情深いあなたは素晴らしい伴侶になるでしょう。時間やお金を誰にでも気前よく提供するあなたに、パートナーが（もし他人にあまり関心がないタイプだと）苛立つかもしれません。結婚相手が運命数2・4・6・8の人なら、芸術的な面を伸ばすよりも、習慣に従うことを求めてくるでしょう。

またあなたは不倫に走りやすいところもあり、本当は家庭の調和を望んでいるあなた自身が、それをかき乱す張本人になるかもしれません。いらいらすると爆発しますが、恨みを引きずることはないでしょう。

また、「物事はこうあるべき」という理想からあれこれ要求するかと思うと、一転して甘やかしともいえるほど寛容になったり、態度が極端に変わるのも、運命数9の人の特徴です。男性の場合、息子や父親との問題を抱えるかもしれません。

運命数 *11*

〈潜在的な可能性〉

インスピレーション　熱狂的
自分の分野で秀でる　理想主義的
駆り立てられた　スピリチュアル
詩的　想像力豊か
有名人　美的

運命数に現われたマスターナンバー11は、他者の人生を変容させる潜在能力を暗示します。あなたはその熱意と教える能力を使って、人々に希望や励ましを与える人。けれどもあなた自身は、運命数11が与える体験をあたかも試練のように感じて、何らかの理想や使命を達成しなければという思いにかられるかもしれません。

神経質で興奮しやすいエネルギーの持ち主ですが、（だからこそ）あなたは自分の役目を果たしていくでしょう。そして社会的に認められるか、少なくとも仲間うちで有名になります。

ただし、スピリチュアルな理想を実践して生きるというマスターナンバー11の要求に応じる準備がまだ整っていなければ、この運命数を11ではなく2として感じるでしょう。

運命数2の人は、敏感で、思いやりがあって、芸術家肌。人をよくサポートし、勝手に決めつけず、駆け引き上手で、人なつこく、恋人やパートナーを必要とします。女性も男性も並はずれて人に敏感です。押しの強さやテクニックではなく話し合いによって良い結果に導き、待つこと、耐えること、裏方として働くことを学ぶでしょう。また何でもすぐに分析しようとする傾向があるので、細部を扱う仕事や集団での作業に向きます。

運命数11は想像力、美的感覚、感受性を強烈に高めます。そして他者に感銘を与え、人々の想像力をかきたて、高次の知識や新しいものの見方に向かわせるという力をもたらします。あなたはやがて自分がハイアーセルフ（高次の自己）とつながっていることに気づくでしょう。

運命数11の人は、過去生の学びをすでに統合している「古い魂」なのです。もしかするとあなたは、新たな癒し、発明、サイキックな知識、あるいは詩的な見解を世界にもたらすかもしれません。心に描いた観念によって物質的な世界がつくられることを理解している人です。

もしもこうだったらと空想したり、批判しながら生きることはやめて、あるがままを受け入れましょう。

ネガティブな傾向が強まると

エリート志向で、要求がましく、頭でっかち、批判的で、胸の内を明かさない人になるかもしれません。神経質でくよくよ考えがちな傾向があるので、睡眠とビタミンと自分の時間は、たっぷりとりましょう。

また人でも環境でも、美しさ・優雅さに欠けていると感じると、そこに自分を合わせるのが苦痛になります。自分を激しく責め、能力を発揮することを恐れるようになるかもしれません。あるいはこの現実世界があなたの描くロマンチックな空想の世界とあまりにもかけ離れているため、とことん落ち込む可能性もあります。平凡な人生なら生きる価値はないとまで思うかもしれません。

何ごとも極端に考えやすく、最悪の事態を見ようとします。もしかすると、みずから緊迫した感情を生み出す（そしてパートナーを戸惑わせる）かもしれません。

仕事・天職・才能

心理学、舞台芸術（11にはスポットライトがつきものです）、教育、分析的な仕事、カウンセリング（良識と直感力を活かして）の分野でチャンスに恵まれるでしょう。あなたは改善のために働く人であり、またインスピレーション豊かな詩人、芸術家、革新者、映画監督、テレビカメラマン、神秘学者です。

あるいは運命数2に伴う分野（簿記、秘書、美容関係、デザイン、ファッション、花屋、あらゆる分野のアシスタント、社会福祉、音楽、レストラン、美術館、あるいは人類学、調査研究、外交の分野）で働くかもしれません。運命数2の人も11の人も、静かで細かな仕事を好みます。いずれも完璧主義者で、自分と同じ波長の人と一緒に働きたいと望むでしょう。

希望と恐怖

あなたは、社会的に認められることを望みます。その希望は使命感からもたらされるものですが、一方で自分の向上心や能力を信頼せず、あえて平凡な仕事を選んで謙虚であろうとします。

あなたは、自分がえらそうだとか、人の上に立っていると見られることを恐れます。また他者に心を読みとられ、不誠実な考えを見抜かれたくないと思うかもしれません。けれども感情が安定している時のあなたは誠実で、人を傷つけるようなことはしたくないと考えます。

ただ、「良き市民の一人」として振る舞っていても、ひそかに自分はそれ以上だと感じているかもしれません。頭の中の考えに夢中になって、日々の仕事を忘れることもあるでしょう。あなたは不確かであいまいな世界に惹かれます。こうだったらいいのにという夢に憧れ、自分の理想に見合わない現実にはなかなか妥協できません。粗野で似つかわしくない環境にいると思うと、落ち込んでみじめな気分になりがちです。

結婚

あなたは理想のパートナーになる能力を潜在的に持っています。けれども相手にたくさんの愛情と注目と感謝を求めるでしょう。あなたがみずから折り合いをつけなければ、突然の破局が訪れるかもしれません。

あなたの幸福を左右する重要なカギは、ロマンスとドラマと感情の分かち合いです。注目されたい気持ちに駆られると、浮気に走る可能性もあります。

あなたが女性なら、とても女らしい人でしょう。男性の場合でも、受容的、敏感、世話好きといった女性的な側面がかなり発達しており、小さなことを気にする夫になるかもしれません。

運命数2は、親密な交際を望む忠実な人。安心できる関係を望み、いつでも何でも話してくれる伴侶を求めます。

運命数 22

〈潜在的な可能性〉

有能　組み立てる
達人　リーダー
ビジョン　熟練
実践的　パワフル

あなたは物事を立ち上げる人。あなたの目的は日常的・現実的な世界でスピリチュアルな原理を使っていくことです。22はマスターナンバーで、これはあなたが運命数4（22を足してひと桁にした数字）の人よりも多くの障害にぶつかるかもしれないことを暗示しています。あなたはそうした障害を克服する力を持っており、何であれ見事に克服していくでしょう。ある意味で、あなたの行為が新たな世界をつくるという計画の実現を助けていくのです。

4の特徴により、あなたは有能さと効率のよさと辛抱強さを備えています。運命数4のあなたは管理者であり、運命数22のあなたはリーダーです。数々の試練に出会い、乗り越えたのちに、運命数22の安定感とパワーの源が内側にもたらされるでしょう。

あなたはマスターナンバー11を持つ人ほど神経質ではありません。そして高次の知恵・直感・信頼・勇気と、実践力・有能さ・ノウハウとを結び付けた、無敵の組み合わせを手にします。あなたは人生のなかで何度となく試されているように感じるでしょう。

ネガティブな傾向が強まると

とてつもなく頑固になって、腰が重く、因習的で、リスクを避けたがるようになるかもしれません。他者の過ちを容認できず、恨みに思い、冷たくなり、仕事中毒になる可能性もあります。理屈っぽくなって、他者の権威に憤慨するかもしれません。スピリチュアルな側面を忘れると、最終的な目標ではなく目先の目的にとらわれるようになってしまいます。他人の人生と比較して悲観的になるかもしれません。また、自分が変わらないと問題が解決しない時でも、そのことが見えなくなってしまう場合があるでしょう。

仕事・天職・才能

地球、建築、建設、運輸、大企業、映画スタジオ、政府、フランチャイズ、国際的な関心事にまつわるプロジェクトの中で自分を活かす機会を見つけるでしょう。

あなたはさまざまな仕事につきながら、大きなプロジェクトがやってきた時にしっかり受けとめられるように、必要な経験を積み重ねていきます。あるいは、それまでの多様な体験が一気にまとめて必要となるような事態が訪れ、そこではじめて長年かけて培ってきた能力を自覚することになるかもしれません。

そのほかの領域としては、機械、化学、鉱山業、地質学、遺伝子構造の生物学的研究、不動産投資、製造業、あらゆるタイプの大事業、保険、財務相談などが挙げられます。

人々はあなたを丁重に扱い、あなたの意見を尊重します。あなたは専門家になる人です。あらゆる種類の禁止、制約、偏見に直面すると（あなたは間違いなくそういうものに出会っていくはずです）、みずからの理想を掲げねばという義務感を感じます。この運命数の信じられないほどの持久力と機会を手にするあなたは、何があろうと決してあきらめません。

希望と恐怖

人生で果たすべき「使命」があると常に感じるあなたは、行き当たりばったりな生き方では満足できないはず。そして自分にこなせる以上のものを引き受けるように駆り立てられるでしょう（ハート数が1・4・8の人は特に）。

もしかするとあなたの信念、不断の努力、自律心のすべてが試されるような問題を抱えるかもしれません。あなたはおそらく無力さを嫌うほどには、失敗は恐れません。夢がそのまま目標になる人です。

結婚

あなたはパートナーにとって本物の宝石のように価値ある人。有能で誠実で、二人の間に生じる食い違いも修正していけるでしょう。けれども、あなたは自分の気持ちを率先して分かち合おうとはしません。そういうものは取るに足らないとか実体のないものと考えるからで、何か強い動機がない限り、なかなか自分の気持ちを口にはしないでしょう。

また頑固になりやすく、自分の意見に固執しがちな傾向があるので、喧嘩や言い争いになると仲直りがむずかしいかもしれません。また伴侶には、あなたがほとんど四六時中働いているという事実にも慣れてもらわなければならないでしょう。

あなたは良い結婚、家族、貯金や自分の家といった安定を求める人です。たとえ家族を持たなくても、旅をする時は常に「わが家を留守にする」という感覚で出かけるでしょう。

あなたは背中を押してくれる人がいないと、あまり外に出ようとしないし、新しいものを見ようとしません。でも子どもを持つと、とても良い親になります。建築や科学関係の良質な雑誌を定期購読しましょう。

4章

Realization

実現数

生きている限り、私は希望を抱く

——出典不明（ラテン語）

実現数とは

実現数は、「この人生で、私は何を成し遂げようとしているのか?」という問いに答えてくれる数字です。

つまり、本当のあなた(誕生数)が、人生で与えられていくさまざまな機会(運命数)に取り組みながら向かおうとしているのはどこなのか、その人生の目標もしくは最終到達地点を予測し、暗示するのが「実現数」だといえるでしょう。

実現数は、誕生数と運命数を足し合わせて求めます。なぜなら、あなた自身とその人生に重大な意味を持つこの二つの数字を組み合わせることによって、それらが相互に影響しあってもたらされる成果(実現数)が見えてくる、と数秘術では考えるからです。

実現数の影響力が感じられるのは、主に中年期以降になってからでしょう。

実現数の計算方法

誕生数と運命数を足して、それをひと桁の数字になるまで足し合わせます。

誕生数か運命数にカルマナンバーが現われた人はそれをひと桁の数字にしてから、またマスターナンバーが現われた人はふた桁のまま計算してください。

実現数は、「運命数+誕生数」の組み合わせで見ます。ここではそれぞれの運命数の項目から、あなたの誕生数と組み合わせた実現数を探してください。

〈参考例〉

マザー・テレサの本名から求めた運命数は7でした。彼女の生年月日は1910年8月26日で、誕生数は9です。したがって実現数は上のように7となります。

マザー・テレサは実現数7によって、彼女自身のスピリチュアルな探究をさらなる高みに引き上げることができたのです。この数字は、成長するとともに常に外見より内面を見るようになることを暗示しています。

(例) マザー・テレサの実現数

運命数 7 +誕生数 9 = 16
1 + 6 =実現数 7

***

実現数が示すあなた

運命数 *1*

運命数1＋誕生数1＝実現数2

プロフェッショナルな仕事に惜しみなく力を注ぐ、きわめてパワフルな組み合わせです。芸術的な才能に恵まれている可能性があり、また直感力や即時の判断力、仕事の質や革新力が求められる分野にも秀でるでしょう。あなたの成功はほとんど保証されているようなもの。ただし引き際を知らない、人の貴重な意見に耳を貸さないという傾向に気をつけましょう。

あなたは必ず頂上に立つという一大決心のもと、障害を一つずつ克服しながら山を登るかのように人生を歩んでいくかもしれません。あなたは自分自身をその職業と強く同一視するでしょう。また、二人の強力な人物とパートナーシップを結ぶことも暗示されています。年齢とともに謙虚さと忍耐を身につけていくでしょう。

運命数1＋誕生数2＝実現数3

ここには明らかに、生まれ持った方向性の葛藤が見てとれます。なぜなら、もともと控えめで対立を避けたがる性質のあなたが、自分から一歩踏み出して問題を解決することを迫られるような事態に直面する可能性が示唆されているからです。そうした局面にあなたはかなりのストレスを感じ、「なぜ私がこんな目に？」と思いたくなるかもしれません。

あなたは一筋縄ではいかないような体験を引き寄せ、感性と洞察力を駆使してそれらを乗り越え、生き抜くという姿を人々に示すでしょう。いわば崖っぷちの状態でリスクを冒そうと、本当の意味で賭けに出ているのです。

運命数1の試練にあなたがどう対処するかは、ハート数が大きく影響してきます。もしかするとあなたは、チームの一員として活躍できるような職業を選択するかもしれません。その場合は建築関係がいいでしょう。女性なら、外科医かデザイ

4章
実現数

ナーの可能性もあります。

どのような業種であれ、あなたは質とタイミングを重視し、分析し、探究しながら、熱心に仕事に取り組むでしょう。成熟すると財政的な負担が和らぎ、人の思惑を気にせず自由に表現できるようになります。その頃には芸術的な趣味も、あなたの収入源の一つになっているかもしれません。

運命数1＋誕生数3＝実現数4

この組み合わせの人は、スポットライトを求め、人々の注目を集めようとするでしょう。営業、販売促進、エンターテイメントの分野で大きな成功をおさめるかもしれません。

「できない」「苦手」「儲からない」とあなたが思うようなものは何一つないはず。あなたは激しい競争心を燃え上がらせることもできるし、「どんな手段であろうと結果がすべて」と割り切ることもできる人です。抜群のユーモアのセンスを持っているものの、少々パンチがききすぎる傾向もあります。

あなたはまるで豪華客船の船長になるために生まれてきたような人。あるいは、辺境地帯の飛行士、人形作家、富豪の妻、ホステスかホスト、グラフィックデザイナー、舞台設計者、カラーセラピスト、俳優、実演家などに向いています。

あなたは晩年を迎えるまでに、何か永続的な大きなことを成し遂げるでしょう。また、若い頃よりも保守的になったことに気づくかもしれません。

運命数1＋誕生数4＝実現数5

この運命数と誕生数は、「将来にわたる実用的な価値」「記念碑的な事業」「システムの改良」に関わる職業に有効にはたらく組み合わせです。

適職としては、建築家、造船家、エンジニア、数学教師、測量士、探検家、地質学者、法律家、家具職人などが挙げられますが、何をするにしてもあなたはリーダーシップを発揮して、何らかのシステムを導入したり、改善・改良を行なうことになるでしょう。理論よりもみずからの主義と経験を重視する人です。

中年期以降には、旅行したり、さまざまなグループやサークルを渡り歩きたいと思うようになるでしょう。また以前よりも自分の考えがオープンになったことに気づき、率先して何でも試したくなるかもしれません。

運命数1＋誕生数5＝実現数6

この組み合わせの人は、いいところをたくさん持っています。ただ、完成させる見通しのないままプロジェクトを始めて、中途半端になってしまいがちかもしれません。

物事の火付け役として生まれついたあなたは、たとえば候補者に先立つキャンペーン活動などで素晴らしい力を発揮するでしょう。何をするにせよ、あなたは変化とバラエティ、スピードとリスクを求める人。ベンツやヨットといった贅沢品の販売も、あなた自身が頻繁に試乗したり実際に海に出られるなら、向いているでしょう。

若いうちは運命数1の理想主義的な側面が強く、政治に惹かれる可能性もありますが、せっかちで手っ取り早く決着をつけたいほうなので、遠からずその夢には幻滅するかもしれません。

あなたは仕事で輝きたい、みんなを味方につけたいという気持ちが強く、運命数1と誕生数3の組み合わせに次いで社交的なタイプです。

あなたの目的はプロジェクトに新たな生命を吹き込むことにあります。トラブルが発生しても、動揺することなく、周囲の人々にきちんと事情を説明し、問題を解決していけるでしょう。

結婚相手には旅行好きな人を選びましょう。晩年になると、家族や親しい友人があなたの人生にもっと介入してくるようになるかもしれません。そしてあなた自身も、何かを教えたり指導したり、あるいは地域活動に積極的に関わるようになるでしょう。

運命数1＋誕生数6＝実現数7

この組み合わせは、新たな事柄を人々に教える機会を数多くもたらすでしょう。誕生数6は集団や地域社会で働く高い能力を示す数字。そこに運命数1が組み合わさることによって、あなたの責任感と革新力はさらに強化されます。また不屈の魂を持ち、勇気と行動力があることも暗示されているので、もしかすると家族が継承するほどの大企業を創立するかもしれません。

あなたはおそらく、デザインもしくは探検にまつわる領域で貢献する人。才能を開発するチャンスに恵まれれば、素晴らしい歌手、建築家、ファッションデザイナーになれるでしょう。知らない土地に旅することがカギとなる人生なので、異文化について書くか、あるいは開発途上国に最新の農業技術を導入したいと思うかもしれません。土っぽさもある組み合わせで、カウボーイを夢見る可能性もあります。

あなたは、運命数1の「すべてにおいて秀でたい」という欲求と、誕生数6のあふれるような思いやりと責任感を持つ人なので、成功は間違いありません。ただし、緊密な家族の絆を大切にしたいという思い（誕生数6）と自分のキャリアを積んで昇りつめたいという思い（運命数1）の間に葛藤が生じる可能性があります。もしもそうなったら、あなたのハートの声によく耳を傾けて選択するようにしましょう。

実現数7の影響力を感じはじめる中年以降になると、あなたは一人の時間を持ちたいと思うようになるでしょう。またさまざまな形で信頼の大切さを学ぶことになるかもしれません。年齢を重ねるほどに世間的な成功への興味を失い、孤独を愛するようになります。

運命数1＋誕生数7＝実現数8

運命数にも誕生数にも一匹狼的な数字が現われるという、きわめて興味深い組み合わせです。もしかするとあなたの内側では、常に聖戦のようなものが繰り広げられているかもしれません。自分に対しても何に対しても、非常に高い水準を設定し、それを貫こうとする人です。あなたはおそらく技術上の大発見、科学的な業績、純粋研究、歴史的な分析、あるいは精巧な医療技術といった領域で貢献するでしょう。

若いうちは周囲に理解してもらえなかったり、具体的な効果がはっきりするまで考えを受け入れてもらえないことが多いかもしれません。でも人生後半には、間違いなくあなたは業績を認められ、尊敬を集めるようになります。

あなたは人と心理的に距離をおく傾向があるた

め、恋愛よりも仕事で満足感や充実感を味わうことのほうが多いかもしれません。そして、年齢とともに「つまらないこと」にあまり時間をさかなくなり、少し近寄りがたい存在になる可能性もあるでしょう。

運命数1＋誕生数8＝実現数9

確実な成功をもたらす組み合わせです。どちらも非常にパワフルな数字なので、必要なことさえ確保できれば、必ず高い職業能力が花開くでしょう。金融、法律、企業指導、株式仲買、不動産、新聞発行、プロスポーツなど、どれも可能性があります。

あなたはおそらく早いうちに最大の報酬をもたらすものを見極めて、ひたむきにそれを追求していくはず。ただし自分に対する期待が高いので、それがストレスの原因になるかもしれません。また、あなたが熱心に長時間働くことを受け入れざるをえない伴侶にとってもストレスの原因になるでしょう。

あなたはどんな職業についても、正義とフェアプレイの感覚を常に持ち続ける人。そんなあなたを妨害しようとする人はまずいないでしょう。

そして晩年を迎える頃には、優れた判断力を持つ成熟した人物として、誰からも尊敬されるようになります。もしかすると裁判官か人道主義運動のリーダー、あるいは慈悲深い哲学で知られるビジネスマンになっているかもしれません。年をとってもあなたは、「征服すべき世界がまだ残っている」「自分はまだまだ始まったばかり」という思いを持ち続けるでしょう。

運命数1＋誕生数9＝実現数1

美しい組み合わせです。どんな職業についても、そこに高次の世界の直感をもたらしていく人でしょう。あなたは今回の人生で一つの分野に力を注ぐこと、すなわち人道的な目的をもって状況の改善を目指すことを選択しています。

たとえ技術的には未熟でも、あなたの仕事は常に注目されるでしょう。なぜなら、あなたは揺るぎない目的意識を持ち、すべてを正しい道筋で行なう人だからです。

自分が混乱していると気づいたら（誕生数9の人たちはよくそうなります）、内側に導きを求めましょう。それだけであなたの前には、おのずと必要な機会が現われます。生まれ持った能力だけでもかなりの地点まで到達できるでしょうが、歴史と芸術の知識を蓄えておけば、後になってきっと役立ちます。

あなたは儲けや利益を追求するほうではなく、禁欲的な生活でも幸せを感じられる人ですが、贅沢も愛するでしょう。

あなたはとても上手に年を重ねていく人。若い頃に気づかなかった特別な才能を晩年に開花させて、再出発することになるかもしれません。また中年期以降にアバンギャルドな考えに夢中になる可能性もあります。あなたは年齢とともに迷いがなくなり、率直になっていくでしょう。

運命数1＋誕生数11＝実現数3

このユニークな組み合わせを持つあなたは、求めずとも有名になってしまう可能性の高い人。これらの数字はあなたがしていることに高いレベルの気づきをもたらし、創造性を開花させるような場を与えてくれます。俳優にぴったりの組み合わせかもしれません。あなたは自分を「普通の人々」の一人とは見なさず、その類いまれな美しさと才能で自然と一段高いところに立っていくでしょう。

中年期以降になると、人づきあいや長電話に興じたり、お化粧に凝ったり、あるいは人に意見したりするかもしれません。もっと自分を表現したいという思いから、仕事というより趣味として（おそらく仕事にする必要はないので）自己表現を探求することになるでしょう。

運命数1＋誕生数22＝実現数5

これは建設、企画、システムデザイン、メジャーな製品といった、物質界における達成を暗示する素晴らしい組み合わせです。あなたは建設、企画、システムデザイン、大型商品の開発といった分野で、大きな仕事を成し遂げるでしょう。あるいは映画プロデューサー、不動産開発業者、運輸業界のトップになるかもしれません。

あなたの成功は徹底した取り組み、細部への気配り、革新的な改善によってもたらされます。ただし、失敗する時も大きく失敗するほう。

中年期以降には国際的な大会社か、海外提携の大工場を経営している可能性があります。あるいは、あなたを師とあおぐ人々にビジネスを託すことにエネルギーの大半を注いでいるかもしれません。早期退職は選択しないでしょう。

運命数 2

運命数2＋誕生数1＝実現数3

リーダーシップを発揮しようとする誕生数1と、従順であることを促す運命数2との組み合わせなので、フラストレーションがついてまわりそうです。職業の選択にあたっては、昇進のチャンスの有無をしっかり確認しておきましょう。

あなたは洞察力と忍耐力、斬新なアイデアを求められる技術的な分野で成功します。たとえば理学療法、コーチング、編集、インテリアまたはグラフィックデザイン、自営の税理士・会計士といった職業が向いているでしょう。

あなたはシャープな話しぶりか、趣味のよさで知られるようになるかもしれません。中年期を迎える頃には強固な友人関係を築いているでしょうし、人生の遊びの部分の楽しさにも気づくでしょう。若い頃よりもクリエイティブな仕事をするようになり、公の場で話す機会も増えるかもしれません。

できれば若いうちに賢明な投資をして、経済的なゆとりができる日を楽しみに待つようにしましょう。

運命数2＋誕生数2＝実現数4

運命数と誕生数に同じ数字が現われ、成功が暗示されています。あなたは人道的な目的のために、人々とともに働く職業を選ぶといいでしょう。そのほか、演劇、音楽、バレエ、写真、カウンセリング、体操（間のとり方が絶妙なはず）などの領域も向いています。

またこの組み合わせには、パートナーシップが色濃く反映されているため、一対一で何かやりとりするような仕事をすることになるでしょう。あるいは結婚へのこだわりが強まり、結婚できないことを思い悩む可能性もあります。

この組み合わせの人は世間的な目標を達成しようと意気込むよりは、良い友人たちに恵まれていれば充分豊かだと感じます。あなたは他者との情緒的な交流を求め、目指して生きる人。人間関係を大切にしましょう。

また、安全で確実な収入源を必要とするので、投資をするなら投機的でない分野を選びましょう。あなたは年齢を重ねるほど保守的になり、若い世代に対して厳しくなる傾向があります。健康面に不安を抱えているかもしれませんが、実は抜群のスタミナの持ち主です。

運命数2＋誕生数3＝実現数5

この組み合わせの人は、他者とあまり情緒的に深く関わろうとはしません。広く浅い交友関係を楽しみながら、人生を気楽にシンプルに生きていくでしょう。さまざまなタイプの人々とのつきあいが大好きで、素晴らしいユーモアのセンスの持ち主として、あるいは困っている人がいたらすべてをあげてしまう人物として名を馳せるかもしれません。

あなたは自分のキャリアについてもそれほど深くは悩まず、「来るものは拒まず」という態度で目の前にやってきたチャンスをとらえていくでしょう。何ごとも一つに集中するのが苦手で、エネルギーを分散させる傾向がある人です。

仕事としては花屋、個人秘書、ミュージシャン、恋愛小説家といったクリエイティブな職業か、あるいは保育士、タクシー運転手、ウエイトレス、販売員などがいいでしょう。

中年期以降も若さを失わず、いつまでも気の若い人として、友達の間で知られるかもしれません。あなたは、たとえばナイル河ツアーに参加したり、ジャングル奥地を探検して、土産話を山ほど抱えて帰るタイプ。晩年は旅行記事のライターになるのが理想的でしょう。

運命数2＋誕生数4＝実現数6

この組み合わせを持つあなたは、縁の下の力持ちとしての仕事に人生を捧げることを選択しています。また、運命数も誕生数も現実的かつ実践的な数字なので、リスクは避けるほう。職業も安全第一で選ぶでしょう。

仕事の領域としては保険、銀行、クリーニング店、手工芸、オートバイ修理、幼稚園の先生、あるいは商売全般が向いています。一つのポジションに長くとどまる傾向があるので、得意分野を二、三つくっておきましょう。

あなたは「年をとったらそれなりの人物に見られたい」「そのためにも素敵な家を持ち、できるだけ長くそこで暮らしたい」と思うでしょう。

晩年になると、若い世代に対してはっきりした意見を持ち、経験に裏打ちされた含蓄の深い発言をする、とても良い祖父母になるでしょうし、また良き人生の師ともなるでしょう。ただ、「あの時こうしておけばよかった」という罪悪感や過去へのこだわりは、早めに捨てるのが得策です。

運命数2＋誕生数5＝実現数7

この組み合わせは、不安定な感情を生むかもしれません。なぜなら、常に新たな可能性を探し求める誕生数5を持つあなたに、地道に人と協働することを運命数2が促してくるからです。しかもこの運命数が引き合わせがちな、こつこつタイプの人々にもあなたは苛立ちを覚えるでしょう。おそらくあなた自身も気づいているように、社交性と協調性を身につけると、もっと楽に生きられるようになります。

仕事としては、飛行機の客室乗務員、自営の会計士、俳優、運転手などのサービス業に惹かれるでしょう。一つの仕事をマスターするまで長く勤めたり、専門知識を身につけるまで学校に通うといったことは苦手かもしれませんが、公的なサービス業務に必要な情報を入手するコツを知っている人です。

あなたは中年期以降に変わった性的嗜好に走るかもしれません。予測もつかないような多彩な人生体験を重ね、人生の意味について深く考えるようになるでしょう。そしてやがて世俗的なものの見方を手放して、内なる気づきに向かうようになるはずです。その時にはスピリチュアルな探究をしている人々の本を読んだり、そういう人たちに会ってみるといいでしょう。

あなたはある時点でいったんすべてを失い、がらりと違う人生を歩むことになるかもしれません。

運命数2＋誕生数6＝実現数8

人々のために尽くすという人生の目標にふさわしい組み合わせです。あなたは保守的ながらも理想的な親になるタイプで、コーチ、カウンセラー、教師（幼稚園から高校まで学年を問わず）に向いています。スクールカウンセラーのような職種が理想的かもしれません。

あなたはとても暖かくて思いやりがある人。単にお金を稼ぐためではなく、より大きな全体に貢献しようと働きます。ただし、罪悪感や不安を抱きやすいところがあるので、終身雇用や年金制度などが保証された、リスクの少ない仕事のほうが安心できるでしょう。でも理想的とはいえない状況にも順応していける人なので、仕事に困ることはありません。

中年期以降には業績を認められ、快適な環境に身をおいているでしょう（それでもあなた自身は「もっとやれたはず」と不足に思うかもしれませんが）。あなたは地域や所属する社会で尊敬されるようになります。ただ、年齢を重ねるにつれて独断的になりがちな傾向があるので、他者に対して決めつけないように心がけましょう。

運命数2＋誕生数7＝実現数9

この組み合わせは、どちらかというと癖のある感じを与えるでしょう。あなたは過剰なほど内省的で気むずかしいところがあります。問題を分析する能力が非常に発達しているので、神経症などを扱うセラピーに惹かれるかもしれません。ある種の人々が苦手で、騒々しく雑然とした大会社で働くのが嫌になる可能性もあります。

もしかすると同性愛の傾向があるかもしれません。友人を選び、芸術、歴史、医学的な発見、演劇など、知的な話題を楽しめる人たちを愛します。食べ物にもこだわるほうですが、つきあいで誰かと食事するくらいなら、本でも読みながら一人で食べたほうがいいと思うでしょう。

競争心はあまりないほうですが、派手な人や自分より先に昇進していく人には憤りを感じるかもしれません。けれどもそんな一面も中年期以降には落ち着き、いろいろなことがあまり気にならなくなっていくでしょう。ただし人間性への信頼が傷つけられ、失望すると、無神論者になる可能性も高くなります。

あなたは年齢を重ねれば重ねるほど、さらに成長していける人。悲観的な傾向を克服して、精神的により大きくなろうとするあなたの努力は必ず報われます。お金がそれほど重要ではないことにも気づき、物質的なものを手放す体験をするかもしれませんが、それによってあなたは人生のより深い意味を知ることになるでしょう。

運命数2＋誕生数8＝実現数1

パワフルな誕生数8と控えめな運命数2という、奇妙な力学が働く組み合わせです。あなたはあらゆるプロジェクトに目的意識を与え、その質を高めていくでしょう。どんなことでもやり遂げられる人ですが、運命数に2を持っているため、チャンスは自分でつくっていかなければならないかもしれません。保険の代理店、会計事務所、公共施設の建設、劇団の監督などが向いています。

管理する立場になると人々に厳しいほうですが、彼らの声にもちゃんと耳を傾けるので協力が得られます。何ごとも熟練の手際で行なうものの、自分の世界の狭さに身動きできないジレンマを感じることもあるでしょう。

あなたの人生の目標は、受容を学ぶこと。中年期以降に自分の殻を打ち破りたいという強い衝動に駆り立てられ、新しいビジネスを立ち上げるか、もしくは新たな才能を開拓しはじめるかもしれません。あなたは自分で選びさえすれば、「やり直す」チャンスがいくらでも与えられる人です。職種や立場を問わず、際立った業績を残すでしょう。

運命数2＋誕生数9＝実現数11

お金も名声も求めないのに、どちらも仕事から手に入るという組み合わせです。あなたは聖職者になるかもしれないし、宗教学、歴史学、心理学、医学の教授になるかもしれません。いずれにしても無私無欲の生き方を選択していくでしょう。

華やかさはなくても、あなたの仕事は使命の領域に属するもの。あなたは、やり残した人間関係にまつわる問題を解消するために、再びここにやってきた「古い魂」の持ち主なのです。何をするにせよ、あなたは人々に深い知恵と暖かさをもたらし、やすらぎを与えていくでしょう。

中年期以降は、カリスマ性と内なる輝きが自然とあふれ出て、あなたの持つ知識を人々に教え、分かち合ってほしいと頼まれるようになるはず。身体は頑健なほうではありませんから、人ごみを避け、新鮮な空気の中をゆっくり散歩したり、穀物や野菜をたくさん摂るようにしましょう。晩年のあなたは、人々にインスピレーションや励ましを与える存在になっているかもしれません。

運命数2＋誕生数11＝実現数4

インスピレーション豊かな組み合わせです。あなたはかなり神経質でオーバーな発言をするほうかもしれないし、あるいは有名人になるかもしれません。マスターナンバー11の激しさと、控えめな2をあわせ持つあなたは、芸術、宗教、心理学、あるいは経理や事務の仕事でチャンスを手にしていくでしょう。女性の場合は、見るからに女らしい人かもしれません。情感あふれる芸術家肌と見られるタイプです。

中年期以降に、家族に関する問題が出てくる可能性があります。もしかすると、それまでの財政的なビジョンが思っていたほど安全ではなかったことに気づくのかもしれません。それでもあなたには常に家族や親しい友人たちから愛情と信頼あふれるサポートが与えられるでしょう。そして、最後までやり抜く根気強さを学んでいくことになるはずです。

運命数2＋誕生数22＝実現数6

あなたは効率の善し悪しをとらえる感覚が高度に発達した人。そのため、やや周囲の人を遠ざけるような傾向があるかもしれません。また、どんな職業についても最高の支配人、監督、管理者になれる人ですが、自分の仕事に没頭しすぎる可能性もあります（パートナーも、あなたが報酬以上に働きすぎると思うでしょう)。

中年期以降に、あなたは家族の深い絆を感じるようになります。自分の家族がなければ、恵まれない人々のための人道的な支援活動に関わっていくでしょう。

年齢を重ねるにつれて教えを請われるようになり、あなたの助言が尊重されるようになるでしょう。また社会的な良心も強まることが暗示されているので、あなたがエネルギーを注ぐ価値があると感じられるグループで働くようにしましょう。

運命数 3

運命数3+誕生数1=実現数4

クリエイティブで永続的な成功を予感させる組み合わせです。ただ、そのためには機会をきちんととらえ、意欲を持って勤勉に働く必要があります。ハート数が1・4・6・8でなければ、チャンスを見逃したり、その価値がわかりにくいかもしれません。

あなたは、目標を達成し、ひとかどの人物になりたいという気持ちが強く、保険や自動車のトップセールスマンとして成功するタイプです。自立心、想像力、説得力も際立つ人ですが、中年期以降は次第に落ち着いてくるでしょう。

配当のよい有価証券や株に賢く投資しておかないと、晩年も働き続けることになるかもしれません。年齢とともに円熟味を増していく人なので、晩婚の可能性もあります。

運命数3+誕生数2=実現数5

あなたは幸運に恵まれ、裕福な人と結婚するかもしれません。この組み合わせの人は物事を成し遂げたいという欲求があまりないか、一つのことを長く続けられないタイプなので、おそらくあなた自身もそういう結婚を望むでしょう。

あなたは決まりきった仕事に不満をつのらせても、自信のなさや不安から、より良い機会をなかなか探そうとしないでしょう。

この組み合わせを持つあなたの適職は、テレビタレントかセールスマン(ストレスに耐えられるなら先物市場が特におすすめ)。巡行客船の接客主任にも向いています。人の仲を取り持つのがとても上手なので、地元の商工会議所に入るといいでしょう。中年期以降に職業を変えたいと強く思うようになり、通信販売事業に乗り出して成功するかもしれません。

運命数3＋誕生数3＝実現数6

主婦または主夫、健康関連グッズの販売、あるいは高校でスピーチや演劇を教える教師に、きわめて幸運な組み合わせといえます。

若い頃、あなたはチアリーダーかバンドのメンバーだったかもしれないし、その後はPTAなどの地域活動に熱心に取り組むかもしれません。あなたは創造性の表現、趣味のサークル活動が必要な人。地域の演劇サークルに入ってもいいし、健康や芸術について学んだり、音楽、ダンスを習うのもいいでしょう。大学で何らかの資格をとる可能性もあります。

あなたはとても良い結婚をするでしょう。子どもに深い愛情を寄せ、中年期以降にはますます子どもやその家族との関わりを深めます。興味深い人々がたくさん住んでいるような新興住宅地で暮らすといいでしょう。

運命数3＋誕生数4＝実現数7

誕生数4の人は、「果報は寝て待て」というタイプではなく、思いついたらすぐ実行したくなるほう。そんなあなたが、次々とアイデアがあふれ出す運命数3の人生を生きていくのは、かなりのハードワークになるかもしれません。現実的な理由で実力以下の仕事につく可能性もあります。

けれどもあなたはどんな仕事をしようと常に効率を高め、より良いシステムを開発していける人。誰もが不可能と思うようなことも見事に成し遂げていくでしょう。工芸の分野も向いてるし、音楽編成担当者かアナウンサーとしてラジオ局で働いても成功します。

もしかすると中年期以降に、若い頃の決断を後悔し、悲観的になるかもしれません。でも過去を悔やみ、他者を責めても、何も生まれてはこないことを覚えておきましょう。

どちらにしてもあなたは年齢を重ねるにつ

れ、一人でいることが多くなり、読書、研究、あるいはスピリチュアルな探究に関心が向かう可能性が高くなります。特定の分野に詳しくなれば、専門家として認められるかもしれません。パートナーになる人には短気なところがあることも知っておいてもらいましょう。

運命数3＋誕生数5＝実現数8

直接販売に携わるビジネスには最高の組み合わせです。そのほか、映画プロデューサー、株式仲買人、法廷弁護士、政治家、バンドリーダー、話し方教室の先生、船乗りといった職業にもいいでしょう。

あなたは年をとるほど風変わりなところがなくなり、保守的になっていきます。また人々から意見を求められるようにもなるでしょう。ことによると中年期以降、ずっと携わっていた分野以外の領域で、何かの専門家になるかもしれません。それが大衆向きのテーマなら、作家として世に出る可能性もあります。あるいはレポーター、救急隊員、漫才師になるかもしれません。若いうちにお金を軽んじる傾向を克服しておけば、引退する頃には大金を手にしているでしょう。

運命数3＋誕生数6＝実現数9

この組み合わせは、子ども、教育、作曲、インテリアデザイン、歌唱、人間心理学に関わる仕事で非常に成功しやすいでしょう。あなたは人を育成する並はずれた能力を持ち、安心感や希望、光を与えることができる人です。お金を稼いだり貯めたりするより、これぞと思う仕事に人生を捧げるタイプで、強いサポートを引き寄せる力にも恵まれています。

年とともに他者の人生に対する理解が劇的に深まっていき、やがて恵まれない人たちのための施設を運営することになるかもしれません。スピリチュアルな真理を実践することは、あなたの第二の天性。ポジティブな生き方を教える教師にもなれるでしょう。あなたは美しく年齢を重ねていく人です。

運命数3＋誕生数7＝実現数1

多くの矛盾を抱える人です。本質的には真面目で内気なあなたですが、自発性や社交性、ポジティブな対応が求められる状況に身を投じていくことになるでしょう。でも、流れに乗ったほうが人生を楽しめるとわかるやいなや、それまで感じていた嫌悪感を押さえつけてでも、そうしようと努めます。

あなたは細部を見てとる観察眼と正確な表現力を活かすことさえできれば、素晴らしい脚本家になれる人。どんな内容や質であれ、書く仕事はとてもあなたに向いています。また何かを成し遂げた人々の人生をリポートする仕事もいいでしょう。

人生中盤になって、それまでやってきた仕事が自分にとって最高の仕事だったとはじめて気づくかもしれません。あるいは隠れた才能を発見して、まったく違う職業につく可能性もあります。

年齢を重ねるにつれ、あなたは徐々に自分を信頼できるようになっていきます。少なくとも何か一つは大きな貢献をして、その分野で知られるようになるでしょう。

人間的に成熟する頃には、威厳を感じさせる風貌になるかもしれません。そして取るに足らないことは人生の優先事項から外し、はっきりした強い意見を持つようになります。「みんなと同じ」であることをあなたは決して望まないでしょう。

運命数3＋誕生数8＝実現数11

優れた判断力を持ち、売上げなどの目標達成に意欲的な人なので、必然的に仕事中心の人生を歩むことになるでしょう。多くの物事が、たやすくあなたのもとに集まってきます。また、あなたは人々がほしがるものを察する天賦の才能に恵まれています。あなた自身もそういう自分に遅かれ早かれ気づくはずです。

あなたは不動産開発業者、印刷業者、有名人御用達のレストラン・オーナーとして成功するでしょう。名声ということに関していえば、実現数が11なので、あなた自身の社交面にもスポットライトが当たる可能性があります。

ひょっとすると中年期以降に、パートナーとの突然の破局を迎えるとか、自分でも驚くような激しい恋に落ちることがあるかもしれません。また年とともに、詩を書きたいという思いがひそかにつのっていったり、形而上学について学びたいと(最初はおそるおそるでも)思うようになるかもしれません。

自分にとって好ましくない状況を謙虚に受け入れるという学びも、少なくとも一度は体験することになります。年齢に応じてストレスを減らしていくように心がけましょう。あなたの数字のすべてが、今回の人生は愛ある交流に恵まれるだろうと物語っています。

運命数3＋誕生数9＝実現数3

これは、美術館長、熟練職人、あるいは幼稚園の先生か、音楽、演劇、哲学の教師に最高の組み合わせです。あなたは過去生の学びをすべて統合した「古い魂」の持ち主で、みずからの信じる原理を実践しつつ教える準備ができている人。同時に、とてものんきに生きられる人でもあります。

富を築こうとはこれっぽっちも考えていないのに、あなたのもとには自然とお金が入ってきます。この組み合わせを持つ人は裕福な家庭に生まれ、博愛主義の真面目な活動に関わる可能性が高いはず。若くして引退する人も多いでしょう。

運命数3＋誕生数11＝実現数5

マスターナンバー11の影響で、あなたは人生で幅広くさまざまな活動に加わることになり、焦点を一つに絞れないかもしれません。この組み合わせには、感情的な強い執着、何らかのアブノーマルな性的活動、演劇、アバンギャルド芸術、形而上学への関心などが暗示されています。

あなたは人生の多くを旅行に費やすでしょう。やがてはキャンピングカーで生活するようになるかもしれません。こうしたまとまりのない影響力を持続的かつ生産的な方向に集約し活用するには、かなりの努力が必要です。

あなたは他者のやる気に惚れ込みやすい人。そして人々を喜ばせ、みんなに受け入れられたいと望みます。大人になっても若い頃と同じように生きるあなたを、周囲の人はボヘミアンのようだと思うでしょう。

運命数3＋誕生数22＝実現数7

この組み合わせはどちらかというと達成領域が狭いため、熱心に働こうとする強迫的な衝動があるにもかかわらず、チャンスがこぼれ落ちやすい可能性もあります。家具工場、歌舞伎や新劇の劇団、あるいは楽器職人や船大工に弟子入りするなどにはいいですが、選択を誤ると矛盾する力に翻弄され、人の過ちにいちいち目くじらを立てるような人生にもなりかねません。

この運命数を最高の形で活かしたければ、いろいろな仕事を試すよりも、これと思える分野を見つけて、そこで職能を高めることに専念すべきでしょう。蜂や人間の社会行動パターンの調査、異文化におけるマネージメント原理の研究といったものがふさわしいかもしれません。

人生半ばまでは重労働と妥協の多い人生かもしれませんが、中年期以降、あなたはそれまでの経験をもとに大局的な視野を手に入れるでしょう。年齢を重ねるほどに「シンプルに生きたい」「一人になりたい」と思うようになり、時間の無駄と思うような相手は避けるようになります。

運命数 *4*

運命数4＋誕生数1＝実現数5

この組み合わせは、斬新なアイデアを実行可能な形で与えてくれます。あなたはどちらかというと伝統的な領域の職業を選ぶかもしれません。誕生数が1なので、日常のごくありきたりなことにもしっかり采配を振るっていくでしょう。センスのいい建築家として、素晴らしい組み合わせです。民間奉仕団体の長として働くのもいいし、また広く求められるサービスや製品（メンテナンス、印刷、理髪、野菜、掃除機）を扱う自営業にも向いています。

何よりもあなたは「実践あるのみ」というタイプなので、自分の仕事だと感じられるものに取り組むのが一番。達成志向の数字が並んでいるので成功は保証されているも同然ですが、自分の目標に集中しすぎて、それ以外は目に入らなくなるおそれもあります。また、あなたは厳格な職業人で、人にも自分と同じように献身的に働くことを期待するため、一緒に働く人たちからは少しやりづらいと思われるかもしれません。

子どもを持つと素晴らしい親になりますが、怒りっぽいところには注意しましょう。

年齢を重ねるにつれ、あなたは多くの自由を手にし、融通がき くようになり、旅行したいと思うようになるでしょう。ふと「仕事にかまけているうちに人生が通り過ぎてしまった」と感じることもあるかもしれません。あなたは異性にとって、いつまでも魅力的な人であり続けます。

運命数4＋誕生数2＝実現数6

調和した組み合わせです。あなたの人生の目標は、家族や親しい友人との関係に取り組むこと。最大の落とし穴は、おそらく罪悪感や不安に走りやすい傾向でしょう。

サービス関係の仕事がふさわしく、みずからビジネスを立ち上げてプレッシャーに苦しむくらいなら、雇われる側でいたいと思うかもしれません。

壮大な計画やリスクの大きなベンチャー事業は気持ちが乱され不安定になる可能性があり、あまり向かないほうです
あなたは素晴らしい祖父母になります。また、中年期以降は何かを教えることになりそうなので、その可能性も考慮しておきましょう。

運命数4＋誕生数3＝実現数7

あなたはもしかしたら「つまらない」「頭のかたい人ばかり」「忙しすぎる」「定時の仕事は嫌い」等さまざまなことを理由に、チャンスを棒にふるかもしれません。でも最終的には興味をかきたてられるテーマを見つけ、その道の専門家となるでしょう。

あなたの目標は、自分を律して質の高い仕事を達成することですが、そうなるまでに時間がかかるかもしれません。短期間働いては挫折して、また同じような仕事を探すという繰り返しになりやすい傾向があります。

あなたは楽にお金を稼ぐ方法を見つけたいという欲求を示す数字と、また反対に、献身的な努

力によってはじめて成功の機会を得る可能性を示唆する数字とをあわせ持っているのです。決意を持ってやり抜くこと、効率を高め、組織的に取り組むことの大切さを身をもって学んだとき、みずからの挫折しやすい傾向を克服するでしょう。

あなたは、たとえばレストラン、バー、出店、劇団といった、言葉の表現力を求められる職場に向く人。理学療法も努力のしがいのある分野であり、特殊な商品の販売にも向くでしょう。

年齢とともに、それまでの人生体験から、あなたはスピリチュアルな側面に目を向けはじめます。サイキック能力も強まるでしょう。若い頃よりも一人でいることを好むようになるかもしれません。

運命数４＋誕生数４＝実現数8

この組み合わせは、目に見える成果を出さなくてはならないという強力なプレッシャーを与えます。けれども誕生数と運命数に同じ数字を持っているため、あなたはそうしたプレッシャーを、やる気に変えていけるはず。何をしてもかなり高い確率で成功するでしょう。

建築、経理、保険、病院経営、不動産、不動産ローン、自衛隊、警察、刑法に関わる組織か、具体的で形あるものに関わる分野なら、何でも適しています。もしかすると地方裁判所の素晴らしい裁判官になるかもしれません。法律や秩序、システムなど現実的なものに関心を注ぐことによって、あなたは大きな幸福を感じるでしょう。

失敗するとひどく落ち込みやすいので、仕事を離れたらリラックスして人生を楽しめるように、のんびりした数字（3・5・9）を持つ人と結婚するといいでしょう。

あなたは若い頃の意見を大人になってもそのまま持ち続け、年齢を重ねるほど保守的になっていく傾向があります。幅広い体験を積んでおかないと、情状酌量の余地なく人を裁くようになるかもしれません。

運命数４＋誕生数5＝実現数9

あなたの内側では、「冒険したい」という欲求と、「自制しなければ」という思いが常にせめぎ合っているかもしれません。あなたはこの人生で従順さ、忍耐力、警戒心（つまりあなたが苦手とする性質のすべて）を学ぶ機会を与えられていくでしょう。そして持ち前の見事な順応性を発揮して、一つひとつの状況を実践的に学び、同じプロセスは二度と繰り返さないはず。最終的には、間違いなく広範な知識を身につけているでしょう。

実現数9を持つあなたは「何でも屋」になって気まぐれに人生をさすらうか、あるいは知識を蓄えて晩年にそれを人々に伝えるようになるか、五分五分の可能性を持つ人。どちらにしても、あなたは富を築くための生き方はしないでしょう。とはいえ運を味方につけているので、予期せぬ時にお金が転がり込んでくる可能性もあります。

もしかすると、アルコールに溺れやすいかもしれません。人生の浮き沈みを体験するたび他者に対する思いやりが育っていくので、晩年にはまれにみるほど寛容な人になるでしょう。

年齢を重ねるほど、あなたはカリスマ性をおびてきます。

運命数4＋誕生数6＝実現数1

この組み合わせのテーマは、「責任を担うこと」にあります。あなたは常に明確な目的意識を持って行動し、比喩的な意味でも文字通りの意味でも、路傍に立ちすくむ人を見かけるたびに助けようとするでしょう。

あなたは国歌を作るようなタイプの人。周囲の人々にとって、頼りになる親のような存在かもしれません。もちろん自分の家庭もとても大切にしますが、リサイクル運動など、地域活動のコーディネーター役も完璧にこなします。時には疲れて弱音を吐きたくなることもあるはずなのに、あなたはおそらくそれを認めないでしょう。

一人でも世の中を変えられると信じて疑わないあなたは、いつのまにか自分の時間がほとんどなくなるほど、多くのことに関わりすぎる傾向があります。高い地位に昇りつめ、斬新なアイデアとリーダーシップで人々に知られるようにもなるでしょう。

上手に年齢を重ねていけるタイプで、中年期以降は若い頃よりも多くのことに興味を示すようになり、肉体的な魅力も増していきます。それまでとまったく違う職業につくかもれません。

晩年になると自分の心を包み隠さず打ち明けられるようになり、ほとんどの恐怖は消え去るでしょう。

運命数4＋誕生数7＝実現数11

これは電気、化学、熱、原子力の分野の発明家や、心理学あるいはスピリチュアルなワークに取り組む人々にとって、非常に生産的な組み合わせです。あなたはリサーチや分析から多くの情報を引き出し、あらゆる種類の法則を使いこなして上手に仕事を進めます。物事の仕組みを直感的に理解できる人なので、保険調査官、時計職人、地質学者、航海士、航空士、民生委員としても優れた力を発揮します。

あなたの考え方や生き方をひとことで表わすなら、「独立独歩」という言葉がぴったりでしょう。あなたの人生の課題は、忍耐強さを学ぶことにあります。

生まれながらの観察者で、自分と対象の間にレンズ、ノート、計算機を置くことを好むでしょう。あなたが愛するのは真剣につきあう必要がないくらい軽薄な人か、もしくは愛情より賞賛を伝えたくなるような人かもしれません。「自分の人生に他人はいらない」などという考えは抱かないようにしましょう。

実現数11のあなたは、中年期以降に若い頃よりも多くの人たちと接するようになります。何らかの驚異的な発見をして世の注目をあびるか、有名になるかもしれません。あるいは何かしら形而上学的な洞察を得るかもしれません。

また年齢とともに、あなたは人の欠点にも寛容になります。もしかすると、晩年に激しい恋に落ちるかもしれません。お金に関する影響力はいくぶん弱まるので、若いうちに賢い投資をしておきましょう。

運命数4＋誕生数8＝実現数3

ショッピングセンター、コンドミニアム、リゾート開発への投資に、とてもよい組み合わせ。あなたは中年期を迎える頃に早めに引退するか、あるいはビジネスの一環として頻繁に旅行するようになるかもしれません。

あなたの成功は、伝統的な手法・製品を通じてもたらされます。建築・建造、経済、法律、海運業、スポーツに関する業種は、すべて適職です。

あなたの努力、実践、ビジネスを見極める鋭い眼識は一つ残らず報われ、人生後半は暮らしもずっと楽になるでしょう。その頃には社交を楽しみ、専門知識と優れた判断力を駆使して人の気持ちを盛り立てるような、良きアドバイザーになっているはず。ゴルフ、テニス、ダンスが最大の楽しみになっているかもしれません。そしてユーモアを愛するでしょう。

運命数4＋誕生数9＝実現数4

何をするにも、生まれ持ったエネルギーと能力を大量に注ぎ込む組み合わせ。あなたは体験から学び、その学びをごくありふれた問題の解決にも応用することを楽しむ人です。一生の間に多くのプロジェクトを引き受け、修復し、改良し、塗り直し、再統合していくでしょう。

いろいろな能力がありすぎて、何をすべきか決めかねるかもしれません。迷ったらハート数を見て、本当に自分に合った職業のヒントをつかむようにしましょう。

若いうちに海外旅行をしておくと、異なる環境に対する目が開きます。ベーシックな商品やサービスを提供する分野で成功しますが、法律、人文学、医学、聖職者、慈善事業も考慮してみるといいでしょう。

あなたは心の広さと、寛容な考えを人々に示すために生まれてきたような人。若くして結婚して、そのまま一生添いとげるかもしれません。とても愛情深いあなたにとって、家族との暮らしは大きな意味を持つでしょう。

また、自分の体験を糧に、さまざまなことを教えていける人でもあります。あなたは中年期以降も、現実に役立つ方法論を探究しつづけるでしょう。そして常に率先して責任を引き受けていきます。晩年には、実践的な洞察と直感的な考えをバランスよく取り入れるようになるでしょう。

運命数4＋誕生数11＝実現数6

この組み合わせを持つ人は、身のまわりの物への関心を育て、女性的な洞察力や養育能力を開発していくことになるでしょう。また組織、秩序、専門技術にまつわる仕事で成功することが暗示されています。

子どもの頃のあなたは、制約の多い現実生活ではかなわないようなことをいろいろ夢見て過ごしていたかもしれません。誕生数11を持つあなたは、その頃から珍しい能力や才能、身体的な特徴を示していたはず。

美術や音楽の才能に恵まれている可能性も高いですが、おそらくその才能を芸術家や音楽家としてではなく、教師として活かしていくでしょう。しかしあなたは独特の激しさも内に秘めていて、輝きたい、スポットライトを浴びたいという思いも持っている人です。

あなたは集団の中で仕事をよくこなし、一人でがんばっている人に貴重なサポートを与えます。チャートに現われたほかの数字次第では、詩かコンピュータに興味を持つかもしれません。あなたはどんな分野であれ、これと決めたら独特の集中力と熱意を注ぎます。また、敬愛する人たちと良い関係を築き、人生を通して良い親でありつづけるでしょう。

中年期以降、人のために尽くしたいという気持ちと、王侯貴族のようにかしずかれたいという気持ちを行ったり来たりするかもしれませんが、年齢とともに落ち着き、あなたは与える側に立つようになるでしょう。

運命数4＋誕生数22＝実現数8

この組み合わせの人は「運命数4＋誕生数4＝実現数8」もあわせて読んでください。

マスターナンバー22を誕生数に持つあなたは、目の前に現われる現実のなかで無理なく自然に確固たる「結果」を生み出し、人々に鮮烈な印象を与えます。もしもあなたが人生の宿題を残らずやり終え、本当に出会うべき人と出会えたとすれば、中年期以降には大衆の心を動かすカリスマ的な存在になっているでしょう。

あなたは、壮大なシステムを動かすために生まれてきた人。政府、公共事業部門、海運会社、軍関係（諜報と外交）、あるいは世界食糧銀行のようなところで働く可能性が高いでしょう。この組み合わせを持つあなたに、手に入れられないものは何もありません。必要な時に必要な才能を持つ人が集まってきて、驚いてしまうこともあるはずです。

あなたは最善の結果をもたらす人物や信頼できる人物を見極めることもできるし、計画に基本的な不備があれば、それを容易に見抜きます。その意味では、企業を動かすために生まれてきたともいえる人です。くれぐれも不純な動機からは動かないようにしましょう。

運命数 5

運命数5＋誕生数1＝実現数6

おそらく何でも自分で取り仕切らないと気がすまないタイプのあなたには、スケジュールが自由になる職業のほうが向くでしょう。さまざまな思想や運動に強い関心を持ち、人々にも伝えたいと思うため、エコロジー、健康、旅行関連商品などのマルチレベル・マーケティングに携わるかもしれません。あなたは仕事によって多種多様な人々と関わることになり、優れたプロモーター、広告宣伝スペシャリスト、著述家、探検家になる可能性もあります。

妥協したり、人の助言に耳を傾けるのは苦手なほうです。いつも新天地を開拓するつもりでいましょう。あなたは困難を切り抜け、障害に打ち勝って繁栄を手に入れる並はずれた能力の持ち主です。

この組み合わせを持つ女性は、品質、デザイン、人々とのふれ合い、多様性が重視されるキャリアを望みます。また男女を問わず、結婚は（チャートの他の数字にもよりますが）遅いほうかもしれません。

この組み合わせの人は豪華というほどではなくても、かなり快適な暮らしを手に入れられるはず。機転がきかず頑固になりがちな傾向に気をつけましょう。

運命数5＋誕生数2＝実現数7

あなたは「人生に確かなことなんて何もない」と思っているかもしれません。ようやくわかったと思った途端、なぜかいつも状況が変化してしまうのですから。あらかじめ考えていた手順が予想外の展開によって乱されることを、あなたはなかなか受け入れられません。

あなたの成功はたとえば新製品が次々と生まれるような業界で、研究と実践を通して自分の技術を磨くことによってもたらされるでしょう。職種でいえば、小売店のファッションアドバイザー、旅行代理店、社会福祉司、銀行の窓口担当者などが向いています。

あなたは幅広い層の人々の理解を促し、相手の条件を受け入れつつ辛抱強くつきあっていける、類いまれな能力の持ち主。その能力を活かせば、確実に成功できる人です。

中年期以降、望まない体験をいくつかすることになるかもしれません。そしてあなたはもっと一人の時間がほしいと思うようになるでしょう。静かな田舎に暮らし、スピリチュアルな研究にいそしむ可能性もあります。この組み合わせの人は（他の数字にもよりますが）、同性愛の傾向があるかもしれません。

運命数5＋誕生数3＝実現数8

すべての数字が並はずれた営業能力を示す組み合わせ。あなたは生まれつき話し上手で、イメージづくりもうまいので、人生の中で繰り返し大衆とともに働く機会を与えられていくでしょう。

あなたの職業選択の基準は、楽な仕事かどうか、時間の融通がきき、環境がよくて、高収入を得られるかどうかでしょう。教わって学ぶというよりは生活の中でみずから知恵を培っていくほうで、相手や場の緊張を冗談でときほぐしてしまう人。娯楽、ゲーム、社交生活、飲み歩くこと、一獲千金の儲け話が大好きで、お金なら稼げるという信念と自信を持っているでしょう。

あなたは自力で大物になる可能性があり、人生後半には豊かな資産を手にしているかもしれません。常に大きなことを考えるポジティブな人です。

運命数5＋誕生数4＝実現数9

この組み合わせを持つあなたは、さまざまにレベルの異なる体験が与えられていることに気づくまで、人生がもたらす変化に対処できなくて思い悩むかもしれません。

生まれつき用心深くて安全志向のあなたは、誠実な製品や信頼できるサービスを大衆に提供する仕事で成功するでしょう。またこの組み合わせはあなたに、人間の基本的なニーズのために働くことを求めます。あなたは誰からも好感を持たれ、失敗して困っている人たちに頼られることも多いはず。良識ある誠実な態度できちんと仕事に取り組み、周囲から尊敬されるでしょう。

あなたは毎日の生活のなかに真実を見い出しながら生きることによって、スピリチュアルな成長を大きく遂げる人。もしかすると他者の子どもの後見人になるかもしれません。

運命数5＋誕生数5＝実現数1

誕生数と運命数に5が重なるので、公衆の前で何か演じたり話したり、また政治など公開のやりとりが行なわれる世界で成功しやすいでしょう。あなたは人々が求めるものを察知して、その要求に応える商品やサービスを発案できる人です。

あなたは旅行やツアー、メディア、飛行機での移動がぴったり。人生のスピードがどんなに早くても、あなたにとって「早すぎる」ということはありません。刺激や多様性を求めて、わざと渾沌や混乱、ドラマチックな状況をつくることもあるほどです。

人の話に耳を傾けることを忘れると傲慢になりやすいですが、実現数1が人生後半で尋常ならざる業績を上げることを暗示しています。ひょっとしたら世界中に広まるようなものを何か発明するのかもしれません。

いずれにしても熱意にあふれ負けず嫌いなあなたは、誰にも真似できない無敵の技を身につけるはずです。ただし仕事の遅れ、粗悪な製品づくりは破滅を招くおそれもあるので、その点は注意を怠らないようにしましょう。

運命数5＋誕生数6＝実現数11

あなたの人生は、自分の手に余るとか、とうてい担いきれないと思えるような領域で生きることを求めてくるでしょう。そしてあなたはそこで他者の要求に応じる方法を探し、人々の心と身体の健康に貢献していくでしょう。

あなたの人間関係は、他者に教育や訓練をさずけることを中心に形成されます。自分が関わることによってただ一人の人生でも好転したと感じると、深い満足感に満たされる人です。

ただし、そんな「人は変われるはず」というあなたの期待と思いは、晩年に向かう頃には薄らいでいくでしょう。またその頃になって、人生の早期に出会った人々が大きな意味を持つようになります。

年齢とともにあなたはスピリチュアル志向になり、詩や恋愛小説を書くようになるかもしれません。また晩年にパートナーとの関係に変化が生じるでしょうが、その人との間に親しさが消えることはありません。

運命数5＋誕生数7＝実現数3

あなたは、広く大衆に役立つような特別な才能を持った人です。一つの重要な技術や、興味あるテーマを熱心に追求しつつ、実際には複数の仕事につくかもしれません。

突然の変化を楽しめるほうではなく、また一般大衆の要請に応じなければならないような状況は苦手。あなたは「待たせておけばいい」とか「どこかほかに行ってくれ」といった態度をとりがちでしょう。一匹狼タイプのあなたは社会の喧噪に放り込まれると、押しの強い人たちを好奇の目で見つめ、そういう人たちとの違いを自分なりに納得しようとします。

あなたの達成感は、自分の仕事を自分自身でどこまで認められるかにかかっています。もしかすると、あなたにぴったりのパートナーが中年期以降に現われて外の世界に引っぱり出し、軽やかになることを教えてくれるかもしれません。

どの分野にいても、あなたは技術者として業績を上げていくでしょう。晩年はお金の心配もなくなります。

運命数5＋誕生数8＝実現数4

ビジネスを立ち上げるのに素晴らしい組み合わせです。あなたはやる気と常識、ことを起こすための闘志を充分持っている人。必要な地固めをしておけば、どこまでも達成していけます。「専門知識はほかの人のほうが詳しい」などと思わず、自分を信じて努力しましょう。

あなたは、他者の欲求を察知して満たすという素晴らしい能力も持っているので、市民に実用的なサービスを提供する仕事や、あるいはビジネス・法人・犯罪に関する法律関係の仕事も向いています。政治に関わる可能性もありますが、その場合は演壇に立つよりも裏方として働くことになるでしょう。あなたは晩年になっても引退せず、ずっと現役でいるタイプです。

運命数5＋誕生数9＝実現数5

あなたは人もうらやむほどの組み合わせを持っています。これは人生に多くの機会が与えられ、身にあまるチャンスが訪れることを暗示する数字です。

あなたの人生はかなり極端で、浮き沈みも激しいでしょう。一切合切を失ったかと思うと、わずか数カ月後には世界のトップに名をつらねる、ということにもなりかねません。お金の出入りは激しいけれども、あなた自身は必要な時にお金は入ってくるとわかっているので、不安になることはないでしょう。

あなたは自分が明日どこにいるかもわからないような状況を楽しみ、不確かな人生に生きがいを感じる人です。大勢の仲間と連れ立って行く旅でも、リュック一つの一人旅でも楽しめます。逆に平凡な日常には馴染めないタイプで、人生の脇道を探索したり、他者の人生の大変動に立ち会う時に最高の幸せを感じるでしょう。

あなたは必要とあらば最後に残ったわずかなお金さえ分かち与えることができる人。そんなあなたに恋する人は多いでしょうが、永続的な関係は不向きなほうかもしれません。なぜならあなたは、人生の束縛や限定でなく、大きな変動を探求することに専念させるという数字の組み合わせを持っているからです。年をとっても、あなたは若々しい態度を失いません。

運命数5＋誕生数11＝実現数7

マスターナンバー11の強烈な影響力から、ある日突然あなたはサイキックな世界に投げ込まれるかもしれません。そして一風変わったスピリチュアルな思想や活動に魅了されるか、人々の問題に対する好奇心にかられて我を忘れるかもしれません。この組み合わせには不安定な力が働いているので、適切な食生活と休養、運動が必要不可欠です。

俳優には最高の組み合わせで、その分野に進めば真に独創的な人と見られるでしょう。あなたの演技は、見る人の感情を明るくも暗くも、強く揺さぶります。

中年期以降、あなたは孤独を追い求めるようになるでしょう。スピリチュアルな発見を日誌やエッセイのような形にして、人々に伝えるかもしれません。

運命数5＋誕生数22＝実現数9

この組み合わせを持つ人は、特別な努力をしなくても、大衆のために素晴らしい貢献をする可能性があるでしょう。あなたはそうした機会に恵まれ、また、とてつもなく大きな力も持っている人です。

扱う品物や内容が何であれ、簡単に原材料を入手でき、製造できる、安価で非常に役に立つものを手がけていくでしょう。「必要は発明の母」といいますが、あなたの幸運は「必要」に着目することでやってきます。たとえば、皆が求めているのにどこにもなかった、旅客機の内装用不燃繊維のようなものです。

あなたは、人々に対する良識あるアプローチや、どうすればうまくいくのか、何が不可欠かといったポイントを知っている人。もっとも幅広いやり方で人類に貢献する可能性を追求するために、あなたは生まれてきたのです。

運命数 *6*

運命数6＋誕生数1＝実現数7

この組み合わせは、教育関係の職業にぴったり。あなたはそこで、理想を分かち合い助言や指導を与える機会に数多く恵まれるでしょう。月並みな集団心理には迎合しない、確固たる意見の持ち主ですが、成功のチャンスは人々と協調して働く場にひそんでいます。あなたはグループの統率役になりやすく、意見を曲げないリーダーとして有名かもしれません（もちろん、たいていあなたの意見が正しいのですが）。

製造販売に関わるなら、健康、芸術、スポーツ、環境にまつわる分野で、市場に出すタイミングが重要な商品を扱う仕事が向いています。先読みしがちな傾向はあるものの、市場調査を丹念に分析して成功の糸口を見つけていく才能があるので、従来の方法や常識的な視点に縛られて簡単に妥協しないようにしましょう。

あなたは年とともに批評力、鑑識眼が磨かれていく人。中年期以降に焦点が絞りこまれ、その道の専門家として知られるようになります。また、いく度となく直感の大切さを知らされ、日常的な現実レベルを超越した高次の知識やエネルギーをとらえるようになるでしょう。

運命数6＋誕生数2＝実現数8

アートを好む繊細な魂と、人間性を理解したい、個人的な活動や奉仕を通じて変化を起こしたいという大きな望みをあわせ持つ人です。他者の期待を裏切りたくないという思いから、何ごとにも努力を惜しまないでしょう。

内向的な観察者になりやすい面もありますが、生まれながらの母であり、妻であり、雇い主にとっては貴重な従業員となるような人。でもあなた自身はキャリアよりも友情を大切にするでしょう。自分の時間をさいても人のために働こうとするので、周囲から大いに尊敬され、また愛されます。こうした努力を着実に積み重ねていけば、予想以上の成功を手にすることができます。

あなたは新しい健康関連グッズに夢中になりやすいでしょう。また前向きに考えることの大切さを信じ、対立やストレスは何としても避けようとします。あれこれ引き受けすぎたり、将来を心配しがちなために、プレッシャーを感じやすいかもしれません。

運命数6＋誕生数3＝実現数9

あなたの人生の課題は、責任を学ぶことにあります。それに気づかない限り、「周囲がよってたかって私を不幸にする」と感じ、ストレスをつのらせるかもしれません。

楽観的な態度で気ままに生きても、たいていはうまくいきますが、約束を破ったり自分に課せられた細かな仕事を怠ると、損害を被ることになるので気をつけましょう。

あなたは人々の志気を高めたり、大きな愛を示すことができる人。でも、自分自身のことをただの大きな子どもだと見なして生きていくかもしれません。経済状況に関しては生涯を通じて恵まれるでしょう。

運命数6＋誕生数4＝実現数1

多忙な人生を暗示する組み合わせ。あなたはしばしば良い機会に恵まれ、またそういう機会をたちどころに活かしていける人です。

みずからアイデアを実行し、人々を効果的に育成指導する機会も多いでしょう。社員としても目立つ存在で、晩年にはあなたのアイデアによって一つの頂点を極めるはず。

もしかすると中年期以降に文才を発揮して、伝記、日記文学、あるいは教育指導マニュアルを執筆するかもしれません。間違いなく、人生で多くのことを成し遂げる人です。

運命数6＋誕生数5＝実現数11

あなたは生涯を通じて、伝統的な組織や保守的な集団に進歩的な考えを注ぎ込んでいくでしょう。変わり者と呼ばれることを好み、何でも自分の思い通りにしたいという気持ちから、劇的な対決を体験することもあるかもしれません。

優れた問題解決能力と抜群の順応性を持って生まれたあなたは、大衆相手の商売が得意です。マッサージ師、美術品販売エージェント、イベントコーディネーターといったサービス業をみずから営んで成功します。

年齢とともに落ち着いてきて、あまりリスクを冒さないようになります。でも人生後半のどこかで、あなたはスポットライトを浴びるチャンスを手にするでしょう。また晩年に結婚する可能性も大。それも、ひょっとしたら一度ではないかもしれません。

運命数6＋誕生数6＝実現数3

運命数と誕生数に重なって現われた6は、奉仕にまつわる領域での成功を保証します。あなたは世のため人のために献身的に働く人々と喜んでまじわり、小さなグループでも大きな組織でも気持ちよく働くでしょう。

「人の助けになりたい」「世話をしたい」という気持ちが並はずれて強いあなたは、孤児、ペット、植物の世話をしたり、複雑な問題をケアする機会を生涯を通じて与えられます。

あなたは永続的で安定した結婚に向き、良縁にも恵まれます。実現数3は早期引退の可能性を暗示する数字ですが、おそらくあなたは良い仕事にずっと関わり、中年期以降も相変わらず忙しく、さまざまな種類の人々と交流していくでしょう。

運命数6＋誕生数7＝実現数4

この組み合わせは、もともと一匹狼タイプのあなたが、何度となく家族の問題にぶつかり、感情的な面で責任を持って対処させられるという葛藤を暗示しています。

あなたは歴史か技術方面の教師に最適な人。また、他者の家庭の問題を見抜く、優れた能力を持っています。ただし、あなた自身が重要だと感じるプロジェクトに充分な時間をあてられず、いらつくこともあるでしょう。

疑い深いところもありますが、年齢を重ねるにつれ、現実的かつ保守的になっていきます。孫には厳格な祖父母になるかもしれません。

運命数6＋誕生数8＝実現数5

非常に有望な組み合わせ。素晴らしいビジネスセンスと自己管理能力を持つあなたは、危機に陥った会社をまかされて建て直したり、利益を生み出すまで回復させられる能力の持ち主。仕事でも家庭でも、みずからの手腕で事態を改善するチャンスを与えられていくでしょう。

また、財政的な援助や手ほどきを求める、大勢の人たちからも頼りにされます。仕事のストレスやプレッシャーは年をとっても減りませんが、それでもあなたは次第に、リスクがあろうと冒険したい、決まりきったわずらわしい仕事は減らしたいと思うようになるでしょう。

あなたは人生そのものを真面目にとらえ、「神はみずからを助ける者を助く」と信じて行動していくでしょう。

運命数6＋誕生数9＝実現数6

豊かな知恵を生まれ持ったあなたの目標は、他者への奉仕を通して学ぶことです。

働くべき分野を決めるのに時間がかかるかもしれませんが、芸術、デザイン、慈善団体、募金活動、医学、健康関連商品、宗教にまつわる職業につく可能性が高いでしょう。またカウンセリング（特に結婚と家族問題に関する）やヒーリングに関する探究は、あなたが求める人々との心のふれ合いや達成感を与えてくれます。

人生後半は何らかの立場で人々に教えることになるでしょう。

運命数6＋誕生数11＝実現数8

あなたは自分の親や子ども、伴侶から非常に多くのことを学ぶでしょう。生まれながらのパートナーであり親であるあなたは、常にその場のバランスをとり、責任を引き受けていきます。また、美しく快適な環境をつくるためなら、文字通り何でもするでしょう（よその家の家具まで動かそうとするかもしれません！）。

あなたはお金より、人間関係やクリエイティブな時間を大切にします。競争心が旺盛なほうではなく、目立たないポジションを好む人ですが、芸術、心理学、形而上学、教育、詩、文学の領域で認められるチャンスに恵まれるでしょう。

あなたは愛にあふれ、優しく、暖かな人。誕生数が11なので、日常的な現実よりも目に見えない世界に関心が向きがちかもしれません。

運命数6＋誕生数22＝実現数1

世界一勤勉なハードワーカーになる可能性を秘めた人。あなたには大企業の動向をとらえる優れた眼力が備わっています。

すでに困難な道をみずから突き進み、建設、健康、保険、製造業の分野で並はずれた実力を身につけ、活躍しているかもしれません。あるいはスポーツ医学の専門家、カイロプラクターに向いています。巨大プロジェクトの骨組みとなる構想を練ったり、代替エネルギーを発明する仕事なども可能性のある分野です。

あなたはどのような問題であれ、常に賢明な姿勢で解決にあたっていくでしょう。一つだけ注意する点があるとしたら、支配的になりやすく、自分のやり方に固執する傾向があること。妥協し、協調する能力も忘れずに育てていきましょう。22の影響力はごくまれに犯罪行為を暗示することもあるので、その点も注意が必要です。

ポジティブに取り組めば、晩年には重要な社会貢献を成し遂げるでしょう。

運命数 7

運命数7＋誕生数1＝実現数8

この組み合わせは研究者、スピリチュアルなリーダー、大使としての成功を暗示します。あなたは重大な発見か技術的な発明をするでしょう。

男女を問わず、高い地位を目指して努力する人です。また学歴、階級、職業上の地位の向上を求める組み合わせでもあり、男性的な数字が並ぶため、女性の場合は生きにくいと感じるかもしれません。

中年期以降に、権力、権威、もしくは財政的な報酬を手にします。

運命数7＋誕生数2＝実現数9

情緒的な問題に関する診断能力と、人間性の理解に優れた組み合わせ。

あなたは他者の気持ちに敏感で、対立するくらいなら自分が引くほうです。職種としては、積極性や競争心、大胆な勇気が求められる金融やビジネスの世界よりも、心理学や技術的な分野に向くでしょう。また、洗練や芸術（写真や映画制作）を求める「徹底した目」も持っています。

あなたは大きな幸運に恵まれて、一気に生活の質が上がるような体験を、一生のうちに少なくとも一度はするはず。執着を捨て、人生哲学を育むことを目指すべき人なので、そのことを忘れないようにしましょう。

運命数7＋誕生数3＝実現数1

特殊な言語能力と、きわめてユニークなユーモアのセンスに恵まれたあなたは、最高のソロコメディアンになれる人。一見無関係な事柄を一つにまとめ、みんなが驚くような統合をもたらす才能もあります。

あなたは自分の専門分野について幅広い関心を持つでしょう。想像力豊かで、人間に対する興味も人並み以上に持ち合わせているので、一風変わったキャリアを目指すかもしれません。

実現数1は、中年期以降に自分の専門分野で目立った業績を上げるだろうという暗示。高い理想を持ち、スマートに人々を説得できるあなたは、高級品の販売にも向くでしょう。

運命数7＋誕生数4＝実現数11

この組み合わせを持つ人は、とても勤勉な働き者です。あなたは近道をしようとすると、かえって達成できないでしょう。

ことによると人間的に成熟するまで、自分の人生の目的がわからないかもしれません。もうお手上げだと思うような状況にもしばしば出会うでしょう。でも、あなたはそうやって体験を積みながら「できないことなどない」「やればできる」という感覚を身につけていくのです。

実践を重んじ、何でも実際に確かめないと気がすまないほうなので、素晴らしい税関吏にもなれるし、調査関係の仕事にも向いています。

あなたはおそらく何ごとも「代価に見合うものを得る」といった態度であたるはず。晩年、強烈に感情をゆさぶられる体験をして、スピリチュアルな探究に目覚めるでしょう。

運命数7＋誕生数5＝実現数3

何ごともぐずぐずと先延ばしにする傾向があり、それを克服しないと達成できることも限られるでしょう。あなたは難題に取り組むより、放り出すほうを選びがち。また、集団に属することを嫌い、どちらかというと変わった人たちと親しくなるでしょう。

あなたは、熱意に火がつきさえすれば最高の仕事ができる人。まるで探偵のように、リスクを恐れず目的に向かって行動します。もしかすると矛盾する二つの数字が興味深い働きをして、秘密に満ちた7の世界を、スピーディで冒険心に富んだ5の精神で動き回ることになるかもしれません。冒険ミステリー作品の脚本を書くのにもってこいの組み合わせです。

実現数3は必要な時に必要なものが手に入るという暗示。晩年は、お金の心配から解放されるでしょう。

運命数7＋誕生数6＝実現数4

あなたには、何かしら高品質のものを製造する職場が合っています。技術的な分野で人々を育成する能力に長け、昇進よりも自分を高めるために良い仕事をしようとします。

あなたは年をとってもあまり変わらず、常に実践を重んじ、信頼に応え、強い責任感を持ちつづけるでしょう。ただ、どんなに忙しくても、たまには上司や部下につきあうことも忘れないようにしましょう。実現数が4なので、中年期以降は、自分の行為に充分な報酬が支払われることを確認するようになるでしょう。

あなたは結婚に対する理想が高く、最高の相手しか受けつけない人。一度良い結婚をしたら、伴侶を亡くしても再婚は考えないでしょう。

運命数7＋誕生数7＝実現数5

あなたは、ある重大な関心事を中心に、この人生を生きることを選択しています。とても几帳面で鑑識眼があり、何一つ見逃さない人です。おそらく、美術品、家具、ワインなどの鑑定家か、何らかの稀少な事物に関する権威になるでしょう。

あるいは生まれつき探究心旺盛なので、健康に関するテーマに大きな関心を持つかもしれません。どちらにしてもあなたは、平凡な仕事では幸せになれない人。エリート志向に走りやすいところには気をつけましょう。優れた直感力を持ち、しかも実現数が5なので、ひょっとしたら中年期以降に万馬券を当てるかもしれません！

あなたは、気ままに接しているうちに相手の人生を変えてしまいかねないところがあります。年齢を重ねるほどエキセントリックになり、態度もますます若々しくなります。そして、あらゆる形の権威に立ち向かうようになるでしょう。

運命数7＋誕生数8＝実現数6

あなたは管理職か、何らかの専門家として働くべき人。あなたにとって教育は必要不可欠ですが、たとえ大学に行かなくても権威や専門知識を自然と身につけていくでしょう。

投資、市場分析、高層建築やホテルの開発、大事業など、何でもゲームのように楽しんでしまうあなたは、資金調達、人材選びの天才でもあります。いつの間にか法律、経済、教育、国防関係の仕事についているかもしれないし、最新の高度な外科療法を習得しているかもしれません。

あなたの場合、問題は仕事よりもむしろプライベートな生活で生じるほうが多いでしょう。失敗やトラブルに直面しても安定を失わない人です。年とともに愛情深くなり、優しくなります。

運命数7＋誕生数9＝実現数7

この組み合わせを持つ人は、お金を目標にしなくても自然とお金を手にしていくでしょう。あなたは適切な時に、適切な場所にいるコツを知っている人です。また運命数7なのでヒーリング、形而上学、スピリチュアルなテーマを探究する機会も与えられます。

自分を客観的に見る目を持つあなたは、茫洋としがちな誕生数9とも上手に付き合っていけるはず。ただ、もしかすると「自分は何か大事な使命を忘れているのではないか」といった恐怖に駆られることがあるかもしれません。

あなたの運命は、長い時間をかけたのちに（ひょっとしたら人生の最終段階になって）ようやく明らかになるでしょう。スピリチュアルな学びも、人生における達成も、どちらも急ぐ必要はありません。生きていくなかで、あなたは多くのものから引き離されるかもしれませんが、この組み合わせを持つ人は、その体験によってスピリチュアルな力をより深く信頼できるようになっていきます。

そしてやがては、特別な知恵と慈愛に満ちた雰囲気を持った人になるでしょう。

運命数7＋誕生数11＝実現数9

この組み合わせは、内気で孤独を好む性質を示しています。あなたは周囲の影響をとても受けやすいでしょう。興味を持つと何でもすぐに夢中になったり、なかなかやめられない癖や習慣を持っているかもしれません。

またスピリチュアルなこと、美的なこと、詩的なことに惹かれ、日常的なことにはあまり関心が持てないかもしれません。女性ならとても美しく、男性なら洗練された容姿とロマンチックな表情を持つでしょう。

たとえば晴れた青空を見るとラブソングが浮かぶというように、あなたは身近なことに気をとられやすく、目標に集中するのは苦手なほう。子どもの頃に充分な愛情を受けていないと自分を尊重することが不得手かもしれませんが、それを空想の世界でたびたび補ってきたはず。

そんなあなたは、ドキュメンタリーや、古典的なモチーフを扱うドラマチックな芸術に向いています。イザドラ・ダンカン（「自然に帰れ」をモットーにモダン・ダンス誕生のきっかけを作ったアメリカの女流舞踏家）があなたのアイドルかもしれません。

運命数7＋誕生数22＝実現数11

これらの数字をうまく使いこなせれば、あなたは奇跡同然のことを成し遂げるでしょう。この非凡な組み合わせは、あなたが猛烈な熱意をもって、あらゆるプロジェクトを手掛けるだろうことを暗示しています。

これらの数字はまた、どちらかというと狭い人生観を与えるでしょう。何かを成し遂げることに夢中になりすぎて評判のよくない人物の助けを借りたり、あるいは悪事に手を染めてしまうことすらあるかもしれません。もちろんこれは極端なたとえですが、強烈なアイデアに夢中になっている時のあなたは現実感覚を失い、実際以上に計画がうまくいくように思ってしまう傾向があるのです。

あなたの心の奥には、過去の自分の業績に対し忸怩たる思いがあるのかもしれません。あなたの成し遂げたことにどれほど人々が感嘆しようと、あなた自身は自分の仕事になかなか満足できません。真の意図を知らない人々は、そんなあなたを見て、単にとてつもなく献身的な働き者だと思うでしょう。身体機能の低下を招くおそれがあるので、定期的に身体をリラックスさせるように心がける必要があります。

あなたにはたぶん、数年来ひそかにあたためている大切なプロジェクトがあるはず。その豊かな結実は、あなたがありとあらゆる手をつくすまで見えてこないでしょう。

また、あなたの関心事をパートナーに分かち合わないでいると、晩年に突然あなたのもとを去る可能性があります。

運命数 *8*

運命数8＋誕生数1＝実現数9

あなたは自分の事業を展開し、統率していく機会に恵まれるでしょう。この組み合わせはきわめて明快に、自分に対する理解の深まりと物質界における莫大な成功を示しています。つまりこれは、自由と権力、機会と達成を与える組み合わせなのです。

何をすれば成功できるか、その領域をあなたはすでに知っているでしょう。

運命数8＋誕生数2＝実現数1

あなたは中年期まで、何ごとも戦って勝ちとっていきますが、それ以降はより強い人とともに働く機会を与えられるでしょう。仕事の場は美術館、心理学や人文学の発展を目指す団体、あるいはカフェテリアかもしれません。設計、ファッション写真、グラフィックデザイン、食事療法に関わる可能性もあります。

あなたはそこで権力や規則に立ち向かいながら、根気、辛抱強さ、的確さといったあなたの内側に潜在する特別な能力に気づき、その重要性を学んでいくことになるでしょう。

年齢とともに、あなたは自分に自信を持つようになります。

運命数8＋誕生数3＝実現数11

この組み合わせを持つ人は、企業の宣伝部かアート部門で働くといいでしょう。ハート数が1・8・4なら、あなたはできるだけ高い地位に昇りつめようとがんばるはず。

そうでない場合は、仕事は生活のためと割り切って、退社後の時間を本当の自分の人生として大切にしていくでしょう。もしかしたら、そんなあなたに手っ取り早い金儲けの話をもちかけてくる人が現われ、そこからパートナーシップ、期待、根気にまつわる多くの教訓を学ぶことになるかもしれません。

芸術方面のキャリアを追求すれば、おそらくある程度世間で認められるでしょう。

運命数8＋誕生数4＝実現数3

あなたはたぶん、ごく若いうちから働きはじめるでしょう。大会社が経営するガソリンスタンドで働いたり、新聞配達をするかもしれません。あなたは出世のために必要な強い意志を持った人。交際術をみがき、ゴルフやテニスを習い、大学か専門学校に行っておくといいでしょう。

機械関係と建設・製造の分野が向いています。さらに科学、ビジネス、金融、政府機関に関係する職業への道も開かれています。あなたが数年かけて昇進するつもりでいようと、その道を開く変化はいつ起こるとも限りません。どんな可能性も見逃さないようにしましょう。そうすれば晩年には豊かな富を手にしているはずです。

運命数8＋誕生数5＝実現数4

精力的で、新しいアイデアも豊富に持っている人ですが、かっちりした組織には少々不向きかもしれません。旅行や販売促進の分野で働くか、プロのスポーツ選手になるか、もしくは政治や法律の分野で成功を目指すといいでしょう。あなたは複数の分野に精通し、そのうち一つの分野で専門家となり、晩年にそれを開花させる可能性があります。

あなたは年齢を重ねるほど落ち着きがでてくるでしょう。ただし（現実にそうであってもなくても）「まだ目標を達成していない」という思いに駆られると、晩年も働きすぎてストレスをため込むことになってしまいます。

運命数8＋誕生数6＝実現数5

あなたは社会福祉、病院または学校経営、あるいは運命数8にふさわしい堂々たる地位につく機会を与えられるでしょう。あなたは職場に良心と思いやり、暖かさをもたらす人。かげでこっそり人を支えるほうですが、自分の担った責任がきちんと評価されるように心がけましょう。

家庭と職業の両方を大事にする組み合わせで、公私ともに新しい計画を次々と発表していくかもしれません。ストレスから依存症に陥る可能性があるので、処方薬の副作用と長期服用には気をつけましょう。中年期以降になると落ち着かない気分を味わいがちで、若い頃は権威に従順すぎたと思うかもしれません。

運命数8＋誕生数7＝実現数6

あなたは生涯を通じて、何らかな重要な問題を扱っていくことになるでしょう。原子力、医学、薬学、軍事をテーマとする調査研究、法歯学、財務分析、古美術、歴史など、どれもあなたが成功可能な領域です。

また、あなたは何を選んでも、その分野で屈指の専門家になるはず。高等教育を修めるべき人ですが、別にそうした方向に進まなくても、働きながら発明や製造に役立つような並はずれた技術か、素晴らしい熟練の技を身につけていきます。あなたは自信と落ち着きに満ちた人。ただし自画自賛は慎みましょう。

中年期以降には快適な暮らし、家族の絆、人に何かを教える機会がもたらされます。

運命数８＋誕生数８＝実現数７

合計した実現数にカルマナンバー16が隠れているので、かなり激しい人生を生きることになるかもしれません。達成したい、自分で仕切りたいという衝動に突き動かされる傾向があります。

あなたのような人がこの本を読むのは、おそらく人生に起きていることをどうしても「合理的」に説明できなくなった時だけでしょう。この組み合わせは支配力、厳格さ、迷いのなさといった特性を際立たせます。

そんなあなたに本気で敵対しようとする人はめったにいないでしょうが、たえず試練にはさらされるかもしれません。そして巨大な成功を手にする確率が高いものの、それはある時とつぜん、奪われる可能性もあります。あなたは危機や試練を通して学んでいく人です。

とはいえ、ほとんどの人が夢見る以上のチャンスや自由に恵まれるでしょう。あなたにはビジネスにおける戦いよりも、プライベートな人間関係のほうがずっと難しく感じるかもしれません。

人生中盤以降、すべてに対して、それまでとはまったく逆の態度をとるようになるでしょう。

運命数８＋誕生数９＝実現数８

あなたは社長、議長、宗教指導者、外交官、慈善家、古典派俳優、医者になるために生まれてきたような人。どの分野に進んでも、あなたはそこに暖かさと理解をもたらすでしょう。

その他の職業としては、リハビリセンターの職員、社会福祉士、彫刻家、小説家、大きなホテルのバーテンダー、スポーツ記者、税関吏、貿易商なども向いています。

あなたの上には、「成功」の二文字が大きく書かれています。晩年までにもし富を蓄えていなかったとしたら、それはあなた自身がほかの物事に集中することを選択したからです。

運命数８＋誕生数11＝実現数１

古典派女優を目指す女性には願ってもない組み合わせです。スポットライトを引き寄せる高い能力を与えますが、同時に、あなた自身が受けるストレスも強めるでしょう。

電気関連事業、司法、心理学（特に論文作成）もいいし、テレビ関係のすべての領域で成功できるはず。大きなスタジオでメイクアップ・アーティストとして働くのも向いています。

あなたはすべてに革新をもたらす人。自分の仕事に神秘主義的な手法を上手に取り入れていくでしょう。

運命数8＋誕生数22＝実現数3

この組み合わせは、外国文学の映画化における天才的なヒットメーカーを生むかもしれません。

あなたは、自分の使命だからと何かを譲らなかったり、自分のやり方を押し通しがち。あるいはひそかなプライドや虚栄心を持ちながら人に接する可能性もあります。

あなたは人生で、繰り返し試練にさらされていくでしょう。そして中年期以降に持てる能力と技術のすべてを有意義なプロジェクトに投入する機会を得て、「すべてはこのためだった」と気づくことになります。

つらいことが多くても、晩年のあなたは期待以上に安らかで幸せな生活が約束されています。趣味が高じて、富をもたらすかもしれません。

運命数 *9*

運命数9＋誕生数1＝実現数1

あなたには果たすべき「使命」があります。それが何であるかは、あなただけが知っています。あなたは人々を勇気づけ、癒す才能、もしくは何か人々に役立つものをつくり上げる能力を持っている人です。

あなたの仕事は幅広い範囲の人々に届けられるでしょう。人生中盤以降に大きな賞賛を手にするかもしれません。どんな仕事であれ、自営業が向いています。影響力のある人々とのつながりを大事にすることが成功のポイントです。

運命数9＋誕生数2＝実現数2

あなたにふさわしいのは心理学、セラピー、芸術、音楽、演劇にまつわる職業か、聖職者、人物写真家です。好ましいと思う分野で影響力を持つ人物を探しましょう。ボランティア活動か奉仕に関連した仕事を通じて、きわめて有益な成果が得られるかもしれません。

あなたは異性とのパートナーシップから、人生の教訓を数多く学ぶでしょう。

運命数9＋誕生数3＝実現数3

閣僚からバーテンダーまで、どのような領域の職業につこうと、あなたは楽しく人と接し、光を放つことができます。

この組み合わせは楽天性、理解力、受容力、心を通いあわせる力をもたらします。総じて、困難や試練の少ない人生を歩んでいけるでしょう。

音楽、演劇、講演にまつわる仕事や、美術品、健康関連グッズを扱う仕事が適しています。短期のプロジェクトや、スケジュールを思い通りに調整できる仕事のほうが楽しめるかもしれません。

あなたの人生には社交の楽しみが欠かせません。深い洞察や知恵に加え、若々しい遊び心も持っている人です。

運命数9＋誕生数4＝実現数4

あなたは、みずからの理想を実践したいという気持ちから、どこにいても、その場をできる限り良い状況にしようとします。運命数9のなかでは焦点が定まっていて、困難な時も耐え忍び、恒久的なことを成し遂げようとする人です。あなたのことをよく知る人は皆、たくましい人だと思うでしょう。

同時にあなたは、内なる叡智を感じさせる雰囲気を漂わせています。人々から信頼され、よく相談を持ちかけられるでしょう。

社会的な地位はあまり望まない人です。あなたは生涯働く必要があるかもしれません。

運命数9＋誕生数5＝実現数5

あなたはたいてい、いつも気楽に生き、何があってもすぐ立ち直ります。訪問販売員、サーカスのオーナー、ピエロ、旅行写真家、ジャーナリストに向く人です。この組み合わせを持つあなたは、旅をし、探検し、物質的なこの世界で体験の幅を広げるために生きています。

若いうちはスピリチュアルな生き方に違和感を覚えても、平凡でない考え方に惹かれ、いくつか人生経験を経るうちに、やがて少なからず神秘思想を信じるようになるでしょう。

あなたは危険を顧みない行動的な人。束縛を感じるような古くさい関係は苦手です。間違いなく複数の職業につくか、複数の技能を身につけるでしょう。興味を抱いた対象は、どこまでもあきらめずに追い求めます。

運命数9＋誕生数6＝実現数6

あなたは人を癒し、育てることに強い関心を持っています。どれだけお金を稼げるかより、人生でどれだけ人々の役に立てるかのほうが、あなたにとっては重大でしょう。

家庭にまつわる深い体験をしますが、なぜか結婚は一度もしないかもしれません。あなたは高い創造性の持ち主で、特に実用的な技術に関する才能に恵まれています。

あなたはロマンチストで、とても寛大な人。良質なものに囲まれて快適に暮らしたいと願うでしょう。友達を何より大切にし、贈り物その他、多くの時間とエネルギーを友人たちのために費やします。年長者か外国人と意義深い関係を結ぶかもしれません。

運命数9＋誕生数7＝実現数7

あなたに合うのは崇高な雰囲気を持つものだけでしょう。7と9というスピリチュアリティを強調する二つの数字をあわせ持つあなたは、形而上学、哲学、教育、研究に集中すべき人です。

物質的な目標は、あなたにとってあまり重要ではありません。深く思索する人で、たぶん尋常でないサイキックな体験にも何度か遭遇します。

一般的な家庭生活には不向きで、一人暮らしを好みます。住むなら田舎がいいでしょう。

運命数9＋誕生数8＝実現数8

あなたは精力的な活動家。一つの場所にあなたを長く留めておけるものは何もないでしょう。

そして才能、実行力、鋭いビジネスセンスから、運命数9が与える広範なチャンスまで、あなたは必要なものをすべて持っています。毎日タキシードを着るような生活になるかもしれません！

あなたは大学の学位が必要な職種や地位につく人です。昇進の機会はすべて活かしましょう。このへんが限界だなどと思う必要はありません。人並み以上に多くの試練にも直面するでしょうが、何かを失っても、それは必ず二倍になってあなたのところに戻ってきます。

運命数9＋誕生数9＝実現数9

すべてか無のどちらかを与えるという、矛盾をはらんだ組み合わせ。選択するのはあなた自身です。エネルギーをどこに向けるかによって、あらゆることが決まってきます。この組み合わせの場合は、ハート数と人格数が進むべき道を決める手がかりになるでしょう。

あなたは人生において手放すこと、信仰を持つこと、無条件に愛することを、たえず学んでいくことになるでしょう。また外国の影響力も暗示されているので、若いうちに旅をして、世界を肌で感じとりましょう。

あなたはすべての人に役立つ貢献をしたいと心の底から願う人。演劇芸術や信仰による癒しに関わる職業にも向いています。

運命数9＋誕生数11＝実現数11

物質的なものに心が向くことはほとんどない人です。芸術と精神世界に惹かれ、公共テレビや、演技、アートセラピーに関する職業を選ぶかもしれません。そしてインスピレーションに満ちた素晴らしい仕事をしていくでしょう。

ただし強い刺激を受けたり、いろいろなことに神経質になりすぎると、健康上の問題が出てくる可能性があるので気をつけましょう。また、支配的な人との関係で苦労するかもしれません。

あなたは世間的な業績で有名になるか、そうでなければ愛に満ちた善行の「聖人」として有名になる人。どちらにしても、ユニークで興味深い人物として間違いなく人々に知られるようになるでしょう。

運命数９＋誕生数22＝実現数22

最高の達成能力を与える組み合わせです。ただしあらゆる原理を検証し、優先順位が決定するまでは、フラストレーションとつまずきに満ちた苦悩の人生を歩むかもしれません。

どのような試練や障害に遭遇しても、時に仰天するような事態に直面したとしても、ほかの魂にはない力を使って、必ずやあなたはそこを乗り越えていく人です。たぶんあなた自身にも、そんなふうに奮闘していく人間だという自覚があるでしょう。幸運を祈ります。

運命数 *11*

運命数11＋誕生数１＝実現数３

1が多い組み合わせなので、あなたの中には達成への強い衝動があるでしょう。文学、テレビの仕事、新しい教会の建設、何らかのアイデアを具現化するといった、自己表現にまつわる分野で成功します。

超大なパワーが存在する組み合わせで、晩年は豊かで安楽な生活が約束されています。あなたは年をとっても若々しさを失いません。

模範的な管理職、社長、俳優、建築家として働く可能性があります。少なくともあなたは、自営業（花屋、美容院か理髪店、おもちゃ屋など）を営むでしょう。

運命数11＋誕生数２＝実現数４

人々の感情を深く理解したいと願う完璧主義者です。おそらくあなたは、みずからの感情に突き動かされ、人間関係でさまざまな困難を体験しながら学びを深めていくでしょう。あなたの人生は平坦ではないかもしれませんが、その誠実さ、すべてを感謝して受け入れる包容力に心打たれ、賞賛する多くの友人に恵まれます。

あなたはストレスに敏感なタイプです。また人生の大半を懸命に働いて過ごすでしょう。スピリチュアルな原理にふれている時に幸せを感じ、そうした原理を実践する方法について人々に教えるようになるかもしれません。

運命数11＋誕生数3＝実現数5

優れた説得力を持つあなたは、少し人を甘言でまどわすようなところがあるかもしれません。芝居の脚本づくりや広告宣伝、あるいは旅、リスク、スピードにまつわるさまざまなビジネスに、その能力を活かしましょう。

あなたの人生に、退屈している暇などありません。多種多様な職業につき、どれも比較的らくにこなしていけるはず。もしかすると何度も富を築いては、失うことになるかもしれません！

運命数11＋誕生数4＝実現数6

電気技師、舞台監督、照明コンサルタント、高級住宅の建築家、不動産管理人か映画スターの管財人として成功する可能性があります。あなたは非常に堅実な人。スポットライトを浴びるとしても、みずから求めてそうなるわけではありません。

経済的にとても報われる人生を送ります。ただ、誰もがあなたのように断固とした意志を持っているわけではないし、そこまで辛抱強くも思慮深くもないということに気づくまでは、プライベートな人間関係でいくぶん苦労するかもしれません。

運命数11＋誕生数5＝実現数7

テレビ関係の仕事に良い組み合わせ。小売り販売、ファッションデザイン、美容器具、演劇、プロスポーツ、幅広いテーマの講演活動、政治にも向いています（ただし、政治の世界からは晩年、自分の理想を追求するために離れることになるでしょう）。

この組み合わせを持つ人は、特に男性の場合、同性愛の傾向があるかもしれません。

年齢とともに、あなたはスピリチュアルなワークに対する関心を深めていきます。晩年には何か得意とする分野で名を馳せるでしょう。

運命数11＋誕生数6＝実現数8

注目を浴びたいと思う気持ちは少しもない人です。あなたが目指すのは、家族とみずからの精神生活に関わること。そんなあなたが気持ちよく働けるのは、多くの集団を仲立ちするような奉仕関連の仕事でしょう。あなたは高い評価を得て、その道の権威と見られるようになります。

　この組み合わせを持つ人は、社会福祉、教育（短大、大学）、医学、心理学の分野に真面目に取り組んでいくでしょう。

運命数11＋誕生数7＝実現数9

　あなたは非常に敏感で、知らない人とはなかなか打ち解けられないでしょう。また完璧主義者で、無頓着な人やだらしない人とは、つきあわないかもしれません。

　歴史と生物学に愛と情熱を注ぎ、人間や出来事を分析したいという衝動にかられるでしょう。演劇の世界も、あなたのユニークな才能や洞察力を活かすのにぴったりです。また心理学、宗教、教育（専門学校）、発明にも向いています。決まりきった手作業に拘束されると意気消沈するでしょう。あなたは内なる知識にもとづいた選択で大きな成功を手にする人。

　世界的なスケールでの理解を深めるため、あなたはここにいるのです。

運命数11＋誕生数8＝実現数1

　映画会社か、世界的な有名企業の社長にうってつけの組み合わせです。あなたはいつのまにかスポットライトが当たるポジションに立ってしまう人。どの業界にいても、しばしば論評されたり、インタビューされたり、その分野の花形として注目されるでしょう。

　物事を修復させる力があり、傾いた会社も建て直せる人です。ダイナミックな展望を持つ強いパートナーと組めば、最高の幸せを味わうでしょう。

　人生中盤以降に、新たな才能を開花させるかもしれません。

運命数11＋誕生数9＝実現数11

　あなたはかなり古い魂の持ち主。いわば「恩返し」をするために生まれてきた人なので、物質的な蓄財にはまったく関心がありません。何をするにしても、あなたは人類全体に貢献する無私の行ないによって認められるでしょう。

　あなたがここにいる目的は、人々に貢献し、教え、励まし、無条件に愛すること。世界的な組織を率いることもできる一方、ほとんど無名のままで気高い使命を追求していても、心満たされる人です。

運命数11＋誕生数11＝実現数22

特別なチャンスに恵まれた、極めてめずらしい組み合わせです。有名人と親しくなるか、あなた自身が有名人かもしれません。この組み合わせが持つ高い波動は、若いうちに自分自身を理解するように仕向けてくれます。

あなたは、あらゆる感情体験にひそむ真実を見抜く力を持っています。どんな仕事をするにせよ、この高次の知恵を活かして働きましょう。演劇、テレビ、心理学など、インスピレーションに基づく仕事がぴったりです。

マスターナンバーが三つも現われる組み合わせなので、あなたはきわめて鋭敏で、真実をたえず探求しつづけるでしょう。女性なら目を見張るほど美しくて女らしく、男性なら礼儀正しく上品で、カリスマ的で洗練されているかもしれません。

この組み合わせの影響力は日常生活には強烈すぎるので、毎日欠かさず浄化を実践する必要があります。五感に充分な休息を与え、みずからの類いまれな直感を信頼して生きるようにしましょう。

運命数11＋誕生数22＝実現数33

マスターナンバーが三つ入っているため、根気、直感、現実的な問題解決能力といった資質が強烈に高められます。おそらくあなたは「どうしてこんなことが私にわかったのだろう？」と首をかしげたことが何度もあるでしょう。

あなたは現実のなかで継続的に試されるような体験をしていくので、やがて小さな現象も、それは大きな問題の一部だということが見えてきます。答えが見えたような気がしても、うまくいくという確信がない限り、決して近道をしようとしてはいけません。誠実さに欠ける起業家や事業家の誘いにも乗らないようにしましょう。

あなたは多くの人々に益をもたらす解決策にエネルギーを集中させた時、最高の仕事を成し遂げる人。家族や家庭生活の責任を担うという暗示も色濃く出ています。

運命数 22

運命数22＋誕生数1＝実現数5

あなたは、古いシステムを刷新もしくは改善することを目指す人。有名になると、驚くほど幅広いチャンスが転がり込んできます。製造、建設、運輸、医療研究、あるいは異種の要素を結びつけたり、何か官僚的な規則に関して重要な問題を解決できるような新しいアイデアを発案・推進するでしょう。

そんなあなたがもっとも力を発揮するのは、オペラハウスや交通網、あるいは高層ビルの窓ふき用機械を設計したり、航空会社や船舶会社のトップの座についた時かもしれません。

晩年は個人的な自由が増すとともに、公的なつきあいも活発になります。

運命数22＋誕生数2＝実現数6

あなたは巨大組織の中で、重要なサポート人員として働くことを好むかもしれません。周囲の同僚にしか認めてもらえなくても、細部に気を配り、物事を円滑に進め、仕事の質を保つことを目標にする人です。

コーディネーターや監督にも向いています。迅速な対応は不得手かもしれませんが、あなたは着々と上手に仕事をこなすタイプ。リスクのない仕事がいいでしょう。

晩年、家族を支える責任があなたにのしかかってくるかもしれません。

運命数22＋誕生数3＝実現数7

物事を先延ばしにしたり、罪のない嘘をつく傾向が、この組み合わせに好ましくない影響をもたらすかもしれません。たとえば肉体的にハードな仕事は性に合わないのに、そういう仕事につく可能性もあります。職業の選択には、説得力、販売センス、ユーモアのある社交術といったあなたの才能を発揮できる分野で、自分にぴったりだと思うものを探しましょう。

あなたは困難に直面するなかで、人生の意味を読み解きながら成長していく人です。もしかするとホスピスのような施設か、重度の障害者とともに働くことを選ぶかもしれません。

中年期以降、個人的な必要に迫られて身につけた専門知識で人々に知られるようになるでしょう。

運命数22＋誕生数4＝実現数8

あなたは根っからの仕事人間。この強烈な組み合わせは、ワーカホリックに陥る可能性をはらんでいます。はっきりと目に見え、わかりやすく、スケールの大きい伝統的な価値観を踏襲するような分野の仕事に向く人で、特にあらゆる行政関係の仕事という暗示が色濃く出ています。

従属的な地位で数年過ごしたあと、間違いなくあなたは大会社の重役か、組織のトップに昇りつめるでしょう。

運命数22＋誕生数5＝実現数9

旅行と冒険と大きな組織を好むあなたは、外国の政府を相手に医療品の販売を交渉するような仕事で活躍するかもしれません。あなたには政府や大企業のために働くコンサルタントかスペシャリストがぴったり。ただし、22を持つ人は皆そうですが、犯罪につながる影響力は排除しておきましょう。

現実的で機を見る才に長けたあなたは、晩年までに財をなしているはずです。

運命数22＋誕生数6＝実現数1

理論よりも実践を重視する組み合わせ。社会、環境、住宅、医療といった分野でプロジェクトに関わると成功します。建設、保険、建築、インテリアデザインも向いているでしょう。

あなたはたとえお金が得られなくても、奉仕や正しい行ないを実践するためなら行動する人。国際的な矯正施設の、慈愛に満ちた幹部や看護士になるかもしれません。

どこで働くにせよ、あなたはその組織に欠かせない存在となり、中年期以降には革新的な仕事で認められるでしょう。

年齢とともに、あなたは自立をより意識するようになります。

運命数22＋誕生数7＝実現数2

この組み合わせには、医学、化学、地球物理学といった分野の研究で、何らかの賞を受けるという道筋がはっきりと見てとれます。もしかすると世界一不思議な謎を追って、たとえばウイルス学のようなミクロの世界で、そこにひそむ膨大なヒントを長年かけてしらみつぶしに探究していくかもしれません。

この崇高な組み合わせを活かせないような凡庸な仕事に腰を落ち着けてはいけません。あなたはたぶん奨学金をもらって研究の道に入るでしょう。できることは何でもして、専門知識を身につけましょう。そうすればあなたは間違いなく、有形無形の報酬を受けとることになります。

運命数22＋誕生数8＝実現数3

この組み合わせは、管理能力とダイナミックな実行力を与え、組織で働く試練や機会をもたらします。その結果あなたは、豊かで幸福な人生を手にするでしょう。

精神的なストレスは感じるにしても、お金儲けの才能に恵まれた人です。もしかすると子どもの頃に身体的なハンディを負っていたかもしれませんが、それもまたあなたの達成意欲に火をつけたはずです。あなたの人生は年齢とともに楽になっていきます。またあなたに憧れ、支えてくれる多くの友人にも恵まれるでしょう。晩年、芸術家のパトロンになるかもしれません。

運命数22＋誕生数9＝実現数4

企業資金を調達したり、政治的な指導力を発揮するなど、物質界におけるあらゆる権力の場があなたにふさわしい仕事の領域です。思いやりに満ち、理想に燃え、どんな難問にも見事な解決策を思いつくあなたは、ビジョンと強さをかね備えた人物として名を馳せるでしょう。

あなたには関わる組織全体をまるごと活気づけるようなパワーがあり、その生き方で人々に見本を示していくでしょう。

具体的な障害を通じて多くを学び成長できる人

なので、もしかするとあてにならない人物を頼ったり裏取引きに巻き込まれたりして、物質的なつまずきを体験することになるかもしれません。

あなたは日々信頼を学び、実践していきます。

運命数22＋誕生数11＝実現数33

この組み合わせは、精神と物質の両面にとてつもなく大きな試練をもたらします。もしもあなたの人生があまりインスピレーションに満ちたものではないと感じるなら、運命数４＋誕生数２、またた運命数４＋誕生数11のところを読みましょう。これほどの数字の求めに応えられる人はめったにいないし、もしいたとすればその人は天才か聖人です。

とはいえ、この組み合わせを持つあなたは、インスピレーションに啓発された新たな「常識」の生きた見本となり、人類にスピリチュアルな奉仕をするためにここにいることだけは覚えておきましょう。

運命数22＋誕生数22＝実現数8

この最後の組み合わせは、物質的な過酷な障害と試練を暗示しています。どれほど優れた達成能力に恵まれていても、学びの途上でたいてい人並み以上の試練とフラストレーションに直面することになるでしょう。

この組み合わせが出た時は、ほかの数字の影響力も慎重に吟味する必要があり、特別な解読が必要です。とりあえず運命数４＋誕生数４の説明も読んでおきましょう。

5章

Heart's Desire
ハート数

賢明な人の目と舌と耳と心は、
胸底深くにある

——テオグニス

ハート数とは

「ハート数」はあなたの心の奥底にある価値観や、何を優先するかという「内なる動機」を明らかにしてくれます。それは、心の深層で本能的に抱いている「願望」といってもいいでしょう。外部に表現されることはめったになく、あなた自身も自覚していない部分かもしれません。

これまでの人生における重要なターニング・ポイントをいくつか振り返ってみてください。あなたはその時、なぜそれを選択したのでしょうか。今の仕事に決めたのは、職場の環境がよかったから？　それとも昇進や昇給を約束されていたからですか？

そうした大事な選択や決断を促し方向づける、あなたの「本当の望み」「一番大切なこと」を教えてくれるのが、このハート数なのです。

またハート数は、運命数が示す人生の目的にあなたがどう取り組んでいくのか、その手がかりを読みとるツールとしても重要な意味を持っています。ですから、ここではハート数と一緒に、ハート数と運命数の組み合わせも見ていくことにしましょう。

（例）キング牧師のハート数

MICHAEL	LUTHER	KING
9 ＋ 1+5	3 ＋ 5	9
15 ＝ 6	8	9
6 ＋ 8 ＋ 9 ＝ 23		
2 ＋ 3 ＝ 5		

ハート数の計算方法

①数秘術チャートの名前の欄に、あなたの本名をヘボン式ローマ字で書きます（巻頭の「名前のガイドライン」を参照してください）。

②それらのアルファベットのうち、母音の文字（A、I、U、E、O）だけを、変換表を見ながら数字に置き換えましょう。

③その数字を、ひと桁になるまで足し合わせます。

マスターナンバー（11、22）、カルマナンバー（13、14、16、19）が出た時は、最初にひと桁にした数字の解説を読んだ後、その数字のところを読んでください（運命数との組み合わせは、すべてひと桁の数字として見ます）。

〈参考例〉

ここでは例として、マーチン・ルーサー・キング牧師のハート数を調べてみましょう。

キング牧師の本名はMichael Luther Kingで、上の表のとおりハート数は5になります。これは反骨精神に富み、変化を求め、進歩的かつ大胆な考えを推し進める数字です。

ハート数をより深く理解するために

ハート数は、常に他の数字と照らし合わせて見る必要があります。なぜなら運命数や誕生数との組み合わせによっては、時として葛藤が生じ、その数字のエネルギーをハート数が吸収してしまう場合があるからです。また逆に、相乗効果で成功の可能性が高まるという組み合わせもあります。

運命数・誕生数とハート数の関係について、次の事例を取り上げてみましょう。

女優のメイ・ウェストは本名 Mary Jane West で彼女に運命数1（スター性、ユニークな個性）を与えました。そして生年月日が1893年8月17日ですから誕生数もやはり1です。これは同じ数字が重なるという魔法の組み合わせで、プロとしての成功と、トップに躍り出る可能性を示しています。

加えて彼女はハート数も1。これが二つの数字をいっそう補強し、彼女の自意識を強化していますす。そのため集中砲火のような批判をあびても彼女自身はびくともゆるがず、ぼろくそに言われれば、同じように彼女も言い返しました。そして最終的には実現数2（運命数1と誕生数1の組み合わせ）が、晩年の彼女をロマンチックな理想の女性に仕立て上げてくれたのです。

このようにメイ・ウェストの場合は、運命数・誕生数・ハート数の三つすべてが協調して働いたので、仕事においても人生においても長きにわたって成功をおさめることができたといえるでしょう。

＊＊＊

ハート数が示すあなた

ハート数 1

ハート数1は「先頭に立つこと」を求める数字です。あなたは自立していて、前向きで信念が強く、何でも自分で決めたいほうでしょう。一人で働くのがベストで、人から干渉されたり助言されるのはあまり好きではありません。ルールや制約にも抵抗を覚えがちで、他者の意見を考慮するよりは自分の考えで動きます。勝てないような競争はしません。月並みな集団心理には馴染めず、グループや組織からは距離をおくでしょう。

あなたは素晴らしい決断力と意志の持ち主。もしかすると幼い頃から独立独歩を奨励されて育ったかもしれません。パートナーに関しても、それ以外でも理想が高く、自分の考えは必ずほかの人の役にも立つと信じます。自主独立を他者にも望み、頼られるのはどちらかというと得意ではありません。でも心あたたかな人で、逆境にあっても寛大さを失わないでしょう。

あなたは(情緒的というより)知的・身体的な「試練」を生きがいにします。人生の方針や方向性を若いうちに決め、古き良きもの（特に文学）を大切にすると同時に、新しく革新的なものの価値も理解します。たまに頑固になったり融通がきかなくなることもあるでしょう。男女の役割をはっきり分けて考えますが、対等な関係を望みます。

ハート数1＋運命数1

最強の意志と決断力をもたらす組み合わせです。作家、建築家、デザイナー、社長、探検家、知識人として勝利を手にするでしょう。批判力があり、ストレートで正直。自営業がベストです。

ハート数1＋運命数2

組織の中で自己主張できる人。美術館学芸員、デザイナー、写真家、ダンサー、俳優なら幸せを感じるでしょう。

ハート数1＋運命数3

クリエイティブな自己表現に秀でた組み合わせ。芸術、演劇、政治、営業で輝く人です。ほしいものを手に入れる方法を知っています。

ハート数1＋運命数4

建設、建築、資産形成の分野で素晴らしいチャンスにめぐりあうでしょう。達成感が得られる仕事を求めます。

ハート数1＋運命数5

ルーチンワークには不向き。販売促進、広告宣伝、新製品のマーケティング、舞台芸術などがいいでしょう。

ハート数1＋運命数6

ニューエイジ・グループのリーダー向き。強い意見を持ち、たやすく妥協しません。インテリアデザイン、ファッションデザインにも最適の組み合わせです。

ハート数1＋運命数7

ユニークな人物。プロのスペシャリスト、発明家、教授タイプ。適度な距離感を必要とするので、対等なパートナーシップを結べる結婚ならするかもしれませんが、子どもはそれほどほしがらないでしょう。

ハート数1＋運命数8

素晴らしいビジネス能力を持ち、取り仕切る立場がふさわしい人。何らかの専門家、社長、裁判官など。この組み合わせの女性は仕事にきわめて意欲的です。

ハート数1＋運命数9

仕事をこなすパワーに満ちあふれる組み合わせ。ほとんど、どの分野でも認められるはず。特に哲学や宗教に関する分野が向いています。

ハート数 2

ハート数2は共感力、優しさ、人なつこさ、物わかりのよさを与えます。あなたは本能的に従順で、よく気がつき、控えめな人です。美しいコレクションや芸術作品に心惹かれるでしょう。想像力豊かで優しく、ロマンスを愛します。

あなたは物事の表と裏を同時に見てとり、問題を二極化させて考える傾向があるため、決断に手間どるかもしれません。批判に敏感で、自尊心を傷つけられると落ち込みやすいところがあります。

どちらかというと裏方の仕事を好み、責任の重い立場は引き受けるのをためらうでしょう。細やかな心づかいが得意ですが、小さなことを気にしすぎるかもしれません。また、知らない場所ではくつろげないほうなので、心の通いあう静かな環境で働くようにしましょう。

あなたは誰かに何かを強いることなく、話し合いで解決することを望みます。自分を卑下しやすい傾向があり、信頼する人にはたやすく影響されてしまうかもしれません。

ハート数2＋運命数1

心の内側で男性的な面と女性的な面が対立し、葛藤に悩むかもしれません。ことを始める前に気持ちの上でくじけがち。変化の少ない穏やかな仕事を好むでしょう。

ハート数2＋運命数2

あなたは天賦の洞察力を持った人。誰からも好かれ、受け答えもいいので、有名人になったり、幅広い人気を集めるかもしれません。詩的で敏感。コーディネーターに向いています。

ハート数2＋運命数3

「流れ」に乗り、より楽な道をとろうとします。散慢になったり想像にふけりすぎると足もとをすくわれるので注意しましょう。芸術的な関心が高い人。

ハート数2＋運命数4

あなたは頼りがいのある仲間、完璧な協力者になれる人。サービス業に向いています。地位にはあまりこだわりません。野心から動くほうではなく、安全を第一に考えます。

ハート数2＋運命数5

あなたはのんきでリラックスした人。リスクを冒すことを恐れ、チャンスをみすみす逃してしまう場合があるかもしれません。

ハート数2＋運命数6

家事全般が得意でしょう。グループのまとめ役として理想的なタイプ。

ハート数2＋運命数7

敏感で洞察力のある人。一人になりたがるかもしれません。

ハート数2＋運命数8

よく気がつく、献身的なタイプ。デスクワークに優れ、他者の興味を優先させるでしょう。

ハート数2＋運命数9

ビジネスより人間性の探究に惹かれます。精神世界、宗教、心理学にまつわる分野に関心を寄せます。思慮深く、決断をためらう傾向があるものの、変化球で間接的に人に影響を与えます。

ハート数 3

ハート数3は、遊びや人生の明るい面を探し求める数字。喜びにあふれ、楽観性と創造性に恵まれたあなたは、友達と社交生活を愛する人です。

サイキックなところがあるので空想にふけることも多く、それを日記に書いているかもしれません。あるいは魔法使いになるとか、世界で一番素晴らしい小説を書くことを夢見ているかもしれません。

あなたは生まれ持った説得力を駆使して世の中にアイデアを広め、人々に助言を与えます。営業販売の分野に入るかもしれません。ハードワークや決まりきったルーチンワーク、力仕事は苦手でしょう。

愛想はよいものの批判に傷つきやすく、言い争いはできるだけ避けようとします。そのため、つい お世辞を言ったり、しゃべり過ぎたり、陳腐なせりふを言ったりしがち。それは自分を表現したいという気持ちからくるのですが、よく考えてから話すようにしましょう。

あなたが元気でいるためには、色彩、演劇、ユーモア、自由が欠かせません。人を楽しませるのが大好きで、最高のもてなし役になれるでしょう。音楽、ゲーム、旅行、休暇、シャンパンを愛するあなたは、もしかするとジャグジーなどを備えた、最新流行のおしゃれな家に住むかもしれません。

実用的で現実的な生き方は誰かにまかせ、自然のまま、のびのび生きていきたいと望む人です。ただしチャートの中に3が多い人は、友達としては魅力的ですが、安定した関係を築くのはむずかしいでしょう。

ハート数3＋運命数1

クリエイティブな自己表現を可能にする、パワフルな組み合わせ。他のハート数3の人よりもエリート志向になりやすい傾向があります。

ハート数3＋運命数2

創造的な経営者、政治活動家タイプ。有名になるでしょう。

ハート数3＋運命数3

幅広い創造性に恵まれた人。そのため自分に合った生活手段を探すのに手間どるかもしれません。寛大な人ですが、自制のきかない本能的な性質も持っています。

ハート数3＋運命数4

想像力が豊か。ときどきリラックスすることも忘れない、良きビジネスマンタイプです。人からアドバイスされることは好まないかもしれません。

ハート数3＋運命数5

さまざまな顧客に合わせて、上手にセールスポイントを売り込む才能があります。自慢話をしがちだったり、プロジェクトを途中で投げ出しやすい傾向も。

ハート数3＋運命数6

望まなくても人気者になるでしょう。よく人を助け、皆から愛されるタイプ。

ハート数3＋運命数7

演劇好きで、批評家かジャーナリストになるかもしれません。専門知識を伝えたいという欲求を持った活字人間でもあります。

ハート数3＋運命数8

熱心で、順応性があり、真面目。プロモーターとして成功するでしょう。自分のヨットをほしがるかもしれません。

ハート数3＋運命数9

創作活動で成功する理想的な組み合わせ。あなたは伝える人です。楽天的な人気者で、何をしても楽しめるでしょう。

ハート数 4

ハート数4の人は現実的、保守的で、警戒心が強く、誰にとっても明白な事実を固く信じます。

あなたは職業倫理と合理的な行動を重視する人。何ごともよく考えてから決断し、「万が一」のために貯金を心がけますが、お金がないからといって目標をあきらめたりはしません。新しい物事に対しては慎重でも、効率アップのためなら積極的に導入します。

自分の気持ちを表現するのは不得手なほうですが、家庭と家族を守るため、人のために働きます。何らかの不安があると、必要以上にまるで強迫的といえるほど懸命に働くかもしれません。人にせかされたり無理強いされると、頑固に抵抗するでしょう。

真面目で大人のあなたは、上手に人を使い、物事をきちんと行ないます。自分の仕事を軽視されると抗議するかもしれません。また几帳面で、無駄遣いや、いい加減さを嫌うでしょう。

あなたには無意識のうちに弱者の味方をする傾

向があります。問題を解決する際は、利益よりも障害について考え、不測の事態や事故から身を守るために自制心を大切にします。

ハート数4＋運命数1

真実の探究者であり、実際的な設計者。責任感が強く、自分を満たすためでなく他者のために働きます。

ハート数4＋運命数2

もの静かで思慮深く、抜け目のない人。よく知らない人からは理解されにくいかもしれません。小さなサークルで有名になるでしょう。

ハート数4＋運命数3

贈答品、おもちゃ、ファッション、装飾品にまつわるビジネスに向いています。勤勉な働き者で、どんな分野でも質の高い仕事をするでしょう。

ハート数4＋運命数4

実際的かつ理性的に物事をとらえ、人のために働くことを目指します。常識をわきまえた誠実な人。公職に身を捧げるでしょう。

ハート数4＋運命数5

優れたマーケティング能力を持っています。商魂たくましい活動的な人です。

ハート数4＋運命数6

素晴らしい家庭人。良き友人、良き教師となるでしょう。伝統を重んじ、思いやりと責任感あふれる人です。何であれグループで行なう仕事が向いています。

ハート数4＋運命数7

陽気で面白い反面、物事を深く考える人。とことん信頼できるタイプで、まかせて安心なプロか工芸の達人でしょう。

ハート数4＋運命数8

かなり権力志向で、仕事中毒かもしれません。野心的で意志が強く、会社組織で働くことを好みます。賃貸が嫌いなので不動産を所有し、しっかりした保険に入るでしょう。

ハート数4＋運命数9

強くて、現実的で、堅実で、心の広い人。政治に関心があるかもしれません。

ハート数　5

ハート数5の人にとって大事なのは自由、冒険、変化、刺激、そして官能的な充足感。常に好奇心旺盛で、周囲の状況をつぶさに観察しています。将来のことはあまり深く考えず、その時その時の人生を最大限に生きたいと望む人です。

家庭的とはいいがたいタイプで、深い関係になることを避け、束縛されるのは苦手でしょう。

仕事においては多くの人々との出会いやコミュニケーションを求め、何か実演してみせたり、人に示す機会を好むでしょう。機転をきかせて新たなチャンスをうまくとらえます。もしかすると、まるでカメレオンのようにその場その場に合わせて、人柄や性質まで変わるかもしれません。落ち着きがなく、せっかちで、スケジュールのフレキシブルな仕事が向いています。

ハート数5は、スポーツ、競争、行動、スピード、セックスといった側面を強調します。あなたは尋常でない事態や変人、風変わりなもの、オカルトやボヘミアンにも惹かれるでしょう。

違う要素を混ぜ合わせ、宣伝し、プロデュースするのが得意な人です。もしかすると浮気をして、伴侶を嫉妬に悩ませるかもしれません。ネガティブな傾向が強まると、自分の都合で動く軽薄な人物と見られてしまうおそれがあります。

ハート数5＋運命数1

新しいニュース、斬新なものに惹かれます。デザイン、ファッション、流行を生み出す仕事がぴったり。気ままで気が散りやすく、方向転換の多い人生になるかも。誘惑に負けないようにしましょう。

ハート数5＋運命数2

実際以上の安定感を周囲に感じさせる人。できれば避けたいと思うほど、責任あるポジションをまかされる可能性があります。

ハート数5＋運命数3

突然のひらめきをキャッチする才能の持ち主。好奇心旺盛、想像力豊かでクリエイティブなあなたは劇団員、喜劇役者、セールスマンなどがいいでしょう。

ハート数5＋運命数4

伝統に異を唱える革新派。慣習を重んじる組織や団体では、トラブルメーカーになりやすいかもしれません。

ハート数5＋運命数5

寛容で気前がよい人。あらゆることに甘くなりがちでしょう。

ハート数5＋運命数6

グループに変化をもたらす人。ユニークなサービスを提供していくでしょう。

ハート数5＋運命数7

真面目で思慮深く、敏感な人。探究心も旺盛。

ハート数5＋運命数8

金運大吉。ダイナミックな成功者になるでしょう。

ハート数5＋運命数9

人々に影響を与えようとラジカルな手段に訴えがちで、派手。ぐずぐず手間どる傾向が強く、時間と資源にはきわめて鷹揚です。

ハート数 *6*

ハート数6の人は、誰かの役に立っていることで幸せに感じます。あなたの関心は安全、家庭、家族に向かうでしょう。テリトリー意識が強いほうですが、道徳心も強く、伝統、祝祭日、儀式などを大切にします。

無意識のうちに責任を引き寄せ、人の間違った行為や習慣まで自分のことのように心配しがち。小さなことが気になり、また貧困や事故、家庭崩壊に関するニュースにも心を痛めます。

あなたは友人を愛し、とても面倒見のいい人ですが、借りをつくったり頼みごとをするのは苦手なほう。また、何ごとも不測の事態のために準備しておこうとします。そうすればあらかじめコントロールできると思うからです。人に物事のやり方を教えることを好むでしょう。

結婚相手については明確な理想を持っているので、もしかすると結婚は遅れがちかもしれません。あるいは、あなたとは正反対の、ボヘミアンふうの変わった人に惹かれる可能性もあります。

あなたには、「責任を負わなければ」「自分の力で何とかしなくては」という強迫観念めいた衝動がつきまといがちです。宇宙の慈愛を信頼する心を育て、手放すことを学びましょう。それによってずっと楽に幸せになれるはずです。

ハート数6＋運命数1
家族第一で、責任感の強い人。事実にのみ関心を示す愛想のないタイプかもしれませんが、出世するでしょう。

ハート数6＋運命数2
周囲からは実際以上に頑固だと思われるかもしれません。癖はあっても、きわめて良心的。伝統的な価値観を継承する、昔気質のしっかり者です。

ハート数6＋運命数3
人の考えを鵜呑みにしやすいところがあります。また真相をよく確かめず説教したり、独断的になりがちかもしれません。

ハート数6＋運命数4
現実的な見解と深い洞察に裏打ちされた社会的な義務感を持っています。きわめて誠実な人。

ハート数6＋運命数5
競争心旺盛で、自分の行動を正当化しがち。サービス業や営業販売に向いているでしょう。厳格な一面も持っています。

ハート数6＋運命数6

社会に対して強い責任感を持ち、よりよい社会、よりよい健康上の指針を確立したいと望むでしょう。競争心がなく、安全を求め、他者のために動く人。

ハート数6＋運命数7

シャープな個性と、協調性やボランティア精神とのあいだで葛藤を抱えるかもしれません。大義のために自分を犠牲にしないようにしましょう。

ハート数6＋運命数8

重要な決断をする時、感情に流されがちな傾向があります。しのぎを削るような状況下で押しの強さに欠け、大きなプロジェクトを引き受けそこなう可能性もありますが、懸命に働けば確実に成功できる人です。近道はしようとしないこと。

ハート数6＋運命数9

きわめて愛情深く、面倒見のいい人。「木を見て森を見ず」のタイプかもしれません。小さな問題にとらわれると大切なポイントを見失いやすいので注意しましょう。

ハート数 7

ハート数7の人は分析すること、探究すること、考えることを楽しみます。静かな時間が必要で、一人でいることを好みます。エキセントリックあるいは懐疑的な面もあるでしょう。好んで田舎暮らしをするか、あるいは都会に住んでいても夜働いて昼間は休むなど、自分なりのライフスタイルを持っている人です。

あなたは誇り高く、好みがはっきりしていて、思慮深く、内省的。趣味の好い物を選んで身のまわりに置きます。あるいはほとんど何も持たず、とことんシンプルに暮らすかもしれません。洗練されていること、完璧であることを大切にし、正しい行ないを心がけます。

買い物する時は倹約より質の良さを優先し、珍しいものや年代物を高く評価します。ほしいものを手に入れるためなら喜んで待つでしょう。

哲学、心理学、調査研究に興味を持つあなたは、内なる知恵の持ち主。世間話をあまり好まないので、親しくなるまでは近寄りがたく、冷たくてよそよそしい人という印象を与えるかもしれません。けれども、興味のある話題になると途端に雄弁に（時には能弁にさえ）なるでしょう。

あなたは時間をかけてゆっくり変化していくほうなので、人からは傲慢だとか頑固だと思われてしまう可能性もあります。おそらくあなたは、子どもを実際に育てるより遺伝学を研究するほうを好むでしょう。他者の変わった振る舞いには寛容で、逆に平凡でありふれた毎日は退屈に感じがちです。

ハート数7＋運命数1

品行方正で、優れたコミュニケーション能力を持つ人。教授、舞台俳優、専門家、研究者に向くでしょう。

ハート数7＋運命数2

実用重視の専門家で、バランスのとれた人。かなり慎重で、変化には抵抗する傾向があります。

ハート数7＋運命数3

優秀かつ魅力的な人。ただ、自分に訪れた機会を不満に思う傾向があります。完璧主義と、何でもぐずぐず先送りにする習慣から、持ち前の生産性が台なしになるかもしれません。言葉を駆使する職業に向いています。

ハート数7＋運命数4

親しみやすく、誰からも頼りにされ、決断の場にいてほしいと望まれるでしょう。個人的な興味の対象を探究する人。ブラックユーモアを好み、感情をあまり表に出しません。

ハート数7＋運命数5

何を考えているのかよくわからない、一緒にやりづらいと思われるかもしれません。一風変わった賢さがあります。ユニークな環境で多くの幸運を手にするでしょう。特殊な貢献をする人です。

ハート数7＋運命数6

物事を堅苦しく考え、何かを達成しようと懸命になりすぎるところがあります。子どもに対する期待が高く、どちらかというと厳しい親、厳格な教師になるかもしれません。

ハート数7＋運命数7

大衆に特別な貢献をする人。本人は好き嫌いがはっきりしていますが、幅広い層の支持を得て成功を手にします。

ハート数7＋運命数8

本能に基づく価値観を持つ人。興味の対象が何であろうと、その道の専門家になるでしょう。オカルトには懐疑的です。議論を戦わせ、人に厳しい一面を見せることもあります。

ハート数7＋運命数9

直感的、心理的、強烈、知的。癒しにまつわる分野で多くの貢献を果たすでしょう。非常に特殊な技能を持った人です。

ハート数 *8*

ハート数8は周囲をコントロールし、調整することを求める数字。あなたは自分の志を実現する権利を主張し、世の中で一歩でも二歩でも先んじたいと思うでしょう。そして常に最善であろうとするでしょう。真面目で、大人で、堅実で注意深く、人の上に立つ人です。

あなたは事実と結果、そして誠実さに信頼をおきます。革新的といえるほど大胆な発想をしますが、不当なリスクは冒しません。銀行家なみの感覚と明確な行動基準を持ち、混乱と乱雑さを嫌います。友人も慎重に選び、プロの名に恥じない仕事をする人々に惹かれるでしょう。あなたは組織する人、管理運営する人なのです。

自信家でこわいもの知らずのあなたは、どちらかというと無遠慮なまでに思ったことを実行します。正しくありたいという気持ちも強いので、公表する前に事実の確認は怠りません。世界で最高のものを求め、常にお金に見合うものを手に入れるでしょう。

友人に好んでアドバイスしますが、その助言を無視されると攻撃されたように感じるかもしれません。自分の評価にかなう人々には寛大ですが、それ以下の人々には批判的になりがち。親としても厳しいほうで、子どもに対して特別な資質や能力を期待します。

ハート数8＋運命数1

管理職に最高の組み合わせです。立ち居振る舞いが洗練されていて、人あたりがよく、生真面目な人。会社を経営すればまず成功するでしょう。

ハート数8＋運命数2

社交の達人。強い意志を持っています。優れた経営手腕を発揮して、ビジネスで実権を握るでしょう。サービス重視のネットワークビジネス、看護士長、シェフに最高の組み合わせ。

ハート数8＋運命数3

自分に有利な取引ができる人で、芸能界で成功するタイプ。何でも徹底して実践する人なので、学長や美術館長、化粧品会社の社長、あるいは花屋のフランチャイズ・チェーンもいいでしょう。

ハート数8＋運命数4

ビジネス全般に最高の組み合わせ。競争心旺盛で積極的、新しい分野を征服し拡張できる人です。どんな場所に身を置いても有名になるでしょう。

ハート数8＋運命数5

自分の領域に革新的なアイデアをもたらします。対立に処する方法をわきまえ、パワフルで建設的。厳格な雇用主になるでしょう。

ハート数8＋運命数6

多くの人々に利益をもたらすような改善を求めます。周囲の人々にとって親のような存在。意表をつく見方で事実をとらえるので、議論に負けることはめったにありません。

ハート数8＋運命数7

裁判官、刑事、行政官に向いています。ダイナミックでありながら、よく気がつく、抜け目のない人。強迫的なまでに常に上を目指して働くかもしれません。

ハート数8＋運命数8

素晴らしい成功をおさめる可能性がきわめて高い組み合わせ。重役あるいは人道的な見地に立つ指揮官となるでしょう。ただ自分の業績になかなか満足しないところがあります。

ハート数8＋運命数9

偉大な指導力と、卓越したビジネスの才能。どの分野でも成功できる人です。世界的な影響力を手にするかもしれません。

ハート数 *9*

ハート数9の人は、お人好しでオープンで、心あたたかか。すべての人の内面にあるものを見ようとします。何でも許し、すぐに忘れてしまえる能力があり、そのため精神的で哲学的な風貌の人が多いのもこのハート数の特徴です。ロマンチストで、華麗、ドラマチック、情熱的な人であり、クリエイティブな仕事を生きがいにします。

あなたは求められれば催しや行事に関わりますが、みずから企画運営したり、陣頭指揮したりはしません。影響されやすい「大衆」の代表のような人です（でもプライベートではきわめてエリート志向で、贅沢に憧れます）。いろいろな能力が内側にあるせいで、かえってやりたいことを決めかね、最初の一歩がなかなか踏み出せないかもしれません。たとえば核凍結を求める社会運動など、大規模な運動や何らかの主義主張、形而上学へのコミットメントから満足感を得るでしょう。

ハート数9の人はたいていのんきで寛容、興味のあることには情熱的ですが、（原則的に）現実的な考え方や行動はあまり得意としません。制約を受けたり、どうにもできないことを心配しはじめると落ち込む傾向があります。それ以外の時は感情をそのまま出すか、クールに距離を保つかのどちらかでしょう。
あなたは役に立っている、直感に導かれていると感じる必要がある人。その寛容さから、変わった事態や人々も引き寄せます。

ハート数9＋運命数1
人道的な目標に向かって突き進む、生まれながらのリーダー。最高地点に到達するでしょう。理想を追い求め、ロマンチックで、洗練された人。美女または美男子かもしれません。

ハート数9＋運命数2
出足が遅いほう。ぐずぐずしているうちにチャンスを逃すかもしれません。人の精神構造を実によく理解します。俳優や芸術家に向くでしょう。

ハート数9＋運命数3
愛と霊感に満ちた創作活動に秀でる人。困難やつまずきからもすぐに立ち直るでしょう。アルコールへの依存傾向があるかもしれません。商才に恵まれ、目的を問わず頻繁に旅をします。

ハート数9＋運命数4
もっとすべきことがあるはずだと感じるでしょう。人道的なプロジェクトに関わり、裏方として働くかもしれません。身内や親戚の問題を一大事ととらえがち。

ハート数9＋運命数5
自制心や辛抱強さに欠ける組み合わせ。ひょっとすると台風の目のような人かもしれません。独特なスピリチュアルな信念を持つ人です。

ハート数9＋運命数6
魅力あふれる社交的な人気者で、個人的かつ実際的なビジョンの持ち主。芸術と癒しにまつわる分野が最高でしょう。自己犠牲的になりやすいところがあり、結婚生活で傷つくかもしれません。

ハート数9＋運命数7
ユニークな感性と、洞察力、理論を兼ね備えた人。穏やかな関係を望むでしょう。エキセントリックな面はありますが、愛すべき人物です。

ハート数9＋運命数8

人々を助けたいと心の底から望み、すさまじいほど熱心に働くでしょう。博愛主義の大富豪か、牧場主、宅地造成業者、国際的な製造業者、医師になるかもしれません。

ハート数9＋運命数9

人生の流れのままに身をまかせ、漂う人。常に人のサポート役に回るかもしれません。物質的な成功を求めない「古い魂」の持ち主で、美的感覚の鋭い人。莫大な遺産を受け継ぐ可能性もあります。

ハート数 *11*

＊先にハート数2を読んでください。

ハート数に現われたマスターナンバー11は、手に入れがたいものを切望させます。あなたはたぶん繊細で敏感、興奮しやすく、鋭い感性・直感力・洞察力を持つ人です。無意識のうちにこの現実よりも不確かなものを求め、キャンドルの光、音楽、くつろぎ、ロマンス、お香、ピンクに彩られた雰囲気を渇望するでしょう。

あなたは、啓発的な教師や講演を探し求めます。誰にも相談しないで衝動的に決断することもしばしばです。

もしかするとあなたの中には、天使のようになりたい、あるいはファッション誌『ヴォーグ』のモデルのように、絹、白、金を身にまといたいという願望があるかもしれません。またガラス製品やクリスタル、望遠鏡がほしい、あるいはハープを聞きたいと思うでしょう。

あなたは大人になっても、素敵な王子さまや完璧なレディが必ずいると信じています。もしかすると同性愛の傾向があるかもしれません。常にチャーミングで優しく、ユニークな芸術家か芸術愛好家、あるいは洗練された紳士淑女といったタイプでしょう。眠ることが大好きかもしれません。事実を扱うのはおそらく苦手でしょう。

ハート数 *22*

＊先にハート数4を読んでください。

特別な可能性を与えるマスターナンバー22を

ハート数に持つあなたは、予見力と自制心を身につけた人。体験・理論・人的労働力を生産的なプランに統合していける素晴らしい能力があり、非凡な熱意と忍耐力をもって仕事を遂行します。

常に広い視野に立ち、先を見るあなたは、改良し、間違いを正し、物事を軌道に乗せることを愛します。あなたは永続的なものを組み立てる「最上の建造者」なのです。

システムや秩序を愛し、また理解するあなたは、大きなプロジェクトを実行可能な単位に分割できる類いまれな能力の持ち主。さらに直感的に適切な人に仕事をまかせる才能も備えています。

あなたの目標は常に、地球やすべての生態系まで含め、最大限に幅広い対象に利益をもたらすこと。ピラミッドの青写真を手に入れるといった、夢のプロジェクトを胸に秘めているかもしれません。建設、公共交通機関、製造、不動産の分野を革新する可能性が高い人です。趣味も一流の域に達するでしょう。

あなたは決して、えらぶりません。間違いなく「普通の人々」と友達になり、さまざまなきっかけをさり気なく作っていくでしょう。政治的な大望を持つ可能性もあります。並はずれて誠実なあなたは、最高の友、最高の師、最高の親になるように生まれついた人です。

ハート数 19

＊先にハート数1を読んでください。

カルマナンバー19をハート数に持つあなたは、大きな望みを抱きながら、やや自己主張に欠ける傾向もあるでしょう。他者よりも自分に対して厳しくなりがちかもしれません。

あるいはユニークで斬新なアイデアを持っているのに、それを一般に受け入れられる形で世に出す自信を持てないという場合もあるでしょう。この数字をハート数に持つ人は、注目されることに対する根深い不安を抱いている可能性があります。

心に思い浮かぶままに文章を書いたり、革新的な方法を開発したり、分野を問わずパイオニアやリーダーになること。それがあなたの課題と試練であり、最大の可能性もそこに潜んでいます。独創性を認められたい、最善を尽くしたいというのが、あなたのもっとも奥深い望みです。

ハート数 13

*先にハート数4を読んでください。

ハート数に現われたカルマナンバー13は、あらゆる障害を良い結果に転じさせたいという強い意欲を示します。目標達成に向かっている時には、頑固になったり厳しくなったりしがちかもしれません。でもそうなるのは、あなたが無意識のうちに自分自身の選択と行動の結果をしっかり受けとめているからなのです。

試練や困難、難しい選択に出会った時も、あなたが心から正しいと思えるやり方で根気強く対処していけば、その努力は必ず報われます。ただユーモアのセンスを失うと友達が離れていくかもしれません。許し、忘れ、明るさを取り戻すことも、この数字の課題の一つだということを覚えておきましょう。

あなたを動かすもっとも奥深い動機は、より良い世界をつくることにあります。

ハート数 14

*先にハート数5を読んでください。

ハート数に現われたカルマナンバー14は、ワイルドで情熱的な性質を暗示します。あなたは自分がナンセンスだと思うルールを、片っ端から破っていくかもしれません。

このハート数を持つ人に見られるもっとも極端な傾向は、欲望が強く、スピードを追い求めるということです。こうした特徴をみずから理解すれば、あなたの内側において、とてつもなく大きな癒しのプロセスが始まるでしょう。もしかするとあなた自身がカウンセラーとして、人々を援助するための仕事に取り組むようにもなるかもしれません。

内側に眠る力を目覚めさせ、よりよい目的のために有効に使っていきましょう。

あなたの心の奥底には、この世のすべてを見たい、味わいたいという望みがあります。

ハート数 16

＊先にハート数7を読んでください。

ハート数に現われたカルマナンバー16は、あなたの魂が今回の人生で「信頼」について学ぶと決めていることを暗示します。このハート数は、真実を求めてやまない数字。あなたは特別なことを教えてくれそうな、変わった人々に惹かれ、分析、証明、調査、研究、思索、スピリチュアルな知識の探究に魅力を感じるでしょう。

また孤独を愛する一面もあり、極端になるとエキセントリックになったり、隠遁者のように生きるかもしれません。そうでなくても本を読んだり、書き物をしたり、物事を分析したりして一人の時間を楽しむ人です。

カルマナンバー16は、心理学、象徴的な意味、犯罪学、深海ダイビングなどの「深層」、考古学、古生物学、人類学といった「過去」、異教、軍の暗号など「隠された秘密」を探りたいという深い欲求をもたらします。

6章

Personality

人格数

汝自身を知れ

——アポロ神殿の柱に刻まれていた言葉

人格数とは

「人格数」は、他者の目に映るあなたの姿を表わし、「私は人からどう見える?」「どんな印象を与える?」という疑問に答えてくれる数字です。

あなたの身近な人たち（同僚、友人、家族など）は、あなたがどんな人かという雰囲気や個性を、別にチャートの数字を知らなくても誰かに伝えることができます。人格数からわかるのは、まさにこうした部分なのです。

これは誕生数・運命数・ハート数のようにあなたの内面的な奥深い情報を示すものでなく、外側に表われているあなたについて教えてくれる数字です。あなたが知らずに身につけている社会的な仮面《ペルソナ》も示唆してくれるでしょう。

人格数の計算方法

①数秘術チャートの名前の欄に、あなたの本名をヘボン式ローマ字で書きます（巻頭の「名前のガイドライン」を参照してください）。

②それらのアルファベットのうち、子音の文字（A、I、U、E、O以外の文字）だけを、変換表を見ながら数字に置き換えましょう。

③その数字を、ひと桁になるまで足し合わせます。

マスターナンバー（11、22）、カルマナンバー（13、14、16、19）が出た時には、その数字の解説とともに、ひと桁にした数字のところも読んでください。

（例）キング牧師の人格数

MICHAEL	LUTHER	KING
4 + 3+8 + 3	3 + 2+8 + 9	2 + 5+7
18 = 9	22 = 4	14 = 5
9 + 4 + 5 = 18		
1 + 8 = 9		

〈参考例〉

例として、マーチン・ルーサー・キング牧師（Michael Luther King）の人格数を計算してみましょう。表のとおり、人格数は9となります。

人格数9のキング牧師は、その数字から一般大衆にアピールする強力なパワーを与えられ、人々から「心あたたかな人道主義者」「理想主義者」と見られました。彼はまさに、牧師であり精神的な指導者という立場にぴったりの人格数の持ち主だったのです。

さらにキング牧師の主な数字を見てみると、運命数5は世界に進歩的な変化をもたらすことを求め、また誕生数は1（1929年1月15日生）で、政治的な分野で明確な立場を貫く強さと勇気と指導力を与える数字で、いずれも人格数をサポートするように働いていたことがわかります。

人格数をより深く理解するために

あなたの人格数は、人生がうまくいくように働いてくれるでしょうか？　それとも妨げるような働きをするのでしょうか。人格数と、運命数やハート数との関係を見ることによって、その働きがより明確にわかります。

ここでは、運命数に同じ8を持つ三人の男性、アラン、ブルース、カールを例に挙げ、運命数・ハート数に与える人格数の影響の違いを調べてみましょう。下記の表を参照してください。

三人に共通する運命数8は、企業、社会事業、金融関係で成功する人であることを表わします。したがってアランもブルースもカールも、みな生まれながらのリーダーであり、重役であり、人を見る目を持っています。

アランの場合は、そこにプラスして使命感（人格数9）と、状況を大きく変えたいという衝動（ハート数8）を持っています。強さと決意を内に秘め、顔の広い彼は、興味を失うと急に熱が冷めたり、よそよそしくなったりしがちですが、基本的には人格数9の暖かさや熱意を感じさせる人です。この人格数を持つアランの生きがいは、さまざまな種類の人々と出会い、歴史、骨董品、音楽、演劇、哲学など、さまざまな領域の知識を吸収すること。劇やドラマの衣装のような服を身につけたり、エキゾチックな品物やいわくつきの珍しい家具を集めるかもしれません。

ブルースは積極的な衝動は持たないので（ハート数2）、不本意な地位にとどまるかもしれません。人なつこくて、面倒見のいい（人格数6）彼は、まわりに安心感を与え、誰からも好かれます。でももしかすると力がないとか、軽く見られがちかもしれません。周囲からは、頼りになるけれども警戒心の強い人と見られるでしょう。

カールは大企業やエージェントのコンサルタント、あるいはフリーランスの専門家として働きたいと思うかもしれません（人格数5）。話し上手、宣伝上手な営業向きの人物です（人格数5＋ハート数3）。気まぐれなところはありますが、お金

三人の運命数８の男性のハート数と人格数

アラン（ALAN）	ブルース（BRUCE）	カール（CARL）
運命数 8	運命数 8	運命数 8
ハート数 8	ハート数 2	ハート数 3
人格数 9	人格数 6	人格数 5

に困ることはなく、生活を楽しむでしょう（ハート数3）。

以上をまとめると、アランは管理、交渉、権力の掌握にたけ、物事を直感的・情緒的な観点から改善し、生産したいという強い欲求を持っていることがわかります。名声を求める気持ちも強いでしょう。

ブルースはすすんで責任を引き受けますが、他者を（たとえそうでなくとも）対等に見て、決断する時は事前に全体のコンセンサスを得ようとします。彼の決断には妻の声がしばしば反映されるでしょう。

カールは、アランやブルースほど周囲への関心は持ちません。体制を打破し、失敗は振り返らず、思いのままに邁進し、新たな発想の兆しを見逃さずとらえていくでしょう。

＊＊＊

人格数が示すあなた

人格数 1

人格数1は、はっきり主張し、自立し、自信あふれる率直な態度を与えます。周囲の人はあなたをダイナミックで勇敢な、逆境に強い人と見なし、リーダーシップやトラブルの解決を求めてくるでしょう。社会的に強いイメージが求められる職業で、あなたの特性は最大限に活かされます。

人々はまた、大きな志や正直さ、誠実さといった、憧れの英雄像をあなたに重ねあわせるでしょう。でも、あなた自身は基本的に目標達成型の人ですから、自分の仕事に没頭すると他の人の気持ちはあまり目に入らなくなります。

人格数1は、性急で、知的、短気という印象を与えがち。ひねりのきいた鋭いあなたの一言に、近づきがたいと感じる人も少なくないかもしれません。でも親しい友人たちは、あなたのユニークな個性を認め、大目に見てくれるでしょう。

ネガティブな傾向が強まると、怠惰、人まね、わがままという面が出やすくなります。弱気になったり、逆に横柄になったり自慢気になるかもしれません。またあなたのシニカルな言動は、理想主義と裏表ともいえるもので、ふとしたはずみに出てきてしまう可能性があります。そして何らかの領域に関しては決して妥協しないでしょう。

人格数1のあなたは独立を望み、保守でなく革新を求めるでしょう。何事も率先して行なうあなたには、資金を引き寄せる素晴らしい力が備わっています。

人格数 2

人格数2は、敏感で内気な芸術家、外交官のような態度を与えます。あなたは自己主張よりも説得力に優れ、他者の話にきちんと耳を傾けます。分析力、細部処理能力、情報収集能力に優れ、すすんで折り合いをつけ、決断は誰かにゆだねるでしょう。良いパートナーになれる人です。

人格数2のあなたは出しゃばらず、むしろ控え目すぎたり、臆病になる傾向があります。見知らぬ環境に置かれたり、押しの強い人と一緒にいると自信を失いやすいでしょう。もしも自分を責めがちなら、お世辞やごますりと同じように、それは自己防衛手段の一つかもしれません。

男性の場合は、女性的で柔らかなハートを持ち、エステや個人相手の職業に向いています。おそらく真のジェントルマン・タイプでしょう。女性なら、とても魅力的な人です。

人格数2のあなたは何よりもまず、「目立つ人や支配的な人と自分を比べない」ことを学ぶ必要があります。比較しつづけている限り、いつまでもあなたはそういう人を近くに引き寄せ、本当の自分らしさに気づくこともできないでしょう。自分のペースで時間をかけてじっくり物事を行なうことの大切さを忘れないようにしましょう。

職業的には、あまりセールス色のない一対一の仕事がベストです。あなたは芸術的、心理学的な雰囲気や、静かな環境がふさわしい人。調停し、協調し、統合し、分析する人です。

人格数 3

人格数3は、愛想がよく、のんきで、遊び好きで、おしゃべりな雰囲気を与えます。おそらくあなたはのりが軽く、おしゃれでチャーミングで若々しい人でしょう。熱意と楽観性があなたの最高の特徴です。社交的で感情表現豊か、また美術や音楽の創造性もあるでしょう。人々をくつろがせる才能があり、セールスで大成功するかもしれません。言葉につまることのない人です。

あなたは寛大で、率先して人の幸福を祝います。でもそういう気やすさから、うわさ話や自分の話に明け暮れることもあるでしょう。

人格数3の人は気が散ったり、軽薄や怠惰になりやすい傾向もあります。自分勝手やルーズさは、おそらく責任を回避しがちなあなたには自然の成り行きといえるでしょう。でも、衝動的でむこうみずな行動は、友人や家族を遠ざける原因にもなりかねません。周囲から言われることに反発してばかりだと、未熟者、世間知らずなどと見られてしまう可能性もあるので気をつけましょう。あなたは批判されると、とても傷つきます。

臨機応変で遊び上手、ユーモアあふれるあなたの性質は、子どもに関わる仕事にぴったりです。流行を見抜くセンスもあるので、ファッション、小売り、芸術、デザイン、演劇の分野も向くでしょう。またあなたの楽観的な考え方や想像力はスピリチュアルな仕事にもふさわしく、楽しくハッピーに生きるあなたの姿は、おのずと人々の気分を高揚させるでしょう。

人格数 4

人格数4は、誠実で信頼でき、責任感のある堅実な雰囲気を与えます。人はあなたを真面目で実直な働き者と見るでしょう。頑固で奥ゆかしい一面もありますが、毅然とした自制心を持った人です。目立つのは嫌いなほうで、服装も地味かもしれません。あなた自身、派手でファッショナブルな人はあまり信用できないと感じるでしょう。

習慣や慣例を重んじるあなたは、良き社員、素晴らしい管理者となる人。安心感を求め、一定の手順や日課をきちんと守ります。あなたは未知のリスクを冒すより、経験や明白な事実をもとに決断したいと思うでしょう。

ただしこうした特性も、あなたのストレスが高じてくると、周囲には石あたまだとか融通がきかない人と映ってしまうかもしれません。そして、責任感の強いあなたなら何でもやってくれるだろうと、たくさんの人が仕事を押しつけてくる可能性があります。あるいは、スローモーだとか、ワンパターンなどと言われることもあるでしょう。

どんなに立派な人でも、時には弱音を吐くものです。何もかも自分でやろうとすれば悲壮な覚悟で働きつづけなければならず、ストレスでつぶれてしまいかねません。たまには親しい友達に頼んで、あなたのために何かしてもらいましょう。

人格数4の人はマニュアル通り正確にこなす仕事や、管理能力を求められる職業に向いています。営業は不向きでしょう。また公務員なら、冷静で忍耐強くて権威的なあなたの雰囲気が活かせます。

人格数 5

人格数5は、活発で、多才で、如才なくて予測不能、そして魅力的な外見を与えます。あなたは好奇心旺盛で、人生に対してオープンで臨機応変、外向的で社交的な人です。

人格数5の人は男女ともたいていセクシーな容姿を持ち、異性をたやすく惹きつけるでしょう。あなたは面白い人、激しい人、負けず嫌いな人と見られるかもしれません。またあなたの熱狂的で情熱的な性質が、注目を浴びたいという人々を惹きつけ、彼らのスター願望を投影される可能性もあります。あなたは生涯若さを失わず、若々しい態度を保ちつづける人です。

行動的でスピーディなあなたは、さまざまな活動に際限なく関わっていくでしょう。ただし人格数5のネガティブな性質としては、落ち着きがない、忍耐力がない、薬物・アルコール・セックスへの依存傾向などが挙げられます。そのほかにも物質主義に陥りやすい、時間にルーズ、約束を守らない、あるいは期待されていることに気づかないふりをして責任を回避するという面があるかもしれません。

あなたは生まれながらの素晴らしい営業マンです。小売り業、ファッション界、あるいは政治や公共事業にぴったり。決まった手順や規則は苦手なので、フリーで働くほうがいいでしょう。報道、映画制作、スポーツ、旅行、エンターテイメントの分野に向いています。人々はあなたを、危険をかえりみない冒険者と見るでしょう。

人格数 *6*

人格数6は堅実で保守的、あたたかく、安心できる雰囲気を与えます。これは親または教師の数字なので、周囲の人々はあなたに保護と助言を求めてくるでしょう。

あなたは思いやりにあふれ、理想主義者で、芸術家肌。喜んで人の話に耳を傾け、可能な限り自分の時間と持てるものを提供しようとします。そんなあなたの強い意見は、わが子よりむしろ友人たちに受け入れられるでしょう。子どもというのは、どんなに素晴らしい意見でも親の考えには逆らうものですから。

ただし、せっかくの長所もいきすぎると欠点になる場合があります。強い意見も、人の気持ちを無視すれば押しつけになってしまいます。また、あなたは自制心が強いため自発的な行動が苦手で、変化にも対応しにくいかもしれません。頑なで、誇り高く、曲がったことを許さない態度が原因で、幸せのカギを握る大切な関係を壊してしまう可能性もあるので気をつけましょう。

あなたは理想が高く、もしかすると結婚しないかもしれません。でも何から何までぴったりという人は、なかなかいないものです。あなたはファッションでも流行を追わないタイプ。ことによると太り気味かもしれません。もてなし上手で、休日は親しい人を招いて家で楽しく過ごします。

あなたは役に立っていると感じる必要がある人。種類を問わず、奉仕にまつわる仕事があなたの守備範囲です。

人格数 7

人格数7は、洗練された独特のもの静かな風情、いわば紳士か淑女のような雰囲気を与えます。7はしばしばスピリチュアルな生活や、直感による問題解決を際立たせる数字。もしかすると、あなたは何らかの分野のスペシャリスト（あるいは完璧主義者）かもしれません。専門家として認められる存在になる人です。

孤独を好みやすく、少々変わった興味を追求する可能性もあります。人から少し変わり者だと思われても、あなたは平気です。また、人格数7を持つ人はたいてい物事を深く考え、ちょっと皮肉屋で、さりげないウィットがあります。融通のきくほうではなく、プライベートなことはあまり話さないでしょう。人の影響はあまり受けず、自分の意見や立場を貫き、それを裏付ける事実も徐々に明らかにしていきます。

7はまた「信頼」という言葉を連想させる数字でもありますが、人格数7の人の多くは形而上学の実践者たちに懐疑的な目を向けます。

あなたは何ごともゆっくり時間をかけて行なうほうで、周囲を苛立たせることがあります。気分屋で、お役所的なルールには批判的でしょう。また自分の職業を使命のようにとらえて自分自身と同一視するところもあり、平凡な業務は「本当の自分」の仕事でないと感じるかもしれません。あなたは内側の浄化が必要になると、大自然に目を向けます。

仕事はあなたの観察眼を活かせて一人で行なえる、調査、データ分析、診断といったものがベスト。営業の仕事は（歴史、アンティーク、技術的なものの販売でなければ）合わないでしょう。教育、実験作業、あるいは動植物に関わる仕事にも向いています。

人格数 8

人格数8は非常にパワフルな外見を与えます。あなたは自信、積極性、知性、能力がはっきりと外に表われているでしょう。しかも仕事熱心なので、上司も同僚もすぐにあなたの有能さに気づくはずです。

　あなたは生まれつきバランスのとれた、落ち着いた雰囲気を身につけています。ビジネスの情報をいち早くつかみ、危機的な状況に陥った時には人々から指示を仰がれるタイプです。存在感もあるので、人に頼られたり、問題を投げかけられることも多いでしょう。

　人格数8はプロフェッショナルのオーラを与えるので、女性の場合は会社勤務に有利です。しかし自分の力が評価されない環境にいると神経が張りつめ、批判的になるおそれがあります。声がやや甲高いかもしれません。また男性の場合も威厳があり、多少要求がましいかもしれませんが、間違いなく野心家です。伝統的な考えの持ち主で、慎重派。自分の受けた教育と業績を（時には発言も）誇りにします。

　もともと人の性格を見抜く才能がありますが、それがいきすぎると人を見た目で判断するようになり、不評を買うかもしれません。また独裁的になると、冷たく、近寄りがたく、機転がきかず不自然になったり、有能すぎて計算高く手厳しい人になる可能性もあります。ビジネスライクな態度を貫こうとして厳格になりすぎたり、同情心をなくしたりすることもあります。

　あなたは生まれながらの職業人あるいは商売の達人。企業にふさわしく、責任をまかされることも多いでしょう。できるかぎり最高のライフスタイルを維持しようと心がけ、従属的な立場は不当に感じます。緊急事態やプレッシャーのなかでも、うまくやっていける人です。

人格数 *9*

　人格数9はオープンで、寛大で、鷹揚な態度を与えます。周囲はあなたを暖かな人、哲学的な人、理想主義者、芸術家肌の人と見るでしょう。共感力があり、ドラマチックな身振りやスマートなおしゃれも自然になじむ人。合理的、知的というよりは、感情的、直感的に動くタイプです。

　人からはよく、元気で幸運な人生の達人と見られますが、たまに「ぼんやりしている」と言われることもあるでしょう。

人格数9の大きな特徴は即断即決が苦手なこと。あなたは傷つきやすく影響されやすいために、一つの問題のあらゆる側面が見えてしまい、簡単なことも複雑になってしまうのです。また達成不可能なことを切望する傾向もあるので、それも原因の一つでしょう。ほかの数字次第では、少し冷たいとか、抽象的、移り気、信頼できないなどと思われる可能性もあります。

あなたに出会った人はたいてい、あなたの知恵と成熟を一目で感じとり、特別な才能を持つ人物ととらえるでしょう。あなたはエキセントリックな人々を惹きつけ、あらゆる階層の人々との出会いを楽しみます。物質的な成功で他者を判断しないので、あなたは多くの友人に恵まれるでしょう(けれども長続きはしないほうです)。

あなたの雰囲気は文化的、芸術的、演劇的なサークルにぴったりです。また教育、癒し、人道的な仕事にも向いています。あなたの暖かさや寛容さ、人生哲学や身につけた技術は、どの分野でも歓迎されるでしょう。

人格数 11

*あわせて人格数2も読んでください。

人格数11は特別なオーラを与えます。これはもともと女性に合う数字で、人格数11の女性は周囲から美しい人、受容的な人、賢い人、激しい人と見られるでしょう。男性は静かで紳士的な雰囲気が漂います。どことなく詩人のような、インスピレーションの鋭いところがあり、やや現実離れしているように見えるかもしれません。

11はスポットライトを引き寄せる数字でもあるので、この数字を持つあなたは、人前で話したり、人々の見本となることを求められるかもしれません。おそらく心理学を直感的によく理解し、スピリチュアルな生き方を大切にしながら生きていくでしょう。

人格数11のネガティブな側面は、内気さ、追随、伴侶への不健全な依存から生じます。そうすると非現実的、虚栄心、緊張、落ち込み、神経質といった性質が現われるかもしれません。あるいはロマンスに魅了されたり、空想の世界に逃避して現実の問題から逃げ出したいと思うかもしれません。

同性からあなたの美しさをねたまれて悩む可能性もあるでしょう。

あなたの持ち味を最高に発揮できるのは、刺激的でありながらプレッシャーの少ない仕事です。同時に二つの肩書きを持つかもしれません。美容、芸術、音楽、心理学、外交の分野は、あなたのイメージにぴったりですが、仕事を始める前に自分の扱う商品やサービスを完璧にするための時間が必要になるでしょう。

人格数11の影響力を真の意味で受けとり、それを活かして生きる人は、無理なくスピリチュアルな分野で働けます。また細部を処理する優れた能力もあるので、技術、電気関係の職業もいいでしょう。テレビの仕事に向く人です。

人格数 22

＊あわせて人格数４も読んでください。

人格数22は、非凡な有能さのオーラを与えます。どの分野で働いても、誰もがあなたのことを、目標達成のために持てる力のすべてを注ぎ込む人だと感じるでしょう。あなたには常に、目的、決意、堅実さを感じさせる雰囲気があります。

22は物質界のマスターナンバーです。この数字を人格数に持つあなたは、実践と良識を重んじる態度と、直感的な創造性を同時に備えた人。そのため仕事をまかせたいという人々が集まりやすく、また「どんな難題もきっと解決してくれる」と思われやすいので、みずからを守る術も身につけましょう。

やりたいことを常に山のように抱えているあなたは、複数のプロジェクトを同時に手がけているほうがハッピーかもしれません。趣味として純粋に理論的なテーマを追究する可能性もあります。何をするにせよ、あなたはそこに全神経を集中させるでしょう。また、過去の経験から新たな解決策を引き出すことにも長けています。

人々はあなたの能力と生産性に感嘆するでしょう。でもあなた自身は仕事に集中しすぎて、人々の能力を軽視しがちかもしれません。「ワーカホリック」という言葉は、まるでこの人格数のためにあるようなものです。あなたの熱心な働きは、もちろん職場では歓迎されるでしょうが、家庭では問題のタネになるかもしれません。また、その際立った優秀さから嫉妬や憤りを買う可能性もあります。しかしそういう問題にぶつかるほど才能に恵まれたあなたは、間違いなく幸せ者だといえるでしょう。

成熟していて、真面目で責任感のあるあなたは、企画、建設、製造、システムに関わる仕事がぴったり。セールスには向きません。広がりと奥行きが必要な人です。

人格数 13

＊あわせて人格数４も読んでください。

人はあなたを並はずれて集中力のある、実践的で手際のいい、素晴らしい問題解決者だと見るでしょう。あなたは率直な人ですが、正しいと思うことには頑固になりがち。物事をいったんばらばらに解体してから一つに戻すことを好み、手、背中、体操、手術、ガーデニング、料理、方法論にまつわる仕事にしばしば惹かれます。人生のなかで風貌が何度も変わり、その時々でまったく違う印象を与えるかもしれません。

人格数 14

＊あわせて人格数５も読んでください。

人格数14は大胆さと柔軟性をあなたに与えます。周囲からは、動きが早く自信家で、どこか変わっているけれども広い心の持ち主と見られることが多いでしょう。あなたは強く感じたことははっきりと口にし、新たな状況に足を踏み入れるのが大好きです。服装はカジュアルで、あまりこだわりませんが、考えて選ぶとしたら着心地の楽な服でしょう。責任を投げ出すことなく、与えられた自由や自分の時間をうまく使うことがあなたの課題です。

人格数 16

＊あわせて人格数７も読んでください。

人格数16のあなたは、とても真面目で、直感的でスピリチュアルな人。そうでなければ、孤独を愛する一匹狼でしょう。あなたの人生の課題は、人に裏切られようと、突然あなたから離れていく人がいようと、宇宙に対する信頼を失わないということです。人間の本質を賢く理解するあなたは、素晴らしい教師になれるでしょう。

人格数 19

＊あわせて人格数1も読んでください。

人格数19のあなたを、周囲の人は自信家で野心家、正直な人と見るでしょう。あなたは内なるリーダーシップを育て、どの分野であろうとそこで執筆、作曲、デザイン、改革といった、創造的な取り組みに邁進する人です。あなたはそのためにそこにいるのですから、目立つこと、信念のために立ち上がることを恐れてはいけません。正しいと自分が信じたことは、はっきり言えるようになりましょう。

7章

Habit Challenge

習慣数

何事につけても、度を過ごすなかれ

——アポロ神殿の柱に刻まれていた言葉

習慣数とは

「習慣数」は、あなたが改善したいと思っているような一面を明らかにしてくれます。それは本来あなたの長所なのに、バランスを失うと極端に走りやすく、意識的に開発すべきウィークポイントともいえる部分です。

たとえば習慣数2の人は、他者の気持ちを察知しすぎて自分では何も決められないほど臆病になるかと思えば、逆に協調性や感受性をなくし、極端に周囲に鈍感になることもあるでしょう。そのように、人は誰でも状況次第で両極端のどちらかに傾きやすいところがあります。

でも、こうした習慣や行動パターンも、上手にバランスをとることができれば、あなたの長所にしていけるのです。

習慣数の計算方法

①数秘術チャートの名前の欄に、あなたの本名をヘボン式ローマ字で書きます（巻頭の「名前のガイドライン」を参照してください）。

②アルファベットが全部で何文字あるか、文字数を数えてください。

③その数字を、1から9までのひと桁になるまで足し合わせます。

〈参考例〉

例として女優のエリザベス・テイラーの習慣数を計算してみましょう。彼女の本名は Elizabeth Rosemond Taylor です。

名前の文字数の合計が23のテイラー女史は、習慣数5となります。これが本来の長所として現われると、みずから決断し、ルールも自分で決めていくタイプの非常に自立した人物になります。

ただし一般的にいって習慣数5は食事・セックス・ドラッグ・アルコールに依存しやすい傾向を暗示します。また、ストレスを抱えてバランスを崩すと、周囲に八つ当たりするようになるかもしれません。

（例）エリザベス・テイラーの習慣数

ELIZABETH		ROSEMOND		TAYLOR
9	+	8	+	6 = 23
2 + 3 = 5				

習慣数をより深く理解するために

習慣数は潜在的なストレスや困難の度合いを計る尺度として重要なので、他の主な数字との関係も見ておきましょう。

ここでは参考に、映画監督でありプロデューサーでもあるジョージ・ルーカス（George Walton Lucas）の習慣数を取り上げてみます。

ジョージ・ルーカスの誕生数1*は、プロデューサー兼監督として必要な管理能力、革新的な発想、文学に対する不変の興味を生まれ持った人であることを示しています。

また運命数9は幅広い層にアピールする演劇芸術へと向かわせる数字。そしてハート数9と人格数9は、大衆に受け入れられるものを制作したいという動機と、夢見る想像力と直感力を与えます。

彼は人格数9でありながら、一匹狼のような誕生数1を持つため、周囲から超然とした人物と見られるでしょう。また習慣数8が誕生数1をサポートしているので、得意分野における権威が与えられます。

ただし得意分野を除けば、たとえば朝食をどこでとるか、どのネクタイをしめるかといった、日常の些細なことも自分では決められないと感じるかもしれません。さらに習慣数8を持つハート数

＊訳注　本来は誕生数19／1ですが、ここでは数字の力をわかりやすくするために誕生数1としています。

(例) ジョージ・ルーカスの主な数字

生年月日：1944年5月14日
9＋5＋5＝誕生数19／1
G E O R G E　W A L T O N　L U C A S
7 5 6 9 7 5　5 1 3 2 6 5　3 3 3 1 1
39　＋　22　＋　11
3　＋　4　＋　2　＝運命数9
5＋6＋5＋1＋6＋3＋1＝27＝2＋7 ＝ハート数9（母音）
7＋9＋7＋5＋3＋2＋5＋3＋3＋1 ＝45＝4＋5＝人格数9（子音）
1＋1＋1＋1＋1＋1＋1＋1＋1＋1＋1＋1＋ 1＋1＋1＋1＋1＝17文字＝1＋7＝習慣数8

9ですから、仕事でもたぶん財政面は専門家にまかせるでしょう。

また、誕生数1と習慣数8は、どちらも達成を強く暗示する数字なので、この二つがそろうことによって、個人的な人間関係よりも仕事に集中する傾向がいっそう強まります。

ジョージ・ルーカスの場合、このようにクリエイティブな映画制作者として生きるための、かけがえのないサポートがさまざまな方面からもたらされていることがわかります。

＊＊＊

習慣数が示すあなた

習慣数 1

習慣数1は、もともと1という数字にそなわる自己主張の強さや苛立ちやすさ、せっかち、頑固、傲慢、衝動的、自分の考えにこだわって妥協しにくいといった特徴が出てくる可能性を暗示します。

逆に1の消極的な面が出ると、優柔不断、ルーズ、意志が弱い、どっちつかず、内気などという特徴が現われ、人にならい、自分を主張しなくなるでしょう。

習慣数 2

習慣数2は、他者に気に入られようとして自分のアイデンティティを見失いがちな傾向を暗示します。自分の考えより人の意見を信じやすく、消極的で引っ込み思案かもしれません。些細なことにとらわれ、そのせいで可能性を狭めたり、仕事や行動が遅くなることもあるでしょう。また、物をため込みすぎたり、分析しすぎたり、几帳面になりすぎるかもしれません。

あるいは逆に、親しみやすさや他者を支えるという2の特性に欠け、周囲から、人の気持ちに無関心だとか鈍感などと思われる可能性もあります。この場合には、忍耐強さ、人の話をしっかり聞くこと、あわてず物事をきちんと行なうことを心がけましょう（チャートに1か8が多い人は特に）。

習慣数 3

習慣数3は、つまらないことに時間や才能を浪費しやすい傾向を暗示します。うわさ話に夢中になったり、将来のプランをあれこれ話しているうちに、せっかくの創造力を使い果たしてしまう可能性もあります（チャートの中に3や5が多い人は特に）。おそらくプロジェクトを実行するよりも、計画するほうが好きでしょう。怠惰、わがまま、現実逃避に走り、批判的、自慢げな態度や嫉妬心が出るかもしれません。想像上のアイデアや可能性で頭がいっぱいになって仕事が手につかないということも多いでしょう。虚栄心が強く、自分のことしか関心がなくなり、批判されたり限界を指摘されると反発しがちです。

逆に3の消極的な面が出ると、みずからの創造性を無視するようになるでしょう。悲観主義者か敗北主義者のようになって、コミュニケーションにまつわる問題を抱えるかもしれません。わがままになることを恐れて、何もかも忘れて無邪気に楽しむことができなくなる可能性もあります。書くことに問題が出てくるかもしれません。もっと外に出かけ、笑って、リラックスしましょう。

習慣数 4

習慣数4は、自分の揺るぎない意見の正しさを「現実」が証明しているように思えて、一人よがりな考え方に走りがちな傾向を暗示します。視野を狭めるような偏見や先入観、決まりきった考え方を手放すことを学ぶ必要があるかもしれません。また何かしら現実的な制約のせいで、創造力や冒険心を抑え込むことにもなりがちでしょう（名前に4か8がない人は特に）。

逆に4の消極的な面が現われると、少しでも楽をしようとして手を抜いたり、物事をいいかげんに処理する可能性もあります（チャートで3か5が目立つ場合は特に）。そして自分の責任をすんで果たそうとせず、人をあてにするようになるかもしれません。

4は物事を具体化し、アイデアを実現することを求める数字で、そのための実用的な能力を与えます。厳格になりやすい傾向に気をつけながら、そうした特性を育み、開発しましょう。

習慣数 5

習慣数5は、移り気で落ち着きがなく、せっかちになりやすい傾向を暗示します。「隣の芝生」の青さばかり目につくかもしれません。安定した関係や日々のルーチンワークに飽きっぽく、うんざりすることも多いでしょう。また場合によっては過食、飲酒、ギャンブル、セックス、薬物などへの依存傾向がみられたり、身体面でも不摂生しがちになることも。せっかくの生産的な側面に破壊的なダメージを与えることなく、人生を自由に探求できるようなライフスタイルを身につけましょう。

リスクを恐れず行動し、変化に柔軟に対応するというのが5の特性です。そのため、逆に消極的な面が現われると、頭が固くて融通がきかない、時代遅れの信念にしがみつく、変化に対応できないといった傾向をもたらします。新しい体験を恐れたり、あるいは風変わりな性的嗜好に走ったりする可能性もあります。

また、習慣数5の人は多くのプロジェクトをスタートさせながら、どれも中途半端に終わって罪悪感を抱くことも少なくありません。好奇心が満たされ、求めたものがある程度手に入ったら、それでOKとしましょう。5は冒険すること、体験すること、触れることを求める数字なのです。

習慣数 6

習慣数6は、アドバイス好きな傾向を暗示します。「この人のために」という思いから、他者の問題に巻き込まれることが多いでしょう。就寝時間や食生活、お金の使い道から休日の過ごし方まであれこれ干渉するようになると、一緒に暮らしている人たちから煙たがられることに。過剰な責任感は、この数字の課題です。名前の中にも6があれば、その傾向はより強まるでしょう。

逆に6の消極的な面が現われると、義務を免れようとしたり、約束を破るようになるかもしれません。プロジェクトを途中で放り出したり、友人・家族・同僚との間で折り合えなくなる可能性も出てきます。チャートまたは名前の中に3か5を多く持つ場合、この習慣数は概して責任を回避しやすい傾向を表わします。

習慣数 7

習慣数7は、人に対して心や生活を閉ざしやすい傾向を暗示します。分析的、批判的で皮肉っぽく、知的な人生観に縛られすぎるかもしれません。平凡さを軽蔑したり、自分の本当の感情や思いを感じられなくなってしまう可能性もあります。

逆に7が消極的に出ると、何ごとにも精神的な価値を認めず、浅薄になる場合もあります。すべてに幻滅した運命論者のようになって、まわりから変人と見なされたり、迷信深くなるかもしれません。また、人生のある一時期の仕事や暮らし、若い頃の変わった友人を懐かしみながら、古き良き時代の思い出にひたる人もいるでしょう。

批判的になったり、神経質になったり、苛立ちやすくなったら、それは一人になる時間が必要というサインです。

習慣数 8

習慣数8は、仕切り屋になってその場を支配し、采配をふるい、高圧的になりやすい傾向を暗示します。仕事上では有能さにつながるとしても、家庭や友人関係ではあまり歓迎されないでしょう。これは特に女性にとって問題になりがちかもしれません（チャートのどこかに、強さをやわらげる2か3があれば別ですが）。人を力で動かしたり権威で操ったりすることなく、事態をコントロールできるようになることがこの数字の課題です。またプロとしての誇りから長時間働きつづける可能性もあります。何でも自分でやろうとせず、人にまかせ、手放すことを覚えましょう。

逆に8の消極的な面が出ると、大事な時に決断できなかったり、自分に自信が持てずに悩むかもしれません。お金や物質的な成功には興味がないと言ってみたり、野心的でない自分を正当化したり、またはあえて権威的な人々に近づいて一悶着起こしたりする可能性もあります。

　いずれにしても、物質的な側面だけにとらわれないように気をつけましょう。また批判的な態度に注意し、あなたほどには運や力のない人々への思いやりも忘れないことが大切です。

習慣数 9

　習慣数9は、非現実的で夢見がち、自分に甘く、目標も才能も見失いやすい傾向を暗示します。理想を追い求めすぎたり、恋愛にロマンチックな夢を見すぎるかもしれません。真摯に取り組もうとする意志が希薄なため芸術的な才能を浪費しやすく、神経が張りつめて現実逃避に走るかもしれません。気分屋で感情の起伏が激しいでしょう。人に優しく、「ノー」と言えず、パートナーとの関係にストレスを生む可能性もあります。

　逆に9の消極的な面が出ると、自分では寛容で客観的なつもりでも、周囲からは近寄りがたく冷たい人に見えてしまったり、器用貧乏になって、何も秀でるものを持てないかもしれません。

　この習慣数の場合、チャートに4か8が目立つ人は、思いやりと寛容を学び、幅広い見解を身につける必要があります。また3か6が目立つ人は感情的に傷つきやすく、7が目立つ人は現実に対処するのが苦手なことを意味します。

　人間的に成長し、気づきを深めるために、みずからを実験台にして9の特性を活用しましょう。そのためにも広がりと奥行きのある仕事を持つべきです。感情の激しさも、演劇、教育、宗教といった分野なら有効に活かせます。

8章

Specialities and Missing Numbers

特性数と欠落数

力があると思うゆえに力が出る

——ウェルギリウス『アエネイス』

特性数と欠落数とは

数秘術チャートには、運命数や誕生数のように人生全体の方向性を導き象《かたど》るパターンとして機能する数字もあれば、毎日の生活に直接影響を与える数字もあります。

名前に何回も現われる数字「特性数」と、名前にまったく現われない数字「欠落数」を調べると、あなたが日常生活で出会う人々や物事に、どのように反応したり対処するのかがわかります。つまり名前を構成する数字の種類とその出現頻度から、あなたの日々の行動のパターンやリズムを読みとることができるのです。

特性数は「私にはどんな特徴的な性質や要素がある?」といった疑問に、いっぽう欠落数は「私に欠けている特性は?」といった疑問に答えてくれる数字です。これは特に、あなたの人間関係や仕事に関する長期的な展望を考える時に役立つ情報源といえるでしょう。

(例)サラ・ファーガソンの名前を数字に変換する

S	A	R	A	H			
1	1	9	1	8			
M	A	R	G	A	R	E	T
4	1	9	7	1	9	5	2
F	E	R	G	U	S	O	N
6	5	9	7	3	1	6	5

特性数と欠落数の計算方法

①数秘術チャートの名前の欄に、あなたの本名をヘボン式ローマ字で書きます（巻頭の「名前のガイドライン」を参照してください）。

②変換表を見ながら、アルファベットを一文字ずつ数字に置き換えます。

③それぞれの数字が現われる回数を数えて、チャートの欄にそれを記入しましょう。

3*回から6回以上くり返し出現する数字があれば、それがあなたの特性数です。そして一度も現われない数字があればそれが欠落数になります。

［*注］名前には、一般的に頻繁に現われやすい数字（アルファベット）もあれば、比較的現われにくい数字もあります。そのため、たとえば9（I、R）は6回以上出てくると9の特徴を強く示す（特性数）とされますが、2（B、K、T）は3回以上で2の特徴を強く示す（特性数）とされます。このように、特性数を規定する出現回数は数字によって異なります。

〈参考例〉

ここでは、エリザベス女王の次男、アンドリュー王子と結婚したサラ・ファーガソン（Sarah Margaret Ferguson）の名前を調べてみましょう。

彼女の名前を構成する数字は表のとおりです。

名前に1が6回現われるサラは、1の特性、すなわち自主性、率直、勇気、新しいアイデアや文学への興味を色濃く持っていることがわかります。そして実際、サラは飛行機の操縦免許を持ち、出版の仕事に携わり、パワフルな妻としても有名な女性です。

また4回現われる9は、壮大なビジョン、幸運、あたたかさ、多種多様な人々に対する寛容さを示す数字で、たしかに彼女は人々の気持ちに強い関心を寄せる人です。さらに2回現われる6と、1回現われる4は、彼女の責任感の強さと、家族や伝統を大切にする性質を示しています。これらのおかげでサラは女王のお気に入りになれたのでしょう。

また7が2回現われるのも興味深く、彼女が分析的で鋭い知性と、深い信仰心の持ち主であることがわかります。

1回ずつ現われる2・3・8は、機転、協調性、ビジネス能力をそれぞれ示しています。このように1から9までのすべての数字が名前の中に現われるサラは、一生を通じて幅広い才能を開花させていくでしょう。

サラ・ファーガソンの名前に出現する各数字の回数

1	2	3	4	5	6	7	8	9
6回	1回	1回	1回	3回	2回	2回	1回	4回

欠落数をより深く理解するために

名前にまったく現われない数字である欠落数は、時にカルマのレッスンとも呼ばれます。この欠落数と同じ数字が、頂点数や試練数(10章)に現われる時期は、その数字の課題への取り組みが重要なテーマの一つとなります。

たとえば、あなたの名前の欠落数が8で、頂点数8または試練数8の時期があるとすれば、その間にあなたは8の課題である決断力や、客観的でビジネスライクな判断力を身につける必要に迫られ、他者に助けを求めるか、あるいは自分の能力を開発することになるでしょう。

＊＊＊

特性数と欠落数が示すあなた

1

名前に1が「5回以上」現われる場合

リーダーシップと自主性が強まります。意志が強く、集団になじみにくい性質があり、独創的かつ前衛的で、かなりの理想主義者かもしれません（ただし名前の中に4か8があれば、現実的なことにもきちんと対処していけるでしょう）。人から指図されるのが苦手で、みずから決断し、自分のやり方で積極的に動きたい、輝きたいと思うでしょう。頭の回転の早さはピカ一で、執筆やデザインなど特別な才能にも恵まれます。あなたは物事の「始まり」を愛するでしょう。

名前に1が「2〜4回」現われる場合

やるべきことをきちんとやり、支配的になりすぎることなく、みんなの上に立てる人です。正直で、自分の意見をはっきりと言います。

名前に1が「1回」現われるか、まったく現われない場合

自己主張に欠け、自分に自信を持てないかもしれません。何一つ目標を達成できないのではないかという不安を抱える可能性もあります。誕生数か運命数が1なら、機会は与えられるのに、あなた自身がリーダー役を引き受けることを躊躇するでしょう。仕事の電話も苦手かもしれません。人の意見に従うことを好む、のんきでチャーミング、ユーモアのセンスがある人です。

1がまったく現われず、その影響力を受けることのないあなたは、自分という存在を明らかにしようとして、無意識のうちに人々の注目を集めるかもしれません。もしかすると、そこには「信じることのためにこの身を投げ出したい」という衝動も隠れているかもしれません。

協調性と思慮深さ、そして忍耐によってあなたの目的は達成されます。控えめで自己主張に欠けることを不満に思わないようにしましょう。

2

名前に2が「3回以上」現われる場合

繊細で引っ込み思案で、とても内向的かもしれません。男女を問わず女性的な側面が発達し、受容的で忍耐強く、思いやりがあるでしょう。驚くほど何でもうまくこなし、技術的な仕事や細かな仕事も辛抱強く最後までやり抜きます。

美、色彩、友情をとても大切にし、感性を分かち合える相手を求めます。芸術的な才能（写真）か音楽的な才能（特に弦楽器かドラム）があるかもしれません。劇やバレエを観るのも大好きです。

人の意見を鵜呑みにしたり、新しい状況や初対面の人を恐れる傾向もあります。あなたはスピリチュアルなつながりが不可欠な人。興味のある物や記事を収集するコレクターで、心配性で些細なことが気になるでしょう。

名前に2が「1~2回」現われる場合

辛抱強さと協調性に秀でます。美と芸術を重んじるでしょう。職業としては、経理その他の緻密さを要求される仕事が向いています。言い争いの仲裁役になりやすく、受容的です。

名前に2がまったく現われない場合

忍耐力に欠け、機転もきくほうではありません。何でも自分個人に向けられたもののように受けとめやすいのですが、自分が他者に与える衝撃には気づかないかもしれません。物事を進めていても、最終的な段階になると途端に怖じ気づいてしまうところがあります。手がけたことを最後までやり抜けるように心がけましょう。

マナーと心理学の本が役立つかもしれません。芸術的なプロジェクトに惹かれるか、もしくは美容業界で働く可能性があります。名前に6も現われない場合は、厳格なタイプに見えるでしょう。

3

名前に3が「4回以上」現われる場合

言葉や文字を使ったコミュニケーション能力に長けています。のびやかで生き生きした性質で、贅沢、余暇、おしゃれを楽しみます。物ではなく人を相手にして働くほうが好きで、単純な手作業には退屈するでしょう。物事を先延ばしにしたり、おしゃべりや散財をしすぎてエネルギーを無駄使いするところもあります。

本、映画、雑誌、演劇、ピクニック、ダンス、スポーツに惹かれ、注目されるのが好きで、ロマンスを夢見ます。自分のことをあれこれよく話し、一見現実的に見える計画（少なくとも夢中になっている間は現実的に思えるはず）をいろいろ思いつくでしょう。どんな時も常に楽観的です。

名前に3が「1〜3回」現われる場合

想像力豊かで、適度な言語能力の持ち主。クリエイティブな考え方をする人です。さまざまなことを試すものの、すぐに飽きてしまうかもしれません。音楽も大好きですが、自分にはその才能はないと思うかもしれません。子どもも好きで、年をとっても若々しさを失わないでしょう（4や8の影響が大きくなければ）。

名前に3がまったく現われない場合

生真面目なところがあります。おそらく、休暇をとるより働いていたいと思うほうでしょう。ことによると文章を書く仕事をしながら、それとは別の文章をさらに大量に書いているかもしれません。ダンスのレッスンなどを受け、定期的に休みをとるようにしましょう。快活なタイプと結婚するかもしれません。

4

名前に4が「3回以上」現われる場合

きわめて現実的です。ただし、暮らし向きを気にしすぎる傾向があるかもしれません。建設業者、機械工、エンジニアになるか、あるいは規則、測量、数字に関わる仕事をする可能性があります。頑固で、新しいアイデアをすんなり受け入れられず、何ごとも試してみてから考えるほう。

目に見える結果を求めるので、考古学者、地質学者、牧場経営者、彫刻家、庭師といった職業が合うでしょう。素晴らしい鑑定家にもなれるはず。健康志向で、食べ物と料理に関して独自の考えを持っているかもしれません。ストレスや感情をため込んだり、責任を背負い込みすぎると胃を悪くするおそれがあるので気をつけましょう。

改善欲求が強く、さらに名前の中に6もあれば素晴らしいまとめ役になるはずです。

名前に4が「1~2回」現われる場合

実践的で、仕事を手際よく処理していけるでしょう。また、人のアイデアやプランを実現・実行する能力にも恵まれています。独自のシステムを考案する可能性もあります。あなたの幸福には秩序が欠かせません。

名前に4がまったく現われない場合

実用的、現実的なことが苦手で、家事が嫌いかもしれません。もしもそうならハウスキーパーを頼みましょう。物事をやり遂げるには励ましが必要で、仕事は遅いほうかもしれません。自分の実力以下の仕事につく可能性もあります。ただし、チャートのどこかに4があれば「仕事で能力を証明したい」という無意識の欲求が生まれ、生産性が高まるでしょう。名前の中に現われないのが4のみの場合は、生涯、健康に恵まれます。

5

名前に5が「5回以上」現われる場合

抜群の営業能力。人々を夢中にさせたり、購買意欲をかきたてる才能の持ち主です。衝動的で自発的、そしてたぶん異常なほどエネルギッシュ。落ち着きがなく、好奇心旺盛で、リスクを恐れず、前のプロジェクトの完成を待たないで次々新たなことに着手するかもしれません。慣習にとらわれず、家庭よりも自由を求めます。バラエティに富む仕事か、出張の多い仕事がいいでしょう。

名前の中に5の多い女性は、自分の考えを相手に認めさせたい、説得したいという気持ちが強く、議論好きと思われるかもしれません。また男女を問わず自分に甘くなりがちで、特定の食べ物の中毒になったり、性的な耽溺に陥りやすい可能性もあります。

名前に5が「3〜4回」現われる場合

適度に変化し、適応していける能力の持ち主。好奇心、冒険心、旅行好きなところも、それなりに持ち合わせています。

名前に5が「1〜2回」現われるか、まったく現われない場合

5が2回以下というのは、まれに見る警戒心の強さを示します。変化を好まず、未知のことに挑戦するのが苦手かもしれません。自分をなかなか売り込めないタイプで、人混みも嫌うでしょう。説得術を身につけようとしてセールスの仕事についたことがあるかもしれませんが、おそらく合わなかったはず。チャートのどこかに1が強く存在しない限り、あなたは野心家でも競争心旺盛でもありません。

6

名前に6が「3回以上」現われる場合

「家庭や家族は神聖なもの」という伝統的な価値観が強まります。かなり独断的で頑固なほうでしょう。パートナーの行動が一つひとつ気になるとしたら、たぶん外で過ごす相手に嫉妬しているのかもしれません。支配的で自分本位なところがあっても、自分では常に家族のことを最優先に考えていると思うでしょう。おそらく離婚はしない主義。心配性のところもあり、忠誠心が強く、人にもそれを期待します。食通でワイン通です。

名前に6が「1〜2回」現われる場合

善悪を見分ける優れた感覚と、高い養育能力を示します。親になるのは自分にとって「正しい」ことだと感じるでしょう。教え、助言し、困っている人々に救いの手を差し伸べます。

おいしいワインと着心地のよい服、広々した家を愛する人。どんな職業についても、あなたは生まれながらの人道主義者であり、ヒーラーです。名前の中に4もあれば、素晴らしい組織力・管理能力を発揮していけるでしょう。

名前に6がまったく現われない場合

結婚は一度ではなさそうです。おそらく責任にまつわる多くの課題を学ぶでしょう。また、物事をぐずぐずと先延ばしにする傾向があるかもしれません（チャートに5が多い人は特に）。

7

名前に7が「3回以上」現われる場合

かなりエキセントリックかもしれません。分析力が非常に鋭く、事実をあばきたい、知りたい、理解したいという衝動に駆られるでしょう。あらゆる状況を直感的に把握し、間違いがあれば本能的にそれを察知します。潜在的に数学、技術、調査研究、戦略、発明の才能があります。超然としたクールな性質で、お金に関しては懐疑的か、細かいかもしれません。オカルトやスピリチュアルな分野に秀でるでしょう。

名前に7が「1〜2回」現われる場合

よく発達した直感力の持ち主。スピリチュアルな興味か、形而上学の才能があるかもしれません。研究者、探偵、発明家、教育者（専門は歴史か科学）になれるでしょう。信仰心と徹底的に探る知性をあわせ持つ、ユニークな人です。

名前に7がまったく現われない場合

偏見のない人ですが、早合点しやすいかもしれません。7が1つの人ほど用心深くはありませんが、やや心配性の傾向（チャートの中に6が多い人は特に）。宗教やオカルトに惹かれるかもしれません。プロジェクトに心を奪われている時は、疲れ知らずの働き者です。

8

名前に8が「2回以上」現われる場合

きわめて勤勉です。試験を受けたり、仕事で試されることが多いかもしれません。達成願望が強く、従属的な立場は不本意に感じやすいので、おのずと責任ある立場になることが多いでしょう。お金の問題（他人のためも含めて）に取り組む可能性もあります。
物事の真偽を見抜く優れた識別眼と判断力を持っています。出版または高等教育の分野、もしくは政府、銀行、軍関係といった組織でチャンスに恵まれるでしょう。

名前に8が「1回」現われる場合

管理・監督能力があり、調停役や判事に向きます。ビジネスの世界に惹かれるでしょう（誕生数、運命数、ハート数のどれかに8・1・4を持つ人は特に）。有能でパワフル、自分の計画の長所を他者に納得させる力を持っています。危機的な状況にも見事に対処し、客観的に物事をとらえるので、周囲からも信頼されます。

名前に8がまったく現われない場合

人を助けるよりも、助けられることのほうが多いでしょう。お金のために働くわけではありませんが、さまざまな経路からお金が入ってきます。課題はお金の適切な管理運用で、なかでも重要なのが計画的な資産づくり。クレジットカードが問題になるかもしれません。

9

名前に9が「6回以上」現われる場合

人の影響を受けやすく、傷つきやすいでしょう。とても感情的、直感的で、事実ではなく感覚に基づいて決断します（チャートのどこかに4と8が強く存在すれば別）。演技力や詩的な想像力に恵まれ、さらには幸運にも恵まれています。もしかすると影響力のある人物や、有名人と出会うチャンスがあるかもしれません。
ネガティブな特徴としては、気分屋で優柔不断、落ち込みやすいところ。食生活に気をつけ、気晴らしにアルコールや薬物をとるのはできるだけ控えましょう。ことによるとあなたは、世界の平和と人類の調和を願うヒーラーかもしれません。外国人か年上の人と結婚する可能性。

名前に9が「1〜5回」現われる場合

共感力があり、心が広く、寛容、直感的です。

情緒的な包容力もあり、人類が目指すべき理想と目標を胸に抱くでしょう。芸術のためにはお金を惜しまず、ロマンスと良い暮らしを楽しみます。

名前に9がまったく現われない場合

一つのプロジェクトをなかなか完了できないかもしれません。また、些細なことやつまらない葛藤にとらわれ、人生を哲学的な見地から展望できなくなってしまう場合もあります。それは別の視点を受け入れようとしないか、あるいは、みんなも自分と同じ考え方をするはずという非現実的な期待があるせいでしょう。

ことによると外国人と働くか、外国で暮らすことになるかもしれません。あなたはどんなに些細なことであろうと、人道的な行為によって達成感を感じるでしょう。お金はまったくと言っていいほど重要には感じないかもしれません。ただしチャートの中に5か8が多い場合は、何よりもまず富を優先させるでしょう。

9章

Balance of Temperament

気質のバランス

驚くべきものあまたある中に、
人間にまさって驚くべきものたえてなし

——ソポクレス『アンティゴネ』

気質のバランスとは

この章では、名前に現われる数字から身体数・知性数・感情数・直感数を導き出して、あなたの「気質のバランス」を見ていきましょう。

私たちは日々の生活のなかで、身体・知性・感情・直感という四つの表現レベルで物事をとらえ、選択し、行動していると数秘術では考えます。もちろん重要な選択になればハート数の影響も色濃く反映されてくるでしょうが、ふだんの日常的なあなたの行動や反応は、これら四つの側面で表わされる気質のバランスによって形成され、方向づけられていると言えるのです。

身体数・知性数・感情数・直感数を調べることによって、自分はやはり感情的なタイプだったとか、むしろ知的に考えるタイプだったなどと再認識することになるかもしれません。また、ほかの人々についても、これらの数字を見れば直感的なタイプ、現実的なタイプというように、その人のふだんの考え方や行動の特徴がよりつかみやすくなるでしょう。

気質のバランスの４レベル

4・5（D・M・V・N・E・W）**の総数＝身体数**
1・8（A・J・S・H・Q・Z）**の総数＝知性数**
2・3・6（B・K・T・C・L・U・F・O・X）**の総数＝感情数**
7・9（G・P・Y・I・R）**の総数＝直感数**

気質のバランスの計算方法

①数秘術チャートの名前の欄に本名をローマ字で書きます（巻頭の「名前のガイドライン」を参照してください）。

②変換表を見ながら、アルファベットを一文字ずつ数字に置き換えます。

③上の表にしたがって、身体数・感情数・知性数・直感数の数字がそれぞれ名前の中に何個あるか数えましょう。

4・5＝身体数
1・8＝知性数
2・3・6＝感情数
7・9＝直感数

④それぞれの総数をチャートの欄に記入します。

〈参考例〉

参考として、女優のベティ・デイビス（Ruth Elizabeth Davis）の名前を調べてみましょう。

そして彼女の名前から、それぞれの数字の合計を出すと、表のように身体数4、知性数6、感情数5、直感数3となります。

ベティ・デイビスは身体を動かすことを厭わな

い勤勉な働き者（身体数4）で、実践を重んじ、よく人に教え助言する女性（知性数6）です。

情熱的で、理解されにくい感情の持ち主（感情数5）ですが、みずからの無意識とは非常によくつながっています（直感数3）。そして安全第一で行動する（身体数4）ものの、感情面ではリスクを冒すタイプでしょう（感情数5）。

身体数・感情数・知性数・直感数を見ることによって、以上のようなことがわかります。

＊＊＊

身体数（4と5の総数）が示すあなた

身体数 0

身体数を表わす文字（D、M、V、N、E、W）がないからといって、肉体的に何か問題があるわけではありません。これはあなたが尋常ならざる身体的な能力もしくは試練を持って生まれた可能性があることを示しているのです。

もしかすると、人間関係を育む能力に人並み以上に恵まれているかもしれません。あるいは優れた直感力を持ち、分析的な研究にはあまり興味を示さないタイプかもしれません。いずれにせよあなたは執筆、デザイン、研究にとても強い関心を抱き、非常にユニークな生き方をするでしょう。

身体のことにはまるで無頓着か、逆に過敏なアレルギー体質でしょう。また身体数0の人は、歯みがき、手洗い、掃除といった日課に必要以上に、時には強迫的なまでにこだわることもあります。

（例）ベティ・デイビスの名前を数字に変換する

R U T H	E L I Z A B E T H	D A V I S
9 3 2 8	5 3 9 8 1 2 5 2 8	4 1 4 9 1

（例）ベティ・デイビスの気質のバランス

身体数：**4**（4が2個、5が2個）
知性数：**6**（1が3個、8が3個）
感情数：**5**（2が3個、3が2個、6が0個）
直感数：**3**（7が0個、9が3個）

身体数 1

独創的で、何ごとにも熱心で積極的な、自立した人。何かにつけて目立つ存在でしょう。全権を握っているという感覚を持ちたいほうなので、自営業か独立した仕事に向くでしょう。

「物事はこうあるべき」という意見を曲げようとしないタイプ。男らしさや女らしさを前面に出すかもしれません。常に刺激を求め、飽きっぽいところはありますが、おしゃれでスマートな感覚の持ち主で、革新的なアイデアや現代的なデザインを好みます。

物事のスタートや始まりが大好きで、やり抜くことは苦手かもしれません。でも、締め切りがあればやり遂げてみせるでしょう。あなたは緊急事態や障害に出会っても、勇敢に立ち向かうタイプ。忠告や助言を嫌い、所定の手順を踏むよりも、臨機応変に自発的に動きたいと思うでしょう。スポットライトを愛する人です。

身体数 2

繊細でもの静か、仕事志向のあなたは、とても辛抱強い人。身体数1のような自信は持ち合わせませんが、頼りになるタイプです。あなたは将来を心配し、過去を分析します。「家庭」を感じさせるものを集めるのが好きで、馴染みのある環境を好むでしょう。

共感力が強く、常に人を喜ばせようと努力します。注目されると逆に戸惑いを覚え、責任の重いポジションよりも裏方として働くほうを好みます。

身体数 3

のんきで外向的、気前がよく、社交的。新しいアイデアを次々思いつき、「事実」よりも「可能性」を語りたい人です。また旅行やパーティ、プレゼントが大好きで、どこにでも顔を出す人として、あるいは集まりの常連として有名かもしれません。ハッピーで楽観的、愛情深くて、寛大で、批判されるのが苦手。かなり皮肉っぽいか、機知に富むタイプかもしれません。

他の身体数ほど業績は上げないかもしれませんが、だからといって自分を卑下しないようにしましょう。あなたは回復力の強い人。決まった手順やマニュアル仕事を好まず、一人暮らしも嫌いでしょう。

身体数 4

実践を重んじ、手順の決まっている仕事をてきぱきとこなせる有能な人です。仕事熱心で、手作業を好むでしょう。人づきあいもそつなく、実行力もあります。あなたの強みは几帳面さで、改善と修復を好み、リストの作成や貯金を楽しみます。

何かしら運動を日課に取り入れると健康になれるでしょう。身体数3とは違って、あなたは嫌な仕事を片付けてから遊ぶタイプ。頑固だけど頼りになる人で、自分で一度学んだことは変えたがりませんが、人には能率アップの方法を楽しんで教えます。独善的になる可能性もあります。

身体数 5

衝動的でスピーディ、とても行動的な人です。新たな体験や刺激を求めてやまないタイプで、気のむくままに動く傾向があります。創造性のはけ口がなかったり、自分の状況を変えられないと、苛立ってくるので、決まりきった仕事や規則の厳しい職場にしがみつかないようにしましょう。

そして、ありあまったエネルギーは運動で解消しましょう。あなたは他者をうまく動かし、リーダー役も好きなので、団体で行なうスポーツに向いています。さまざまな仕事につき、さまざまな技能を身につけながら、常に収支が合うように動いていくでしょう。好奇心も冒険心も旺盛で、慣習にとらわれない大胆さも持つ人です。

身体数 6

育て上手で、行動のそこかしこにその片鱗が見てとれる人。あなたは生まれつき情が深く、問題を見つけるとすぐに解決策を探したくなり、また人からもよく相談を受けるでしょう。時には無意識に他者から頼られるような状況をつくり出すこともあるかもしれませんが、責任感がとても強いタイプです。

あなたは暖かくて快適なマイホームを求めます。庭の手入れをしたり、壁にペンキを塗ったり、あるいはそこで誰かを癒したり、何かを教えたりするかもしれません。役に立っていると感じることで幸せになれるので、人々に奉仕する仕事につきましょう。ファッション、化粧品、インテリアデザイン、教育の分野が向いています。場合によっては体重の問題を抱えるかもしれません。

身体数 7

とても上品で、優雅な人です。ただそのせいで、周囲にも王侯貴族のように扱われることを期待するかもしれません。あなたは骨董品、歴史、専門知識、例外的なものや、かなり変わったものに惹かれます。

中身と深みのある人物を好み、ごく限られた良い友人とだけつきあうでしょう。子どもを持つと、感情表現に乏しい傾向はあるものの、教育熱心な親になります。

エキセントリックなところがあるので、一人で働くか、自己管理できる職場に勤めましょう。分析的で知覚も鋭いので、技術、科学、スピリチュアルな分野が最適。間違っても「大衆の一人」になろうとしたり、大組織の歯車の一部として働いてはいけません。

身体数 8

多くの人々とともに働き、大きなことを成し遂げるパワーがあります。高い目標を抱き、重役もしくは何らかの専門家として活躍する可能性が大きい人。友人にも有能で実力のある人を求めるでしょう。

お金の運用に長けているので、人のお金を預かっても上手に運用するでしょう。自分のお金に関しては慎重ですが、常に最高のものを買い求め、それ以下では妥協しません。大きな家と良質な服、地位と評価を求めて生きていくタイプ。したがって長時間働くことになるでしょうが、それを可能にする頑丈な身体も持っています。女性の場合は、伝統的に男性優位とされている職業につくかもしれません。少女時代はおてんばだったでしょう。

身体数 9

尋常ならざるパワーの持ち主。あなたは自己表現の機会を数多く与えられるでしょう。国際的なスケールで、大きな組織を相手にするような分野に向いています。ドラマチックな演出の才能と、万人の心をとらえる力を持っていますが、この特性を発揮できないと、一人で閉じこもったり、ぼんやりと不安げな表情になるでしょう。

あなたは寛大で愛情深く、自分の良心的な行為に気づかれると喜びます。ただし、できないことまで約束したり、事実を顧みず衝動的に動くところがあり、浪費家や、夢見がちなロマンチストになる可能性もあります。

気ままに動きすぎたり、カルト集団や社会運動の指導者にまつり上げられないように気をつけましょう。それさえ注意すれば成功する確率がとても高い人。地に足をつけ、周囲との接触を保っていくことが大切です。地球のために働きましょう。

＊＊＊

知性数（1と8の総数）が示すあなた

知性数 *0*

名前に知性数を示す文字（A、J、S、H、Q、Z）がないので、あなたはきわめて優秀な頭脳の持ち主か、あるいは直感、感情、知性、身体のどこからでも情報を簡単に手に入れることができるでしょう。もしかすると、優秀な生徒なのに授業中は不真面目なお調子者で、気が散りやすいタイプだったかもしれません。

アイデアが次々とあふれ出てきて、いったんしゃべり出すと止まらなくなります。あなたの話に最後までついてこられる人は、なかなかいないかもしれません。大勢の注目を集めることは避けようとしますが、逆に人から軽んじられたり、無視されると傷つくほうでしょう。

知性数 *1*

インスピレーションがひらめく人。物事のポイントを素早く見抜くでしょう。高い理念を抱き、誠実で、どんなことも包み隠さず話します。また独創的で頭の回転も早いので、時間をかけて考える人をもどかしく思うかもしれません。

あなたが受けとった第一印象を信じるようにしましょう。決まったやり方や伝統的な考え方にはすぐに飽きてしまいがち。

知性数 2

並はずれた記憶力のおかげで、事実をつなぎ合わせたり、細切れの情報を系統立てることができる人です。いつか役に立つはずと雑誌や新聞の記事をせっせと切り抜くあなたは、レポート作りにかけては完璧主義者でしょう。

礼儀をわきまえた人ですが、他者の言葉にやや神経質すぎるところがあります。自分のニュアンスで深読みしすぎないようにしましょう。

知性数 3

最新のファッション、社会や心理学の動向に関する読み物、クロスワードパズル、性格診断、洋服のリフォームが好きな人です。

創造的で楽観的なあなたは、人づきあいの時間をこまめにとって、仕事とのバランスをとることが大切です。レクリエーションと趣味の時間も持つようにしましょう。でも、あなた自身は遊びよりも、業績をもっと上げなければと思うかもしれません。本よりも体験そのものから学びたいと思うタイプです。

知性数 4

常に何らかの計画を抱えて努力する人で、その努力はたいてい実を結びます。過去の体験に頼りすぎる傾向はありますが、石橋をたたいて渡るほど慎重で、経営者としての素晴らしい資質を持っています。もしかすると長期的なプランを練り、自分の事業を立ち上げるかもしれません。測量、建設、会計、経費分析の分野が向いています。

知性数 5

新しい考えを偏見なく受け入れ、前衛的なもの、現状にないもの、反体制的なものに惹かれます。好奇心旺盛なので、変わった人たちとも親しくなり、彼らを研究するかもしれません。

決まりきったやり方や仕事には耐えられず、いらいらするでしょう。そういうものにあなたが我慢できるのは、そこから何か学ぶことがあるとわかっている時だけです。郊外の暮らしは向かないほうです。

知性数 6

大人としての責任感から物事をとらえる人です。問題が生じたとわかると、それをわが身に引き受けて解決策を探そうとするでしょう。もしかしたら他者を「救う」ために奔走するかもしれません。心配性で、社会的な義務感にとらわれやすく、後になって縛られていたことに憤慨するタイプです。

教育やカウンセリングのすばらしい技量の持ち主で、職業とは別にそうしたことを実践するかもしれません。ボランティアや人道的な活動など、あなたの技術を活かせる場を探しましょう。ただし、役に立っていると感じたいからといって、いつのまにか「犠牲者」になってしまわないように気をつけましょう。

知性数 7

物事をつきつめて深く考えるタイプで、一人の時間が必要です。研究心と分析力に富むあなたは、何であれしっかり観察し、持てる知識を上手に活用して物事に対処するでしょう。

一風変わっていて、常に人とは違う見方をするため、周囲から浮いた存在になりやすいかもしれません。あなたには一人でできる仕事が最適。数学的あるいは技術的な頭脳があり、直感力の強い人です。

知性数 8

素晴らしい計算力と問題解決能力の持ち主。フィナンシャルプランナーか管理職として働くといいでしょう。みずからの業績に誇りを感じるタイプ。周囲から成功を認められたいと願い、特権や特別な地位を手にしたり、メディアに取り上げられることもごく普通に受けとめるほうです。集団や組織への帰属感に喜びを感じるでしょう。

知性数 9

人類の普遍的なニーズを理解し、その情報を読みとれる人です。おそらく、人々に起きていることを感じたり、流行を予感することもできるでしょう。あなたは自分の欲求を満たすためではなく、大勢のために働くべき人。大きな視点でものを見ることは得意でも、肝心な細部の詰めは苦手なので、そうした助けは必要かもしれません。のちのちの混乱を避けるためにも、目的や計画は明確に把握しておくようにしましょう。

ユニークな目で物事を見、存在そのものによって他者を癒せる人です。ただし興味を失うと、急に冷たくなったり、よそよそしくなる可能性もあります。

＊＊＊

感情数（2と3と6の総数）が示すあなた

感情数 0

感情数を示す文字（B、K、T、C、L、U、F、O、X）がないからといって、もちろん感情がないわけではありません。これはあなたが常に知的で論理的な人生観に基づいて行動する人であることを示しているのです。

もしかすると非常に分析的で、執筆、デザイン、リサーチにとても強く惹かれ、独自の道を行くタイプかもしれません。誰かと一緒にいるより一人のほうが好きで、むしろ孤独を愛するでしょう。結婚はあまり望まず、結婚したとしても、どことなくよそよそしさが抜けない場合もあります。あるいは逆に、社交的で外向的な人と結婚するかもしれません（そうすれば人づきあいは伴侶にまかせられるので）。

大きな恐怖か不安を抱えていて、そのせいで人生を存分に楽しめない可能性もあります。きわめて誠実ですが、言葉や態度ではなく、行動で愛情を示すほうです。

感情数 1

初対面の人に強く反応し、その人物像を即座に見極めようとします。思いや気持ちを素直に表現し、内側の感覚をもとに決断することが多い人です。伴侶に対する期待が高く、その期待に応えられる相手を求めるものの、自分自身は相手に小言を言われたり、束縛されるのは苦手でしょう。美人かハンサムで、特別な才能や熟練の技を持った、目立つタイプに惹かれるかもしれません。

あなたは知性を尊重します。何でもかんでも幅広く手をつけすぎないようにしましょう。

感情数 2

親しい人間関係にかなり依存しやすいでしょう。物事を個人的に解釈して受けとりがちなので、自分の思いや欲求をしっかり把握し、人との境界線を明確にしておきましょう。音楽と芸術に対する並はずれた感性の持ち主。きわめて感受性が強いので、想像をふくらませすぎて恐怖にかられないように気をつけましょう。

あなたはパートナー、友人、仲間と感情体験を共有したいと望みます。素晴らしい共感力の持ち主なので、話を聞いているうちに自然と相手を救ってあげたくなるかもしれません。

あなた自身は時間をかけてじっくり考えてから変化するタイプで、ときどき落ち込んだり、そこはかとない不安に苛まれることもあるでしょう。外部の承認を得ないとなかなか自分を正しいと思えないため、自分をはっきり持っていて外向的な人に惹かれます。結婚相手はおそらく慎重で上品なタイプでしょう。

感情数 3

活動的で、忙しくしているほうが逆にくつろげる人です。ユーモアのセンスが抜群で、遊ぶことが大好きで、なかでも特に人づきあいを楽しむでしょう。運にまかせて動くタイプです。

内側の思いをあれこれ分析しなくても、たいていいつもハッピーで、「最後には何もかもうまくいく」と信じて疑いません。ただし、気軽に約束しすぎて守れないことも多く、くどくどと同じ話を繰り返したり、うわさ話に夢中になることもあるでしょう。

結婚相手はたぶんクリエイティブで、快活、陽気、外向的で、楽しみを分かち合えるようなタイプ。あなたはしばらくじっくり考えて、それから「虎穴にいらずんば虎児を得ず」とばかりに一気に行動に移す人です。人気者になりたい、素敵だと思われたいという思いを内に秘めています。

感情数 4

年齢もしくは知性や体験において自分のほうがまさるような相手、すなわちたぶん年下か、あなたの業績を讃えてくれるような人たちを好むかもしれません。

感情数3と違って、あなたは自分の身に起こったことをどうしても理解したいと思うので、率先して人間関係に取り組みます（特に女性は）。感情をため込まないように気をつけて、何か発散できる現実的な受け皿を見つけておきましょう。カウンセラーか看護士として働けば、その素晴らしい共感力を活かせます。あなたはどんなに些細なことでも、ほめられると花開き、批判されるとしぼみます。

生真面目に自分の行動に責任を持ちすぎる傾向がありますが、それはたぶん無意識下に今も存在する親のイメージがあれこれ指図してくるせいでしょう。また、従属的な立場に腹をたてても、一度試して変えられなければ、その状況に甘んじるところもあります。人と比較して自分を否定的にとらえないように気をつけましょう。あなたは誰よりも強い忠誠心の持ち主。結婚相手にとっては操縦しやすいタイプかもしれません。

感情数 5

活力にあふれ、行動的で、外部の刺激や変化を生きがいにする人です。自分とはまったく違うタイプの人々との出会いを楽しむでしょう。また、物事を客観的に受けとめ、うまくいかないことは簡単に手放して次に進んでいきます。

ただし愛情と性的な感覚が同居していて、別れた相手を何年も忘れられなかったり、ずっと情熱的な思いを抱きつづけるかもしれません。でも求めればすぐに次のパートナーが見つかります。

あなたは常に新たな情報を探し求めていくでしょう。現状を越えたいという思いから、周囲の人々や仕事仲間と正反対の見方をとりがちかもしれません。

感情数 6

あなたは世界で一番、情の厚い人（チャートの中に1か8がなければ）。愛情深くて感情表現豊かで、他者の生活に関わっては人の問題を解決しようとします。誰かが「悪い道」に入りそうだと思うと、かなり独断的に決めつけて病的なほど心配するでしょう（自分の子どもの場合は特に）。

理想の伴侶は、忠実で家庭第一の人でしょう。あなたは人の役に立ち、感謝されることで幸せを感じるタイプ。おそらく健康や栄養に関する強い関心と、教育やカウンセリングの天賦の才能を持っているはず。キャリア志向の強い数字（1か8）がチャートの中にあっても、たぶん人に奉仕する種類の仕事につくでしょう。「のんびり気楽に」があなたへのアドバイス。手放すことを学びましょう。

感情数 7

感情が心の奥底にひそむタイプなので、自分の問題を認識するのに時間がかかるかもしれません。あなたの場合は一人で過ごす静かな時間を持たないと、自分の本当の感情に気づくこともなかなかむずかしいでしょう。パートナーとも気持ちを分かち合うのが不得手かもしれません。それはたぶん、あなたがそういう分かち合いを重要だと思っていないか、あるいは言わなくても相手にわかるはずと思い込んでいるせいでしょう。

直感力が非常に強いので、ピンときたことを信頼するのが一番です。教養や洗練に憧れるあなたは、威厳のある年上の人物に惹かれるかもしれません。あなたにとっての最大の関心事は他者の行動。瞑想を心がけましょう。

感情数 *8*

とても感情的なのに、自分の気持ちや感情をきっちり抑え、振り回されることがありません。それでいて、意見や好き嫌いははっきりと表明する人です。

あなたの感情抑制力は、演技やセラピーといった職業にも活かしていけるでしょう。あなたは自分の業績に誇りを持ち、不利な状況で不意打ちにあうことを嫌います。そして自分と同じようにやる気と忍耐力を持つことを人にも期待します。

また最高の生活を求め、目標に向かって何時間でも働くでしょう。おそらく専門家や実業家とも対等に渡り合う人です。法律家、管理職、裁判官、父親、あるいはチームのキャプテンに向きます。

感情数 *9*

物事を深く感じとる能力が際立ち、演技や癒しの仕事に向いている人です。何をしても大仰になりやすく、行動のすべてから「これは重大なこと」という意識が人にも伝わるタイプ。興味を持つととことん夢中になるものの、熱がさめると手のひらを返したように冷淡になり距離をおくところがあります。気分が変わりやすく、環境にも左右されやすいので、友人や知人にはポジティブな人を選ぶようにしましょう。

あなたはあらゆる体験を高次の原理に結びつけながら成長していく人。ロマンチストで、洗練を愛し、自分を高めようとごく自然に努力する人です。結婚して「落ち着く」ことなどできないと、遅かれ早かれ気づくことになるでしょう。あなたが魅力を感じるのは常に変わった人で、しかも何かを学べるような年上の人。生涯を通じて、影響力のある人々と知り合うチャンスに恵まれます。

＊＊＊

直感数（7と9の総数）が示すあなた

直感数 *0*

名前に直感数を示す文字（G、P、Y、I、R）がないので、おそらくあなたは直感的というより現実的なタイプだと自分をとらえているでしょう。

あるいは逆に、直感に関わる分野に大きな関心を抱き、超能力の開発、心理学、催眠療法、占星術、医学的な診断といったものに心を惹かれるかもしれません。優れたヒーリング能力か予知能力を持っている可能性があります。

直感数 *1*

ユニークな方法で問題を解決します。直感力に優れるので、自分の第一印象を常に信頼するようにしましょう。

あなたは熱意で他者を動かせる人。本当の幸せを手に入れるには、生きるための指針となるような信念が必要かもしれません。たとえば自由主義とか、エコロジー問題とか、あるいは、「よくわからないけれども国防強化を支持する」ということでも、何かしら信念を持つといいでしょう。

直感数 *2*

このうえなく敏感なタイプで、強烈な信念の持ち主。狂信的といえるほど何かを信じ込む可能性もあります。「他の人たちはなぜ自分のように真剣に生きようとしないのだろう」と不思議に思うかもしれません。

あなたは人の話を聞いただけで、もらい泣きするようなタイプ。他者の問題を解決したいという思いを手放すことができれば、思いやりに満ちた素晴らしいカウンセラーになれるでしょう。

直感数 *3*

優れたサイキック能力の持ち主です。非常に説得力のある人かもしれません。生まれつき楽観的な性質ですが、浅はかだと思われることには敏感です。状況の滑稽さをすぐに見てとります。

直感数 4

現実的で、多少懐疑的。何ごとも勘や漠然とした感覚ではなく、事実に基づいて決断します。きちんとした理由から選択・行動したいと思うので、自分を正当化しがちかもしれません。たとえば、引っ越す時も「家賃が安いから」とか「職場に近いから」といった実利面を強調し、自分の中に「引っ越したい」という欲求があることはあまり認めたがらないでしょう。自制心が強く、みずからを客観的かつ注意深くとらえます。

直感数 5

身体で直感を受けとるタイプなので、何かしら身体に徴候を感じたら内側からのサインと見なし、注意を払うようにしましょう。

ほかの数字次第では、「自分は自由な考え方をするほう」と思うかもしれません。暇や退屈を恐れて、多くのプロジェクトを手がけるでしょう。

直感数 6

あなたは芸術であれ小説であれ、良い作品を真剣に受けとめ、スピリチュアルな信念をありきたりな主義主張としてではなく、人生の指針として受け入れる人。見知らぬ宗教団体に入って活動するよりは、感情的に結びついている身近な人々を助けたいと思うでしょう。

また、他者が必要とするだろうものを事前に察知し、できれば求めに応じようとするでしょう。理想主義者で、人に多くを期待するタイプです。

直感数 7

きわめて直感的で、スピリチュアルな関心の高い人です。しっかりした道徳律を持ち、他者にもそれを示したい、教えたいと思います。

あなたは何ごとも額面通りには受けとらず、みずから調査分析するでしょう。優れたリサーチ能力があり、どこからでも簡単に知識や情報を引き出すことができます。変わった宗教に入るかもしれません。

直感数 8

それぞれの人を活かすポジションがはっきりとわかるあなたは、組織や集団のリーダーとなるべく生まれてきたような人。手がけたことはすべて成し遂げるタイプで、みずからの達成能力に自信を持っています。

予見力もあるので、ビジネス（特に投資）にそれを活用しましょう。国や社会の動向に関する本や新聞記事を読みましょう。もしかするとこれからの社会の牽引力となるような、パワフルな夢を抱くかもしれません。

直感数 9

非常に感じやすく、影響されやすい人です。しっかりと地に足をつけることを学ぶ必要があります。またバランスも崩しやすいので、アルコールはなるべく避けたほうがいいでしょう。直感力に優れ、思いのままにどこからともなく情報を得る人のように見えるかもしれません。あなたは「合理的」な根拠からは動きません（チャートの中に4か8が多い場合は別）。

宗教や形而上学に深い関心を寄せる可能性もあります。同じような影響力を持つ数字がほかにもあれば、優れた霊能者として人々を教え導く素質があるかもしれません。かなりの理想主義者なので、不本意な仕事は考えないようにしましょう。俳優か、ものまねタレントになっても成功するタイプです。

10章

Pinnacles and Challenges

頂点数と試練数

不死の神々は、優れて善きことの前に汗を据えられた

——ヘシオドス『仕事と日』

頂点数とは

数秘術では人生を四つの時代に区切り、〈第1期〉から〈第4期〉に分けてとらえます。「頂点数」と「試練数」は、この四つの時期それぞれを象徴する数字です。

このうち「頂点数」は、一般的に恵みをもたらす影響力を与えると考えられています。ですから頂点数を調べれば、その影響下であなたが出会うことになる環境や人、出来事、体験がわかることになります（試練数については本章の後半で解説します）。

頂点数は、「私は将来、結婚できる?」「この仕事はうまくいくだろうか」「自分で事業を始めるべき? それとも就職すべき?」「財政状況は良くなっていくか」といったさまざまな疑問に答えてくれます。

頂点数を見る時は、チャートの中の主要な数字、特に運命数や誕生数と照らし合わせて読みとっていくことが大切です。頂点数があなたのチャートの中にある数字をどのように助け、補い、広げうるか、あるいはどのように制限したり障害をもたらしうるかといったことを考慮しながら、その意味を読んでいくようにしましょう。

四つの時期の求め方

人生の四つの時期の区切り目となる年齢は人によって異なります。まず最初に、あなたのそれぞれの時期を分ける年齢を求めましょう。

36からあなたの誕生数（ひと桁の数字）を引いた数字が、あなたの〈第1期〉が終了する年齢です。そしてその次の年齢を迎える誕生日から〈第2期〉が始まって、9年間続きます。同じようにその次の年から〈第3期〉から始まり、9年間続きます。それ以降が〈第4期〉になります。

〈参考例〉

例として、マザー・テレサの四つの時期を求めてみましょう。彼女の誕生数は9なので、〈第1期〉終了の年齢は、36から9を引いて27歳となります。すると〈第2期〉は28歳の誕生日から始まり、そこから9年間続いて36歳で終わります。そして〈第3期〉は37歳の誕生日から9年間続いて45歳まで、

（例）マザー・テレサの四つの時期を求める

第1期の終了年齢	**36 − 9（誕生数）＝ 27歳**
第2期（9年間）	**28歳 〜 36歳**
第3期（9年間）	**37歳 〜 45歳**
第4期の開始年齢	**46歳**

さらに46歳以降が〈第4期〉となります。

頂点数の計算方法

①数秘術チャート表の裏面に、あなたの生年月日の数字を記入し、年、月、日をそれぞれひと桁の数字にします（例・1952年3月25日＝8、3、7）。

②月と日をひと桁にした数字を足し合わせ、その合計をさらに足してひと桁にします。これがあなたの〈第1期〉の頂点数です（例・3＋7＝10＝1＋0＝1）。

③日と年をひと桁にした数字を足し合わせ、その合計をさらに足してひと桁にします。これがあなたの〈第2期〉の頂点数です（例・7＋8＝15＝1＋5＝6）。

④次に〈第1期〉の頂点数と〈第2期〉の頂点数を足して、それをひと桁にします。これがあなたの〈第3期〉の頂点数です（例・1＋6＝7）。

⑤月と年をひと桁にした数字を足して、その合計をさらに足してひと桁にします。これが〈第4期〉の頂点数です（例・3＋8＝11／2）。

各時期の頂点数の計算方法

生年月日	**1952年3月25日**
①ひと桁にする	**8　3　7**
②〈第**1**期〉の頂点数（月＋日）	**3 ＋ 7 ＝ 10 ＝ 1**
③〈第**2**期〉の頂点数（日＋年）	**7 ＋ 8 ＝ 15 ＝ 6**
④〈第**3**期〉の頂点数（②＋③）	**1 ＋ 6 ＝ 7**
⑤〈第**4**期〉の頂点数（月＋年）	**3 ＋ 8 ＝ 11**（マスターナンバー）／**2**

〈参考例〉

では再びマザー・テレサの例を用い、それぞれの時期の頂点数を計算してみましょう。表のように、彼女の生年月日、1910年8月26日をひと桁の数字にすると、11／2、8、8となります。そして〈第1期〉から〈第4期〉までの頂点数を計算すると、7*、1、8、1となります。

チャートには、四つの時期の年齢と、それぞれの頂点数・試練数をまとめて下の表のように記入します（試練数についても参考までに併記しておきます）。

さて、マザー・テレサは、頂点数7のもとで人生がスタートしました。この頂点数は明らかに彼女をスピリチュアルな人生に導きました（ただし、〈第1期〉に頂点数7を持つ人が皆これほど強烈に魂を発達させる道をたどるわけではありません）。おそらくこの時期、彼女は何らかの形で孤立感や孤独感、普通の生活から遊離した感覚を体験したでしょう。

次の〈第2期〉は頂点数1で、これが彼女の内側に強い使命感をもたらしました。この時期に課

(例) マザー・テレサの頂点数

1910 年 8 月 26 日
2　　8　　8
〈第 **1** 期〉の頂点数（月＋日）　**8 ＋ 8 ＝ 16 ＝ 1 ＋ 6 ＝ 7**
〈第 **2** 期〉の頂点数（日＋年）　**8 ＋ 2 ＝ 10 ＝ 1 ＋ 0 ＝ 1**
〈第 **3** 期〉の頂点数（第１期頂点数＋第２期頂点数）**7 ＋ 1 ＝ 8**
〈第 **4** 期〉の頂点数（月＋年）　**8 ＋ 2 ＝ 10 ＝ 1 ＋ 0 ＝ 1**

(例) マザー・テレサの四つの時期の年齢と頂点数・試練数

年齢	頂点数	試練数
〈第 **1** 期〉**0 ～ 27** 歳まで	**8 ＋ 8 ＝ 7**	**8 － 8 ＝ 0**
〈第 **2** 期〉**28 ～ 36** 歳まで	**8 ＋ 2 ＝ 1**	**8 － 2 ＝ 6**
〈第 **3** 期〉**37 ～ 45** 歳まで	**7 ＋ 1 ＝ 8**	**6 － 0 ＝ 6**
〈第 **4** 期〉**46** 歳以降	**2 ＋ 8 ＝ 1**	**8 － 2 ＝ 6**

せられた彼女の任務は、目的意識、指導力、障害に打ち勝つ意志を育てることです。彼女はまた自分らしさをはっきりと打ち出すようになり、新たなことに着手したり新たな扉を開くことも学んだでしょう。

そして〈第3期〉の頂点数は、大きな組織を動かし、管理能力を発揮する機会を彼女にもたらしました。頂点数8の期間中は、際限のない仕事、権力とお金を持つ人たちとの接触、そして問題解決に必要な資源が数多く与えられます。

〈第4期〉の頂点数1は、彼女を再び指導者の役割に戻しました。そしてたしかにマザー・テレサは、この時期に世界的に名を馳せたのです。

頂点数について覚えておきたいポイント

〈第1期〉の頂点数は、人生に対する姿勢に長期的な影響を与えます。なぜなら人は、人生初期に培った視点に基づいてその後の自己を形成していくからです。そうした意味において、〈第1期〉の体験ほど、その人に大きなインパクトを与えるものはないと言えるでしょう。

＊訳注 〈第1期〉の頂点数は16／7ですが、ここでは簡単に7として説明されています。

たとえば〈第1期〉の頂点数が5で、何度も引っ越ししたり、仕事やつきあう相手を頻繁に変えていれば、「自分は何をやっても結局は長続きしない」という不安を抱くようになるかもしれません。しかしそうした体験があればこそ、その時々の自分の判断を信じて動けるようにもなっていくのです。また、さまざまな才能や柔軟性を育んだり、人とのつきあい方や生涯の仕事を選ぶ基準を学びとることもできるでしょう。

そして〈第1期〉の頂点数が、その後も長期にわたり影響を及ぼすことがあります。たとえば〈第1期〉の頂点数が7で、その影響から〈第2期〉以降も勤勉で静かな観察者として生きていく場合もあるでしょう。もしかすると若いうちに何らかの分野をマスターした達成感から、「一匹狼」としてその後の人生を生きていくかもしれません。

また、〈第1期〉の頂点数が1の人は、その期間中に自立心がよい形で育まれれば、それを生涯持ちつづけるでしょう。

ただし、〈第1期〉の自分を「本当の自分」ととらえる人も多いようですが、一般的に言ってこの段階はまだほんの始まりにすぎないことも、あわせて覚えておいてください。

＊＊＊

頂点数があなたに及ぼす影響

頂点数 1

強さの時代

人生のどの時期で頂点数1を迎えても、あなたは自己主張、問題解決、革新、勇気、目立つこと、危険を冒すこと、組み立てること、知性を磨くこと、自分自身に取り組むことを学ぶでしょう。この期間は個性や独自の才能を発現させる時。すでに体験ずみの分野ではなく、新たな分野における業績によって、究極の成功がもたらされます。

この期間のあなたには頼れる人も、支えてくれる人も、「こうすべき」と助言してくれる人もいないかもしれません。〈第1期〉の頂点数1は、早い自立を促します。〈第2期〉〈第3期〉の場合は、抜きんでた業績を上げるための大きな機会を与えられます。もしかすると、それまでとはまったく違う職業につくかもしれませんし、あるいは自分のビジネスを立ち上げるかもしれません（この期間に試練数4か8の場合はその可能性がさらに強まります）。

〈第4期〉に頂点数1を迎える場合は、ライフスタイルを全面的に変えることになるかもしれません。また、そうすることによって生涯でもっともエキサイティングな時を過ごせるでしょう。

頂点数1の課題は、運命数か誕生数かハート数が1の人は比較的楽に学べるでしょう。逆にチャートに1がない人は、自立しようと奮闘することになるかもしれません。あるいは自信が持てなくて、この間の影響力を充分に活かしきれないかもしれません。

頂点数 2

協力の時代

〈第1期〉の頂点数2は、あなたを敏感でものわかりのよい状態にし、他者のサポートを頼るように仕向けます。人生初期にこの影響力を受ける場合は、ゆっくりと人生をスタートさせることになるでしょう。

また、頂点数2はどの時期に現われても、その後に必要となる知識を蓄えるよう促します。細部に気を配り、どんなことでも上手に対処できるようになりましょう。つまずきは成長の機会ととらえましょう。この期間のあなたにとって大切なのは、他者と人間関係。あなたは今、野心をもたないで、与えられた役目を果たすことを学んでいるのです（ただし誕生数か運命数が1の人は別）。あなたの関心は、美術、音楽、演劇、友情、愛情、忍耐、共同作業、外交、奉仕、癒しといった領域に向かうはず。金銭的には豊かではないかもしれません。この期間のあなたは、自分の要求より他者の気持ちを優先させるでしょう。

〈第4期〉に頂点数2を迎える場合は、引退して心地よい環境で静かに暮らすことになるかもしれません。浪費や危険な賭けには不向きです。友情がことさら重要になり、安定した関係やパートナーシップを築く可能性が高まります。

運命数か誕生数かハート数が2の人は、頂点数2の課題を比較的楽に学べるでしょう。名前に2のない人は、ペースの遅さや制約に苦しむかもしれません。この期間中は回復に時間がかかる可能性があるので、健康には充分気をつけましょう。

頂点数 3

自発性と表現の時代

頂点数3の期間は全般的に、「将来よりも今が大切」と考えながら楽に生きられる時です。〈第1期〉に頂点数3がくる場合は、実際にいろいろな仕事をしてみて、その中から好きなものを見つけていくことになるでしょう。また、さまざまな人々との出会いやつきあいも楽しめる時。そして幸運を感じやすく、若者らしい無頓着な態度で生きていくでしょう。

3はあらゆる種類の創造力を際立たせる数字なので、頂点数3をどの時期に迎えたとしても、その期間は芸術的な追求や子育てに良い時です。ダンス、演技、デザイン、書くこと、話すこと、そして派手なこと、ゴージャスなものに興味がある人は、この影響力をうまく利用しましょう。そして、人々とふれあい、近場に旅行し（特に出張で）、人生を満喫しましょう。お金の心配はありませんが、浪費には注意が必要です。この期間、あなたは長期の仕事や定時勤務の職業につかないかもしれません。

達成したい目標をイメージして、ポジティブに物事を考えましょう。夢を見ましょう。おしゃれに美しく装いましょう。この期間は三角関係の可能性はあるものの、概して結婚に良い時です。

〈第4期〉に頂点数3を迎える場合は、早期退職する、金銭的な不安が解消する、旅行する、あるいはベストセラーを書く（！）などといった機会に恵まれるでしょう。

頂点数 *4*

組み立ての時代

〈第1期〉の頂点数4は、現実主義的な人生観をとるように仕向けます。あなたは家族や地域社会から多大な影響を受けながら、伝統的、習慣的な考え方やライフスタイルを身につけていくでしょう。4は責任を引きつける数字なので、若いうちに結婚するかもしれません。また頂点数4はどの時期に迎えても、事実や証明可能な物事、確実な成果にあなたを向かわせます。生産的な期間で、根気が成功のキーワードになります。

4は秩序、システム、実用性、実践を象徴する数字です。その4が〈第1期〉の頂点数に現われるのは、その期間が将来のための基礎づくりの時、あなたの人生を組み立てる時だということを意味します。貯蓄しましょう。土地を買いましょう。家を建てましょう。あなたはその見返りとして、家族や友人に対する揺るぎない忠誠心と達成感を手に入れます。自己鍛練や規律正しさについても学べるかもしれません（名前に4のない人は特に）。この期間、あなたの仕事は管理、監督、コントロール、規制、あるいは土地に関わることになるでしょう。

〈第2期〉〈第3期〉の場合は、頂点数4のおかげで自己評価が高まり、並はずれて生産的になれるでしょう（主な数字に4か2がある人は特に）。ただし、主な数字が1・8・9の人は、制約に不満がつのるかもしれません。

〈第4期〉の場合は、それまでにしてきた分野の仕事を引きつづき行ない、他者に対する責任を担い、倹約に励むことになるでしょう。この期間、あなたは「成し遂げるべきことがまだ何かあるはず」と感じやすくなります。

頂点数 5

自由と冒険の時代

〈第1期〉の頂点数5は、「(伝統的な環境においても）自分のルールで人生を生きるように」と促します。したがってあなたはこの期間、変化や多様さ、刺激をすすんで受け入れるでしょう。この間にあなたがなすべきことは、狭い世界に落ち着くことでも、決まりきった道を歩むことでもなく、幅広く自由に人生を体験すること。性的な活動にスポットライトが当たり、旅行が最優先事項になるでしょう。若くして結婚する可能性もありますが、自立への憧れが強くなり、あなたが関係に終止符を打つかもしれません。〈第1期〉の頂点数5は広範な情報を与え、あなたの内側の資源を豊かにし、変化や不確かな状況に対処する能力を育みます。

どの時期に頂点数5を迎えても、自発性と衝動性が高まるでしょう。また頂点数5は公共性、世間とのつながりを象徴する数字。家庭とは縁遠い数字で、コミュニケーション、ニュース、セールス、広告宣伝、演奏・演技、ラジオ、旅行、冒険に関わる職業が向いています。

〈第2期〉〈第3期〉の場合は、コンサルタントとして、あるいはパートタイマーとして働きながら、比較的自由に人生を過ごしていくことになるでしょう。仕事でも家庭でも、探求心や衝動にかられて一か八かの勝負に出ないように、注意が必要です。最善の結果を得るためにも、この期間はバランスを考えながら動きましょう。

〈第4期〉に頂点数5を迎える場合は、健康で、活動的で、忙しく、経済面でも家庭面でも何一つ心配なく暮らしていけるでしょう。

頂点数　6

責任の時代

〈第1期〉の頂点数6は、責任を担い、他者の面倒をみることを促します。あなたは家族や社会の価値観から多大な影響を受け、自由な発想よりも経験ずみの事実を大切にするようになるでしょう。若くして結婚するか、あるいは人を教えたり、癒すことを職業にするかもしれません。

頂点数6はどの時期に迎えても、他者のために他者とともに働き、他者の欲求に基づいて考え、行動することを求めます。したがってあなたは、家族や親しい友人たちの求めに応じ、その人たちのために働くことになるでしょう。

また、頂点数6の期間は、人の意見に左右されやすく、自分の内側で「こうすべき」と指図する親の声にもかなり影響されやすくなります。静かな思索には向きませんが、比較的守られた安全な時期ともいえるでしょう。この期間、あなたは強い意見を口にしがちなので、結婚生活に問題が生じるかもしれません。また心配事や不安が多くなる可能性もあります。

頂点数6の期間は結婚して落ち着き、家族を増やしたり、親戚の面倒をみるのに良い時。仕事はグループや地域社会を基盤に、何らかのサービスや奉仕を提供するものになるでしょう。芸術、癒し、カウンセリング、美しく調和した環境づくりといった仕事にも向いています。

〈第4期〉の頂点数6は、家族、安全、安楽という報酬をもたらします。人々に何かを教えながら、若かりし日々を追体験している自分にふと気づくかもしれません。

頂点数　7

沈思熟考の時代

〈第1期〉の頂点数7は、違和感や孤立感を覚えるような事態に遭遇させる可能性があるので、ことによるとつらい期間になるかもしれません。頂点数6とは違って、この期間のあなたは家族をあてにしません。また尋常でない状況に陥るようなこともあるでしょう。でも、こうした出来事はすべて、あなたが抵抗したり否定したりしなければ、人生をより深く理解し、その意味に気づくための良い機会となるはずです。あなたは変わった癖か、科学技術関係の特別な才能を持っているかもしれません。宗教が(両親を通じて)一つのテーマとなる可能性もあります。この期間のあなたは活動も友人も厳選するでしょう。

〈第2期〉〈第3期〉の頂点数7は、専門的な技術を身につけ、みがくチャンス、選択した分野により深く入っていく機会を与えます。またあなたの中で「他人にどう思われても構わない」という思いも強まるでしょう。

頂点数7をどの時期に迎えても、その期間は魂の進化を目指す時。一人の時間を確保しようとして、あなたは「気分」を使い分けるようになるかもしれません。この期間は研究・開発し、人生について考える時であり、静かな田舎暮らしに向いています。あなたは今、一人になること、自分を知ること、正しい生き方や生きる姿勢について学んでいるのです。

頂点数7は結婚生活に困難をもたらすかもしれません。問題が生じたら伴侶をコントロールしたいという思いを手放し、相手を信頼しつつ、ともに問題に取り組みましょう。同じような目標や世界観を持つ二人なら、最高の関係を築けるはずです。お金に関してあせる必要はありません。人々があなたの知識を求めて、自然と集まってくるでしょう。

〈第4期〉の頂点数7は、あなたの人生に精神的な深まりをもたらします。

頂点数 8
パワーの時代

〈第1期〉の頂点数8は、現実的かつ勤勉に達成を目指すことを求め、促します。その影響力を受けて、あなたは努力し、昇進し、「やり手」としていち早く認められるでしょう。そんなあなたにふさわしい環境は、会社、団体、協会にあります。〈第1期〉の頂点数8はまた、正義感も育てます。そしてこの時期に育まれた正義感を、あなたは生涯大切にしていくでしょう。

頂点数8のテーマはお金・権力・権威で、目標設定や決断について学ぶことになります。またこの期間中は有能さも責任感も強まるので、他者を監督する立場になることが多いでしょう。能率的であることにかけては最高の時です。

〈第2期〉〈第3期〉の頂点数8は、管理職になるか、あるいは良い結婚のチャンスを与えます。あなたは継続的に判断力を試され、心情よりも合理的な考えを信頼することが多くなるでしょう。何かを手放したり、リラックスするのは難しいかもしれません。きちんとした服装で出かける機会が増え、フォーマルでビジネスライクな自信家に見られやすい時期です。あなた自身、不注意な人や自分の目標を持たない人には、あまり寛容になれないかもしれません。仕事第一になり、家庭は二の次になるでしょう。

〈第4期〉に頂点数8を迎える場合は、引退したくてもさせてもらえないか、趣味がプロの域に達する可能性があります。

どの時期に頂点数8を迎えても、この数字は現実的な成功の機会をもたらし、そのチャンスを最大限に活かすように迫ります。スピリチュアルな意識をもってその影響力を受けとめることができれば、あなたは「向かうところ敵なし」の追い風にのって進んでいけるでしょう。

頂点数 9
成長の時代

〈第1期〉の頂点数9は、あなたを驚くほどの成熟と完成に導いてくれるでしょう。9はのちに役立つような幅広い技術の開発を促す数字なので、あなたはそのための体験を重ねながら、あらゆることを楽々と学んでいくでしょう。信じられないような幸運にも恵まれるかもしれません。頂点数9はまた、感情面の危機をもたらすことでも有名な数字ですが、常に奪った以上のものを何らかの形で返してくれます。

その影響下であなたがなすべきことは、哲学的な態度を身につけること。直感に耳を傾けて、できるだけ多くの導きを宇宙から受けとるようにしましょう。

頂点数9はどの時期に迎えても、人間性を研究し、理解する時です。たいてい芸術、演劇、高等教育、癒しやスピリチュアルな活動を通して、それを行なうことになります。特にボランティア活動などによって、他者のために働くのにふさわしい時期といえるでしょう。長距離旅行、外国人との仕事の可能性も高くなります。

頂点数9は成熟の時。学びを統合し、世界に恩返しをする時です。頂点数9の期間、あなたの関心はしばしば個人的な人間関係よりも、なすべき仕事に向かいます。

頂点数9はまた、受けとるために明け渡すことを学ばせようとします。何も期待しないようにしましょう。そうすれば必要なものはすべて与えられます。この期間を実り多い時にするためにも、小さな恨みごとや争いごとを超越したところにあなた自身を置きましょう。

〈第4期〉の頂点数9は、物質的、精神的な富とともに、成就の感覚をあなたにもたらします。

頂点数 11
光の時代

マスターナンバー11は、ひと桁にすると2。頂点数11を迎えた多くの人は、この期間を頂点数2として体験するでしょう。もし実際に〈第1期〉に頂点数11を迎えて、この物質的な世界ではなく、物質を超えた世界に重きをおく11のレベルに取り組むとしたら、身体的もしくは精神的にきわめて大変な試練を受けているように感じるはず。そして非常に傷つきやすくなるか、興奮しやすくなるでしょう。けれども、頂点数11が放つスポットライトがあなた自身とその活動にあたれば、あなたは神童と呼ばれるか、若くして名声を手に入れるかもしれません。

〈第2期〉〈第3期〉の場合は、11の高い波動のエネルギーを受けとるチャンスが増えるので、何らかの能力によって名声を手にする可能性が高まります。この期間に向く仕事は芸術、詩、心理学、または映画かテレビ関係です。

〈第4期〉の頂点数11は、キャリアの最高到達地点を暗示します。結婚もあり得るでしょう！（あなたの光がパートナーを圧倒するほど強くなければ）。ただし11は不安定な数字なので、ライフスタイルが突然変わる可能性を常にはらんでいます。

頂点数 22

挑戦の時代

マスターナンバー22は、ひと桁にすると4なので、頂点数4の影響力も受けることになります。22も4も、障害にくじけず勤勉な努力を重ねることを求める数字。どの時期にこの頂点数を迎えても、現実的な制約のなかで家族や友人のため、あるいはよりよい世界をつくるために努力し働くことになるでしょう。生産性がカギを握る時なので、身体的、精神的なストレスには注意が必要です。

頂点数22は全国的、あるいは国際的なスケールで、多くの人々を巻き込み、とてつもなく大きなことを成し遂げるチャンスを与えます。そのため、この間は建設関係の仕事に関わる可能性も高い時。また超人的な経営者もしくは監督となって行動すべき時かもしれません。それを成し遂げた時、あなたは結果的に、これまで重ねてきた体験の幅広さと、出会ったすべての人々から受けとった恩恵に気づくことになるでしょう。

22は二つの2で成り立っているため、極端なほど感受性が強まり、自己不信に陥る可能性も秘めています。板ばさみとか、同時に正反対の方向に引っ張られているように感じることもあるでしょう。この頂点数の影響力を受けている期間は、みずからの信念を貫き、単にお金を稼ぐためではなく他者のために働くことで、もっとも充実した仕事を成し遂げることができます。

またこの期間は、始めたことは必ず終わらせなければなりません。手がけるプロジェクトは慎重に選ぶようにしましょう。この期間のあなたは、たとえ家賃の支払い一つでさえ、全神経を集中させて全力で取り組むことになるはず。そしてその努力は、最終的に予期せぬ形で報われることになります。手抜きや不正は必ず露呈します。今は誰もがあなたを「手本」として見ていることを忘れないようにしましょう。

頂点数 13

障害と変容に取り組む時代

頂点数に現われたカルマナンバー13は（1＋3で4でもありますが）、カルマの負債を清算しようとしていることを暗示します。

おそらくあなたはこの期間に、過去生での度重なる深い縁を感じるような人物にめぐり会うことになるでしょう。それはまれに見るほど幸運な出会いかもしれないし、またはあまり良い出会いではないかもしれません。

この期間中、もしもあなたが誰かに傷つけられたとしたら、「人は誰も本当の意味で傷つくことはない」という事実を思い起こしましょう。そしてたとえわからなくても、この事態にもきっと何らかの理由があるという意識を持ちつづけましょう。ただし身体的、精神的な虐待を受けたり、耐えられないような状況におかれた場合は助けを求め、すぐに離れなければなりません。

頂点数13はソウルメイト（たぶん過去生であなたが受けた恩を返す相手）をあなたのもとに送り届ける数字なので、あなたはこの期間に結婚するかもしれません。

またこれは大きな試練をもたらしやすい数字でもあるので、落胆したり、やる気をなくすこともあるでしょう。自分のおかれた状況を人のせいにせず、あなたのために用意された完璧な人生の機会に心を開いて、あらゆる出来事や環境のなかに意味や目的を見出すように努めましょう。この期間、もし欺いたり人の道にはずれるようなことをすれば、深刻な事態を招くことになります。ひょっとしたら、過去生の無責任さから、そのことを学ぶ必要がある時なのかもしれません。

この期間中にあなたは、自律心の大切さを学びつづけるはず（名前にD、M、Vがない人は特に）。あなたの仕事はたぶん経営、監督、支配、規則、工場労働、土地に関わるものになるでしょう。もしかすると人生を一変させたいという気持ちが高まり、友人や家族のみならず、あなた自身も驚くような変化を遂げるかもしれません。

頂点数 14

建設的な自由と自立を学ぶ時代

頂点数に現われたカルマナンバー14は（1＋4で5でもありますが）、自由と責任にまつわるカルマの負債をあなたが清算しようとしていることを暗示します。

頂点数14の期間に、あなたは変わったライフスタイルで生きるようになるか、あるいは生き方を突然変えるかもしれません。頻繁な引っ越しや多くの変化を体験する可能性もあります。常に冒険を求め、変わった人や率直な人を友達に選ぶでしょう。家族の理解は得られにくく、意見や価値観の対立が多くなるかもしれません。

この期間、あなたは過去生から縁のある場所に暮らす可能性があります。結婚しても拘束されたくないと思うでしょうし、シングルペアレントになる可能性も高い時です。

頂点数14は身体的な中毒、強迫的な行動といった形をとることも多いので、たとえばあなた自身か家族や伴侶が、薬物またはアルコールの問題を抱えるかもしれません。ギャンブルや性的な乱れもこの期間の問題になる可能性があります。また、みずからの信念を表明して世の中を変えたいというカルマナンバー14の強烈な衝動によって、伝統的な考え方に立ち向かうこともあります。

カルマナンバー14が特にこうした問題を生じさせない場合でも、自由、変化、急進的な思想や過激な考えに強く惹きつけられるかもしれません。

「自由」を建設的に使えるようになり、しっかりと自立して人生を歩めるようになること、それがこの期間の課題です。

頂点数 16

深い探究と気づきの時代

頂点数に現われたカルマナンバー16は（1＋6で7でもありますが）、カルマの負債を清算しようとしていることを暗示します。

もしかするとこの期間には、かつて他者に与えた痛みや苦しみを体験することになるかもしれません。とはいえ16が「悪い」数字というのではなせん。

く、これは深いレベルの出会いや邂逅を意味する数字なのです。そのため頂点数16の期間は、たとえば過去生をともにしたソウルグループの人々と出会い、特別な絆の感覚を深めていく可能性が高まります。

この期間はまた、UFO、外国文化、平和部隊、軍司令部、人類学、考古学といった、何かしらエキセントリックな興味や場に引き寄せられる可能性も高いでしょう。あるいは科学技術の分野で特別な能力を発揮するかもしれません。自己啓発セミナーや宗教、神秘体験などから、人生体験の広さと深さを理解するためのヒントが得られるかもしれません。

この期間のあなたは表面的なことにはすぐに飽きてしまうため、活動も友人も厳選します。職業は書くこと、分析（財政分析から精神分析まで）、歴史、宗教、哲学、科学技術の分野、形而上学の研究に関わるものがいいでしょう。

頂点数16は、時に信頼と真実のレッスンの象徴として、裏切りをもたらすこともあります。

頂点数19
勇気と選択を試される時代

頂点数に現われたカルマナンバー19は（1+9で1でもありますが）、カルマの負債を清算しようとしていることを暗示します。

この期間中、運命数か誕生数かハート数に1を持っている人は成功しやすいでしょう。名前の中にAかJかSがない人は、家族から自由になろうともがくことになるかもしれません。

頂点数19の期間にある人は、たいてい自分をはっきり主張し、革新的になります。新製品の開発、何らかの発見、古いシステムの見直しなど、この期間のあなたはそうしたことを数多く成し遂げられるかもしれません。文章力やスピーチ術をみがき、最先端の技術や学問の研究をするにも良い時です。

カルマナンバー19の試練のために、この期間は内気になったり、自分の殻を破れず苦しむこともあるでしょう。また不当に軽んじられているとか、手柄を人にとられて悔しいと感じることもあるかもしれません。この期間はそうした体験を通して自信や勇気、上手な選択や正しい決断について学び、それらを身につけることが課題です。

頂点数19の期間は、あなたに可能なすべてを実現すべき時です。この時期、あなたは結婚の決断になかなか踏み切れないかもしれませんが、素晴らしいキャリアの持ち主と恋に落ちる可能性があります。また自営業を好むものの、仕事上のパートナーを求めるかもしれません。みずからの直感を信じて、信頼できる相手を慎重に選びましょう。

またこの期間は、執筆その他のクリエイティブな仕事をしている人には非常に良い影響力が働きます。選んだ分野が何であろうと、あなたはその分野のトップに昇りつめるでしょう。

試練数とは

数秘術でとらえる人生の四つの時期に、「頂点数」とともに現われ、影響を与えるもう一つの数字が「試練数」です。頂点数はその期間にあなたが出会う出来事や環境を暗示する数字ですが、いっぽう試練数は、その期間にあなたの課題となる内側の限界・恐怖・障害を暗示します。

この試練数を調べれば、「物事がうまくいかない原因は？」「同じ問題が繰り返し現われるのはなぜ？」「私の課題は何？」「この困難やつまずきから私が学ぶべきことは？」といった疑問に対する答えが見えてくるでしょう。

試練数の計算方法

①数秘術チャート表の裏面に、あなたの生年月日の数字を記入し、年、月、日をそれぞれひと桁の数字にします（例・1951年6月22日＝7、6、4）。

②月と日のうち、数字の大きいほうから小さいほうを引きます。0になる場合もあります。

各時期の試練数の計算方法

生年月日	**1951** 年 **6** 月 **22** 日
①ひと桁にする	**7　6　4**
②〈第 **1** 期〉の試練数（月と日の差）	**6 − 4 = 2**
③〈第 **2** 期〉の試練数（日と年の差）	**7 − 4 = 3**
④〈第 **3** 期〉の試練数（②と③の差）	**3 − 2 = 1**
⑤〈第 **4** 期〉の試練数（月と年の差）	**7 − 6 = 1**

注：試練数は常に大きいほうの数字から小さいほうの数字を引く。

これがあなたの〈第1期〉の試練数です（例・6マイナス4＝2）。

③日と年の数字の大きいほうから小さいほうを引きます。これがあなたの〈第2期〉の試練数です（例・7マイナス4＝3）。

④次に、〈第1期〉の試練数と〈第2期〉の試練数の大きいほうから小さいほうを引きます。これがあなたの〈第3期〉の試練数です（例・3マイナス2＝1）。

⑤月と年の数字の大きいほうから小さいほうを引きます。これがあなたの〈第4期〉の試練数です（例・7マイナス6＝1）。

　なお試練数はすべてひと桁にした大きい数字から小さい数字を引いて求めるため、「9」は存在しません。

〈参考例〉

マザー・テレサの例で〈第1期〉から〈第4期〉までの試練数を計算してみると、表の通り、0、6、6、6となります。

　各時期の年齢は頂点数と同じです。チャートには下の表のように頂点数と一緒に併記します。

(例) マザー・テレサの試練数

1910年8月26日
2　　8　　8
〈第**1**期〉の試練数（月－日）　**8 － 8 ＝ 0**
〈第**2**期〉の試練数（日－年）　**8 － 2 ＝ 6**
〈第**3**期〉の試練数（第１期試練数－第２期試練数）**6 － 0 ＝ 6**
〈第**4**期〉の試練数（月－年）　**8 － 2 ＝ 6**

(例) マザー・テレサの四つの時期の年齢と頂点数・試練数

年齢	頂点数	試練数
〈第**1**期〉**0～27**歳まで	**8＋8＝7**	**8－8＝0**
〈第**2**期〉**28～36**歳まで	**8＋2＝1**	**8－2＝6**
〈第**3**期〉**37～45**歳まで	**7＋1＝8**	**6－0＝6**
〈第**4**期〉**46**歳以降	**2＋8＝1**	**8－2＝6**

マザー・テレサの〈第1期〉の試練数は0。これは「古い魂」の持ち主であることを示しています(誕生数9、運命数7を持つ彼女の場合は特に)。「古い魂」というのはつまり、何度も転生を繰り返しながらスピリチュアルな道を歩み、その学びを統合し、一つの人生哲学にまとめ上げた存在ということです。このような古い魂の持ち主は、選んだ職業が何であれ、人々に教え、与えるためにここに生まれてきた人たちなのです。

マザー・テレサの場合は28歳の誕生日から〈第2期〉の試練数6が始まり、それが〈第3期〉、〈第4期〉と続きます。そしてこの試練数6の課題が、養育し、世話をし、責任を担うことだったのです。

試練数をより深く理解するために

試練数の解説を読む時には、次のことを心にとめて読んでください。

運命数と同じ数字が試練数に現われる時期は、適切な職業や、自分を活かす場を見つけにくいかもしれません。とはいえ、運命数に暗示される潜在的な可能性を開発するための手段は与えられていくので、努力しがいのある時です。

また誕生数と同じ数字が試練数に現われる場合は、その期間を実り多い日々にするために必要な資源が、すべて自分の内側にあると気づくことになるでしょう。

ハート数と同じ数字が現われる場合は、弱点の克服に積極的に取り組み、あらゆる障害を克服するために必要なトレーニングを積んでいくことになるでしょう。

人格数と同じ数字が現われる場合は、その数字の特性が前面に出すぎ、他者に受け入れられにくくなるかもしれません。たとえば試練数と人格数がともに4であれば、その時期は頑固になりすぎて人々とうまくやっていくのが難しくなる可能性があります。

以上の関係を調べたら、次に欠落数(8章)との関連性も見てみましょう。欠落数と同じ数字が試練数に現われる場合は、その数字の課題を学ぶのに苦労するかもしれません。

＊＊＊

試練数があなたに及ぼす影響

試練数 1

試練数1の期間は、自立について学ぶことになります。自信を持ち、主導権をとってみずから問題を解決すべき時です。あなたの内側でも「自立したい」という気持ちが頭をもたげ、強まっていくでしょう。指導者か自分で独立して事業を営む可能性も高い時です。

この期間はまた、あなたの前に立ちはだかる強い父親か上司、夫といった男性に立ち向かおうとしている自分に気づくかもしれません。もしもそういう状況になったら、その人物はあなたに「自分をしっかり持って、他者に左右されないこと」を教えようとしていると理解して、理屈をつけたり憤慨したりしないようにしましょう。事実、この期間に直面する問題や障害はどれも、あなたが自分を試すために、みずからつくりだしたものなのです（1は常に困難を通して学びを進めます）。

1はまた、自分の第一印象を信じ、みずからの理性と知性を信頼することを学ばせる数字でもあります。あなた独自の考えやアイデアの価値に気づきましょう。

この期間は自立心が裏目に出て、横柄になったり頑固になる可能性もあり、その場合は繊細さと忍耐を学ぶことが課題になります。他者を見下したり、エリート主義に走らないようにしましょう。人の言葉に耳を傾け、人々のアイデアを自分の中に取り入れることが大切です。自立への道は一方通行ではないのです。

試練数 2

試練数2の期間には、自己不信や自信のなさを体験するでしょう。内気さや臆病さが問題になりやすい時なので、この期間のあなたは、いつの間にか他者の意見に影響されすぎたり、自分の意見よりそちらを優先しているかもしれません。また決断を避けがちで、最終的な判断をまかされない仕事を好むでしょう。自分の意見が通りにくい状況にも甘んじる可能性があります。

実はこの期間、あなたはそんなふうに耐え忍び、細部に配慮しながら、必要な知識や知恵を蓄えているのです。すべてを自分に対する攻撃のように受けとめないようにしましょう。

調和した静かな環境にいることが一番落ち着くでしょう。また、友情から深い満足感が得られるはずです。この期間は折り合いをつけながら、穏やかに成長すべき時です。細かなことにこだわりすぎず、常に大きな視点で見るように心がけましょう。そして何ごとも自分の力だけで解決しようとせず、最善の結果が訪れることを信頼して待つようにしましょう。

試練数 3

試練数3の期間には、絵画、ダンス、執筆、演技、演奏、話すことなど、自己表現への欲求が高まるでしょう。芸術を通じて、あるいは何か変わった形で表現したいと思うかもしれません。そうした思いを感じたら、それは「流れにのりなさい」「いつもと違うことをしてごらん」というサイン。ただし、3はエネルギーを散逸させる傾向のある数字なので、目標を達成するためには自分を律する必要があるでしょう。

またこの期間は、社交の機会が増えるはず。三角関係の可能性もあります。想像力が働きすぎというくらい活発になる時なので、明確なコミュニケーションを心がけましょう。そして日記でも何でも、とにかく努めて書きましょう。自分の才能を引き出し、友情を育み、旅行にも良い時です。

3は衝動的な数字なので、とっさのコメントや批判、ゴシップには注意しましょう。思っている以上に誰かを深く傷つけることになりかねません。あなた自身も批判に傷つきやすい時なので、ポジティブな姿勢を崩さないようにしましょう。と同時に、自分の能力を過大評価しないこと。壮大な計画を思いついたら、まずは事実を収集して確認するところから始めましょう。

試練数 4

試練数4の期間は、制約の多い現実に取り組むことになるでしょう。物事が簡単には進みませんが、目標に向かって地道な努力を重ねていく時期です。そしてそのおかげで、自分の発想を次々と形にしていけるでしょう。

またこの期間、多くの義務を担い、大勢の人々の面倒をみることになるかもしれません。結婚するか、家族が増えるか、家を買うか、あるいは永続的な価値を持つものを組み立てる可能性がとても高い時です。この期間にあなたが学ぶべきことは、注意を払い、計画し、継続し、組み立て、蓄え、やり抜くこと。先を急いだり、反発したり、頑固になったり、理屈っぽくならないように気をつけましょう。

また現状を常に把握するように心がけ、偏見をもったり、逆に鵜呑みにしないように努めることも大切です。この期間はひとりよがりや、一方的な道徳観をふりかざす可能性もあるので、その点も注意しましょう。人の気持ちに気づかなくなるほど仕事にのめり込まないように。

チャートの中に5か1が目立つ人にとっては、この試練数の期間はまさに成長の時。あなたは家族や従業員、雇い主といった人々の期待や要求に応える存在になれるでしょう。

試練数 5

試練数5の課題は個人の自由。したがってこの期間は、自立願望やルールへの反発心から、仕事を頻繁に変えたり、あるいはパートタイムで働いたりするでしょう。何ごとも中途半端でやめてしまいがちな時。恋愛に惹かれる可能性も高まりますが、あまり長続きはしません。5は節制に関わる数字なので、セックス、飲酒、ドラッグ、ギャンブルなどへの耽溺傾向と闘う可能性も高いでしょう。

この期間、あなたはセールス、旅行、PR、あるいはパフォーマンスにまつわる仕事をするかもしれません。世の中があなたを放っておかない時なので、訪れる機会や変化をうまく利用しましょう。変化を恐れると損をすることになりかねません。あなたはリスクを恐れず、柔軟な対応を経験しながら成長しようとしているのです。試練数5の期間は、変わった友人や職業に出会うかもしれません。

試練数 *6*

試練数6の期間には、責任を担い、他者に尽くすことを学ぶでしょう。この期間はとことん人の世話をし、育てる時。あれこれ要求の多い家族をかかえるかもしれないし、人に何かを教えたり、相談にのる機会も多くなりがち。何にせよ、この期間は他者に尽くさずにはいられない時です。

試練数6の落とし穴は、頑固になりすぎたり、意見が型にはまりやすいという点にあります。「私が全員まとめて面倒を見る」などと思うと、挫折感を味わうことになるかもしれません。

また、この期間は支配的な「親」になりやすい時期でもあります。あなたにとってはその人の最善だと思えることも、実はコントロールしたいというあなたの気持ちからそう見えるだけなのかもしれません。「犠牲者」や「殉教者」にならないためにも、その点には注意が必要です。

試練数6の期間は、あたたかく美しい家庭を築くことにエネルギーを注ぐ時。伝統的な価値を大切にし、年中行事を楽しみましょう。ボランティア活動に参加し、親を大切にしましょう。

試練数 *7*

試練数7の期間は、人生でもっとも深刻な時であり、深いスピリチュアルな問題に直面させられるでしょう。自分の内側深くにひそむ葛藤の意味を理解するまでは、もしかすると寂しさや孤独を味わうかもしれません。

試練数7は、あなたの内なる自己が、成長のために必要な体験を積極的に探し求めていることを暗示します。試練数5は外側の世界での成長を目指し励むよう仕向けますが、試練数7は内なる気づきと成長に向かわせるのです。自分自身を教育し、技術をみがきましょう。みずからの直感と内なる可能性を信頼しましょう。

この期間のあなたは、軽薄な人間関係は退屈でつまらないと感じるかもしれません。でも、いやみになったり、周囲から信頼を失わないように努めましょう。内に引きこもらないで（特に薬物やアルコールには頼らず）、親近感を感じられる人々との友情を育みましょう。

セラピストとともに問題に取り組んだり、宗教、哲学、形而上学の文献を研究するのに良い時。何でも文字通りに解釈しないで、比喩として読み解くことを心がけましょう。

試練数 *8*

試練数８は何であれ達成することを求めます。この期間は権力と認知を手に入れる時。しりごみしないで、責任を引き受ける機会を積極的に求めましょう。みずからの価値を自覚して、自信を持つ時です。ただし高慢になったり、厳しくなりすぎたり、目標達成のために人を利用してはいけません。

この期間は、物質主義に走っても、また逆に豊かさを拒んでもいけません。そして誰もがあなたと同じように有能で責任を担えるわけではなく、思いやりを持ち続けるわけでもないという事実に気づきましょう。

この期間、あなたは巨大資本の一大企業を築いていくかもしれません。どちらにしても大企業、大事業、市場拡大、公共機関に関わる仕事をすることになるでしょう。

試練数８の期間のあなたは達成意欲にあふれ、残業をいとわず、抵抗やフラストレーションにも耐え抜きます。とはいえ、美味しいワインと食事、尊敬する友人や家族との知的な会話を楽しんで、リフレッシュすることも忘れないように。時には仕事を離れて、リラックスしたり瞑想したりしましょう。事実や数字には表われてこない真実を見抜くことが大切です。

試練数 *0*

形而上学の世界では、「霊的な学びと成長のため、人はみずからの人生体験を創造する」と説かれています。試練数0を持つということは、あなたが「古い魂」の持ち主、つまりすでに多くの転生を積み重ねてきたか、人生をオープンに受けとめる準備の整った人であることを暗示します。

試練0は特定の試練をもたらしません。したがってこの期間は厄介な障害に数多くぶつかる可能性もあれば、あるいは逆に、そういうものにはまったく出くわさないかもしれないのです。

それでも、この期間にあなたは間違いなく成長のチャンス、すなわち自分が学ぶべきことの意味を知る機会にたくさん出会っていくでしょう。それを生かすも殺すも、あなた次第です。みずからの達成に満足して休憩しますか? それとも新しいことにチャレンジしてみますか? すべてはあなたの選択にかかっています。

試練数0の期間は、あなたの運命を全うし、本来のあなたとして生きることを求められる時。あなたの行く手を阻むものは何一つありません。おそらくあなたはこの期間に、何らかの形で世界に恩返しをすることになるでしょう。

可能性は無限大です。瞑想を実践し、ポジティブなビジョンを描き、理想世界の実現に貢献しましょう。

11章

Personal Year and Month, Personal Day

個人年と個人月、個人日

今日という日を摘み取れ

——ホラティウス『詩集』

個人年、個人月とは

「個人年」はあなたの1年ごと（1月1日から12月31日まで）の流れを示す数字です。この数字から、「その1年で成し遂げるべきテーマ」がはっきりと見えてきます。

たとえば「私の今年の目標は？」「引っ越しはどう？」「今年は結婚にふさわしい年だろうか？」といった質問の手がかりも得られます。あなたが何らかの決断を迫られ、今後の展開の可能性を知りたいと思った時に、この数字が光を投げかけてくれるでしょう。

あなたは個人年1の年から始まり9の年で終わる9年サイクルという大きな流れのなかで、あなたの個人年を過ごしていきます。さらにその1年の流れのなかで生じる大小のさざ波は、「個人月」を調べることによって、より細かく知ることができます。

なお、個人年は一人ひとりに対する影響力を示す数字ですが、いっぽうで全体的な影響力を示す「普遍年」と呼ばれる数字もあります。普遍年は地球全体をおおうエネルギーを示し、これは西暦年の数字を足して求めます（たとえば2005年は2＋0＋0＋5＝7で、普遍年7の年ということになります）。

個人年の9年サイクルの流れ

9年サイクルは、個人年1の年から始まります。これは新たな種を蒔き、新たなアイデアを育む年です。

それに続くのが、辛抱強く成長を待つ2の年。次の3の年は発展と創造の年で、活動、エネルギー、熱意、世の中との関わりが増します。

4の年は物事をまとめ、固め、維持することを迫る年なので、あきらめたり、後ろを振り返る時ではありません。

5の年は思わぬ可能性が花開く年ですが、そこで前進するためにはあなたの準備や順応性が必要になるでしょう。また、ある程度のリスクを冒すことになるかもしれません。

6の年は人間関係を重視し、生産的かつ養育的なアプローチで人に尽くす時。そのために妥協も求められるでしょう。

7の年は立ち止まり、本当に目指す方向に進んでいるのかどうかを再考する時です。一時休止のこの年は、仕事を離れたくなったり、自然との触れあいを求めたくなるかもしれません。ペースを落とさずに突っ走っていると、ストレスから病気になったりして、休むことを迫られる可能性もあります。7の年は一人になって熟慮熟考し、自分がしていることの意味を問う年です。

8の年は再びあなたを目標達成の世界に戻し、持てるエネルギーと能力のすべてを注ぐことを求められます。そのため、あなたは問題や事態に対処し、組織し、人生の闘いを再開することになるでしょう。昇給や昇進に恵まれる時でもありますが、同時に事業投資などの出費も増えるかもしれません。

そして最後に迎えるのが9、すなわち卒業の年です。この年は混乱、ドラマ、崩壊といった、かなり複雑な様相を呈する可能性があります。9の年は、次の新たな9年サイクルへと移行する前に、今までたどって来た道を掃き清める年。生きる姿勢や目標、人間関係など、何もかもが変化し、進むべき方向を見失いやすい年でもあります。

おそらくそのせいでしょうか、私のもとに相談に訪れるのも、個人年9の年を迎えた人たちが多いのです。そんな人々に「今年は総仕上げの年。今の自分に必要なものと、古くなり不要になったものを見極める年です」と説明すると、みな一様にホッとした表情を見せます。さらに私は、「新たなサイクルに向かう(多くは頂点数も変化する)準備の年なので、大きな決断は秋以降にしましょう。暮れが近づくほどに、来年1月から始まる新しい流れが明らかになってきます」と言い添えるようにしています。

特に中年期に個人年9の年を迎える人は、このような行き詰まりを感じやすいようです。もしかするとそれは、これまでの9年間で学ぶことを拒んできた課題や、頂点数に示されながらやり残したテーマに、ここで取り組むことを求められているのかもしれません。

でも、恐れることはありません。9の年はまた、あなたが取り組んできたことの成果を喜び、達成を味わう年でもあるのです。

個人年の計算方法

①生年月日の月と日の数字を足し合わせ、ひと桁にします（下記参照）。

②その数字を、調べたい年の数字の合計（ひと桁にした数字）と足し合わせます。もし2005年なら、表のとおりとなります。

〈参考例〉

たとえば、1937年11月29日生まれの女優メアリ・タイラー・ムーアの1987年の個人年を出したい場合は、生まれ月（11）と生まれ日（29）と、1987年（1987＝7）を足します。

表のように、1987年はメアリにとって個人年2の年になります。これは事態を徐々に展開させ、友人と静かに時を過ごし、忍耐強く協調しながら細部に気を配る年。この年には何かを強く決行しよう、急ごうとしてもうまくいかなかったでしょう。

あなたの個人年は毎年1月から始まります。そして1の年の1月から、9の年の12月までの9年間で1サイクルになっていることを覚えておいてください（頂点数は、常に個人年9の年に終わります）。

個人月の計算方法

①あなたの個人年を求めます。

②その個人年に、調べたい月の数字を足し合わせ、ひと桁にした数字が個人月となります。

たとえば、今年のあなたの個人年が7だとして、1月の個人月を知りたければ、7＋1＝8で、個人月8となります。同じように2月を知りたければ、7＋2＝9で個人月9。他の月も同様に計算していきます。

ちなみに、毎年9月はその年の個人年と同じ数字になるため、9月は個人年が与える影響力と課題が一段と強まります。

個人年の計算方法

①生年月日の月＋日	9月13日＝9＋1＋3＝4
②調べたい年の数字の合計	2＋0＋0＋5＝7
個人年	7＋4＝11＝個人年2

(例) メアリ・タイラー・ムーアの1987年の個人年

11＋29＋1987
2＋2＋7＝11＝個人年2

＊＊＊

個人年、個人月があなたに及ぼす影響

個人年 1

★こんなことに良い年です。

新しいことを始める
自分に自信を持つ
思った通りに行動する
探求する
自分のエネルギーを感じる
断固として、辛抱強く
自己主張する
食事を変える
運動量を増やす
主導権を握る
目標リストをつくる
自己開発のための教室に通う
新しい服を買う
自分が一番自信を感じられる分野に気づく
尊敬する人に会いに行く

個人年1の年は、方向を変えたいという衝動に駆られます。何かやりたいのに我慢していたことがあるなら、恐れず実行しましょう。また1の年は計画を立てたり、新たな活動を始めるのにも、とても良い時です。ほしいものをリストアップして（ただし妥協する心の準備もして）、人に会いに出かけましょう。今年は新たな9年サイクルの始まりの年。未来に目を向けましょう。

心の底からわくわくするような価値あるプロジェクトを選びましょう。今年はとにかく、とことん正直にオープンになるべき時。決断力を行使する機会も何度かやってくるはずです。

9年サイクルの幕あけの1の年は、時間を最大限に有効活用しましょう。自分の衝動に素直に従いましょう。そして人生で一番ほしいものを思い描きましょう。

個人年1の月別ガイド

1月（個人月2）

2の力が強くはたらく月。「行動したい」とい

う衝動にかられるものの、その前に細部のケアが必要で、なかなか走り出せないかもしれません。今月は駆け引きを考えながら慎重に。人間関係は良好ですが、あなたのほうが妥協することになるでしょう。

2月（個人月3）

小旅行、執筆、新たな友人との出会いを暗示する、非常にクリエイティブな時。浪費と軽薄さが原因で、お金がなくなる可能性もあります。新しい洋服や家具を買いたくなるかもしれません。映画や食事に出かけましょう。

3月（個人月4）

仕事、家族の状況を変える時。家庭における責任をもっと担いましょう。長期的な計画か目標に取り組み、確実なものを組み立てはじめましょう。どちらかというと制約の多い月で、将来に影響を及ぼす決断を求められます。未知のリスクに賭けてはいけません。まずは調査しましょう。

4月（個人月5）

いろいろと変化しやすい、意外性に満ちた月。誰かと衝突したり感情を爆発させる可能性があります。法的な約束事に注意が必要です。引っ越しか旅行の際は、準備を抜かりなく。今月のあなたはいつも以上に勇敢で、自立しています。思いきって変わったことをしてみましょう。ここで始まった恋愛は長続きしません。忙しくてファーストフードばかり食べることになるかもしれません。性的衝動が高まる時。運動しましょう。

5月（個人月6）

結婚もしくは家庭内の変化に良い月。人の世話に多くの時間を費やします。母性、指導、奉仕にまつわること、または家の修理にも適しています。今のあなたは自分の意見やものの見方にこだわり、頑固になりがち。決断には知的な価値観よりも感情的な価値観が反映されるでしょう。

6月（個人月7）

スピリチュアルな時。物質界をあまり重視しなくなるかもしれません。避暑地に行きましょう。食事や運動を変えましょう。休み、田舎で過ごし、夢を分析しましょう。アイデアや目標を見直して、みがきをかける時です。あなたならではの才能を見極めましょう。隠していた秘密が明るみに出るかもしれません。

7月（個人月8）

お金にまつわる重大な決断を迫られるでしょう。昇進、権威、責任が増加する暗示。何らかの判断を仰がれるか、もしくはあなたが裁かれることになるかもしれません。長時間、一生懸命に働く月。頭がハートを支配します。

8月（個人月9）

旅に出て、知り合いを増やしましょう。うまくいかないことは手放す時です。古いプロジェクトを終わらせて、最善の結果を望み、それが実現することを信頼しましょう。達成感を満喫しましょう。ただし新しいことを始めるのは来月まで待つこと。

9月（個人月1）

新たな門出。でも、これは一時的なものだったと後になって知ることになるでしょう。新たなエネルギー。予期せぬチャンス。始まりの感覚。しかし、ゴールはまだ見えません。動きたいという衝動と、落ち着かない気分。長く忘れられない出来事。試練は他者からもたらされます。

10月（個人月2）

他者のスケジュールにふりまわされたり、詰めの甘さや資金不足などによるつまずきに直面するかもしれません。今は人間関係が重要な時。女性からアドバイスを与えられます。忍耐を学び、状況を分析しましょう。

11月（個人月3）

小旅行。たくさんの電話。クリエイティブなエネルギー。演劇や芸術方面に良く、販売促進にはまたとない最高の月ですが、神経質になりすぎるかもしれません。伴侶と短期間離れて暮らす可能性も。

12月（個人月4）

年内にやるべき仕事を終わらせましょう。家族と伝統を大切に感じ、強い義務感を覚えるかもしれません。家庭にまつわる仕事をするか、家で働くことになるでしょう。「今携わっている計画もしくは仕事は、そのうち必ず実を結ぶ」という気づきがもたらされます。スケジュールをしっかり守りましょう。貯金がないと、お金に困るかもしれません。

個人年 2

★こんなことに良い年です。

時間をかけて待つ
もっと助ける
説得力を身につける
罪のない嘘を言う
読む、講演会に行く、情報を集める
絵を描く、スケッチする
美術館に行く

個人年2の年はゆっくりと成長する時。自分の思いを無理に貫く時ではありません。パートナーと組み、周囲と協調し、穏やかに妥協するほうが、何事もずっとスムーズに運びます。今年は、昨年立てた計画を細部にわたって検討し、必要なものをリストアップしましょう。

2の年は統合の年、人生に新たな側面を付け加える年です。事態の展開が阻まれたり、長引きそうになっても、心配しないようにしましょう。たとえ環境や人のせいでペースが遅れても、2の年にあせりは禁物です。

今年のあなたは敏感になり、いろいろなことが気になるかもしれません。また分析し再考する傾向が高まるので、昨年の自分の動きを見直しはじめるでしょう。このままでは特にこれといった展開が期待できないと感じても、気にしないように。あなたは今、ペースダウンの時を過ごし、新たな成長のために必要な経験を蓄えているのです。

機転を働かせましょう。他者の話をしっかり聞けるようになりましょう。グループに入り、人を招き、友情を育みましょう。無理のない範囲で、人々を助けましょう。

2の年はまた、感情が極端に揺れやすいので、落ち込まないように注意しましょう。異性とは非常に深い関係になれるかもしれません。

個人年2の月別ガイド

1月（個人月3）

昨年の11月に始めたプロジェクトを思い出し、その頃からの友人と会うかもしれません。今月はことを成し遂げるのが難しいかもしれません。感情が混乱しやすい時。美術や音楽からインスピレーションが得られます。

2月（個人月4）

お金と仕事にまつわる制約に押さえつけられているように感じるかもしれません。家族や結婚に関心を向けましょう。細かなことに苛立ちやすい月。今のあなたには情緒的なサポートをしてくれる人、あなたの努力をねぎらってくれる人が必要です。健康に留意して、現実的な目標を設定しましょう。

3月（個人月5）

変化が到来するものの、あなたの状況は相変わらずはっきりしません。自分がすべきことを決めかね、始めたことをなかなかやり遂げられないでしょう。人間関係の葛藤が生じやすい月。愛情とセックスが分離する可能性があります。

4月（個人月6）

人生を調和させるために必要なものが見えてきます。周囲の誰もがあなたに何かを求めてくるかもしれません。そしてそのすべてを、あなたは拒まずに受け入れていくかもしれません。自分のハートに焦点をあて、いつも通りの行動を心がけましょう。指導、養育、援助、奉仕がキーワードとなる月。

5月（個人月7）

依然として感情的になりやすい月。落ち込みやすい傾向もありますが、瞑想、研究、読書をして心に平安を保ちましょう。興味ある分野の情報をもっと集めましょう。健康に気をつけてビタミンを多くとりましょう。あなたの不安をキャッチする家族との会話は特に慎重にすべき時。何事も辛抱強く取り組みましょう。

6月（個人月8）

厳しい人生だと感じるかもしれませんが、今月しっかり働けば、その努力は必ず報われます。小幅な昇給が期待できる時。長年所有していたものを売却しましょう。経理士を雇いましょう。ビジネスライクになるべき時。決断は時間をかけて行ないましょう。お金と権力が問題になるかもしれません。

7月（個人月9）

年なかばにしてエンディングを感じさせる月。さまざまな環境に身を置くことになりそうです。プロジェクトを終わらせましょう。可能なら、遠くへ旅に出ましょう。今のあなたはことさら傷つきやすく、だまされやすいかもしれません。芸術的なインスピレーション、スピリチュアルな気づきを得やすい時。自分の意志を他者に押しつけないようにしましょう。

8月（個人月1）

変化が効を奏し、古い問題に関する新たな解決策が見えてきます。もっと自分を主張しましょう。新しい人に出会いましょう。新たな自分の一面に気づくかもしれません。

9月（個人月2）

辛抱に辛抱を重ねることになりそうです。もしかすると今月は挫折の月かもしれません。機転をきかせ、些細なこともすべて慎重に行ないましょう。行動するより情報収集に努めることが肝心です。自分を大切にしつつ、人に愛と思いやりを持ちましょう。

10月（個人月3）

想像力あふれるロマンチックな時。日常を離れてのんびりしたくなるかもしれません。できれば旅行しましょう。女性のグループと一緒に働きましょう。ユーモアのセンスを思い出し、楽観的になって、過去の不安を手放しましょう。収入に見合う程度に、ちょっぴり気前よくなりましょう。

11月（個人月4）

家と職場の模様替えをしましょう。洋服を全部クリーニングに出して、書類をファイルしましょう。長期プロジェクトを引き受けましょう。自分のお金は細心の注意を払って管理する必要があります。人がたるんでいるように見えて、否定的になったり、厳格になったり、頑固になったりしがちな時なので注意しましょう。

12月（個人月5）

何らかの変化が起きますが、それはこの先2〜3カ月しか続かないでしょう。もしかするとそれは恋愛にまつわることかもしれません。不安定な気分になり、変化を望む気持ちが高まる時。可能なら旅に出ましょう。

個人年 3

★こんなことに良い時です。

からかう、冗談を言う
カラフルな洋服を着る
絵を描きはじめる
会話を始める
論文を書く
融通をきかせる
グルメな食品を買う
子どもたちと一緒に過ごす
三角関係に気をつける
うわさ話の影響力に気づく

個人年3の年は、決まりきった暮らし方、考え方から抜け出す時。自分らしさを表現する方法を探して、それを楽しみましょう。3の年がもたらす影響力をうまく利用すれば、今年は光り輝く年になるはず。ただしあれこれ手を広げすぎたり、お金を使い果たしてしまわないように気をつけましょう。明るく社交的になって、週末旅行に出かけ、人々をもてなし、映画を見て、ヨットを借り、観劇に出かけましょう。

3の年は「馬鹿げたアイデア」が次々湧いてきます。「大金持ちになって、家を売って、旅に出よう」と、友達と一獲千金話で盛り上がるかもしれません。今年のあなたはいつになくインスピレーションに満ち、高まりすぎた想像力のせいで落ち着かない気分を味わうでしょう。いっそのこと服装も化粧も変えて、イメージチェンジをはかると、すっきりするかもしれません。

この1年、あなたはいつも以上の活力と若さを内側に感じます。仕事がはかどらなくても、今年のあなたはそれほど気にならないはず。手紙を書きましょう。意志の疎通をはかりましょう。日記をつけましょう。空想しましょう。

今年は罪悪感よりも楽観的な考えがあなたの中で勢いづきます。自分の目標が定かでなくなる可能性もありますが、そうなったら再度よく考え、完全に正しいと確信できるまで重要な決断は下さないようにしましょう。

クリエイティブなエネルギーに満ちたこの1年

を有効活用しましょう。来年は4の年を迎え、あなたはせっせと働くことになります。

個人年3の月別ガイド

1月（個人月4）

自分のお金の状況をよく見極め、使いすぎないようにしましょう。永続的な価値のあるものだけを買うように。たんすや押し入れの整理をして、生活の見直しを図りましょう。昨年やり残した仕事の、細部の仕上げを迫られるかもしれません。

2月（個人月5）

変化とバラエティに富んだ月。旅行の可能性があります。結婚そのものか、もしくは相手と過ごす時間の長さに変化が生じるかもしれません。あるいは友達と仲たがいするかもしれません。落ち着かない気分になって、古い状況を一掃したくなるでしょう。販売、営業に適し、リスクを冒すのにもふさわしい時ですが、衝動的に動きすぎないように気をつけましょう。

3月（個人月6）

責任感が増す月。自分を表現したいというクリエイティブな衝動を覚えても、自分の欲求より家族の要求を優先させていくかもしれません。部屋の模様替えなどアーティスティックなプロジェクトに最適な時。今月のキーワードは、奉仕、教育、感情的な執着です。

4月（個人月7）

再評価の月。プロジェクトの進行を控えて、静かな時間を増やしましょう。いつもより内向的な気分になりやすい時なので、技術的なことを学ぶか、保養所に行くか、何か特別なことをやりたいと思うかもしれません。今はまだ表面化していないことが原因となって、入金が遅れる可能性があります。お金に関しては辛抱強く待ちましょう。即決は控えましょう。貯金を始めましょう。

5月（個人月8）

明確な結果をもたらす月。昇進して、収入が増えるかもしれません。今月懸命に働けば、あなたの最善の計画を後押しするサポートがもたらされます。大きなプロジェクトを引き受けましょう。

想像力を使いましょう。買い物は今の時点で本当に買えるものだけを買うことが大切です。不動産売買、等価交換に良い時。今月のあなたは自分を好ましく感じます。

6月（個人月9）

完了の時。特にクリエイティブなプロジェクトは完成を迎えます。他者に手を差し伸べ、とことん気前よくなりましょう。今月は良い影響力と幸運があなたを後押ししています。コントロールしたいという欲求を手放し、成りゆきに任せることを学ぶ時。人の発言に影響されやすいという傾向に流されないように注意して、運命のはたらきを見る目を養い、裏側に隠されたスピリチュアルな意味を知りたいと願いましょう。他者に寛容になりましょう。新しいプロジェクトを始めるのは、来月まで待つこと。心と生活の乱れに気をつけましょう。

7月（個人月1）

この1年のメインテーマを象徴するような、新たなエネルギーが生まれます。旅をして、新しい仕事を始めましょう（今年のあなたは複数の仕事を持つかもしれません）。論文を書きはじめましょう。芝居の脚本を書きましょう。水彩絵の具と画用紙を買いましょう。美術館かコンサートに出かけましょう。今月は、今まで躊躇していたことを少なくとも一つは実行することが大切。待ってはいけません。自己主張しましょう。リストを作りましょう。

8月（個人月2）

先月始めた仕事の細部に、取り組みはじめましょう。今月はゆっくりペースなので、忍耐強く。何ごとも引き受ける時は慎重に。伴侶や友人と時間を過ごしましょう。人の話をしっかり聞いて、協力しましょう。生活をシンプルにしましょう。出会いを分析して、相手があなたに伝えようとしていることを、きちんととらえましょう。

9月（個人月3）

非常にとり散らかった月。あなたを浪費に走らせる大きな誘惑に気づきましょう。クレジットカードは家に置いて出かけること。近場に旅行しましょう。販売にとても良い時なので、見本市などに出店しましょう。劇の主役になりましょう。

書きましょう。踊りましょう。人々を楽しませましょう。しばらく伴侶から離れることになるかもしれません。

10月（個人月4）

ようやく仕事の遅れを取り戻せそうです。今月は休暇をあまり期待しないように。旅行にも良い時ではなく、制約に不満がつのるかもしれません。

11月（個人月5）

爆発の可能性をはらむ月。意志の衝突があるかもしれません。多くの状況が変化して、あなたを驚かせるでしょう。今年の2月よりさらに意味深い関係になる人物と出会うチャンスがやってきます。旅行、実験、伴侶との一時的な別居を体験するかもしれません。ふってわいた機会に恵まれやすく、宣伝、実演、販売、遊びに最高の時。活力に満ちたあなたのもとに、人々が集まってくるでしょう。術後の回復は早くて良好です。

12月（個人月6）

結婚を夢見ていても、来年2月までは待つように。あなたの決断を変えそうな変化が来年1月に訪れます。今月は家族と一緒に冬休みを過ごすのに良い時。責任を担いましょう。人に心をくだき、家のことに取り組みましょう。クリエイティブな仕事に向く素晴らしい時です。愛する気持ちと安心感が高まるでしょう。

個人年　4

★こんなことに良い年です。

何かに打ち込む
手際よくなる
真面目な話をする
やり残しているプロジェクトを完成させる
不動産を買う
リストをつくる
保険をかける
健康診断を受ける
科学記事を読む
釘と修繕用のテープを買う
家電製品を買う
屋根を葺き替える
庭を掃除する

理屈っぽく頑固にならないようにする
健康管理を始める

個人年4の年は、安定がキーワード。目標を定め、短期的な計画を立て、目に見える成果を出していきましょう。将来のための基礎固めをしましょう。働いて、結婚して、学校に行きましょう。

今年のあなたは、責任を担い、物事を最後までやり通したいと思うはず。親戚、不動産、もしくは地域の環境美化運動に関わることになるかもしれません。この1年は事実を把握し、リスクは冒さないことが大切です。空想にふける時間を減らし、修理修復のための時間をつくりましょう。

今年のあなたはいつも以上にはっきりした強い意見を持ち、態度も頑なになります。人のライフスタイルに批判的になる可能性もあり、いつのまにか誰かを疑っている自分に気づくこともあるでしょう。

また、すでに経験ずみのことは、つまらないし広がりがないと感じるかもしれません。そんな時は、新しいチャレンジを感じさせるプロジェクトを探しましょう。予算や手順のことで争ってはいけません。約束を守り、難しい関係も投げ出さずに働きかけていきましょう。

とはいえ、4の年が制約だらけの深刻な年というわけではありません。多くの問題に取り組むことにはなるでしょうが、最終的にあなたは達成感に満たされるはずです。

個人年4の月別ガイド

1月（個人月5）

先月のあなたの決断を再び変えることになるかもしれません。ビジネス、販売、プロモーション、広告宣伝を進めるのに良い月。今年は勤勉に働く年なので、突然早めに訪れるチャンスをうまく利用しましょう。生活設計に重大な変更を加えることになるかもしれません。周囲の状況をコントロールしたい、落ち着きたいと望むいっぽうで、スタート地点特有の不安定な気分を味わうことになるでしょう。

2月（個人月6）

9年サイクルの中でもっとも結婚に良い月。人のあら探しは控えて。家のことに取り組みましょう。何としても貯金を始めましょう。今年はやるべきこと、完成させるべきことがたくさん待ち構えている年なので、今月は特に約束しすぎないように気をつけましょう。

3月（個人月7）

健康が危ぶまれる月。働きすぎに注意して、たまには静かに休息をとりましょう。専門とする職業についてさらに学び、技術をみがきましょう。経済面の見通しは良くないかもしれません。

4月（個人月8）

何かで予想以上にお金がかかるかもしれません。今月は昇進、またはあなたの責任が増す可能性が高く、大きな買い物や不動産購入にも良い時。ビジネスを始めましょう。会計検査を受けましょう。気持ちを集中させて、時間を浪費しないように。今月のあなたは判断力が優れているので、意識的にリスクを回避していけます。

5月（個人月9）

あなたの仕事の重要な部分が過渡期に入る暗示。主要プロジェクトはできるだけ多く終わらせましょう。新しいことは来月まで始めないように。他者の話は細心の注意を払って聞きましょう。計画全体を見直すのにも良い時です。

6月（個人月1）

仕事か、家庭に関わる何かが、新たに始まります。多くの活動と計画を予感させる月。結婚、出産、新規ビジネスの立ち上げに良い時です。自制心を働かせ、頭を使いましょう。自分の業績に誇りを持ちましょう。ただし、まだ仕事がたくさん残っていることを忘れてはいけません。

7月（個人月2）

細部が気になって、気が散るかもしれません。仕事関連のリサーチをしましょう。帳簿を丹念に調べましょう。伴侶や友人と時間を過ごしましょう。入金はかなり遅れ、また限られたものになるかもしれません。辛抱強く、人をよく助け、外交的に。健康に注意しましょう。

8月（個人月3）

今月はクリエイティブに過ごしましょう。近場に旅行をして、友人を夕食に招きましょう。より楽観的になる時。子どもの誕生。今、人生はあなたの味方です。

9月（個人月4）

仕事、仕事、仕事の月。障害と試練を通して多くのことを学ぶ時です。家族の責任がのしかかるかもしれませんが、あなた自身をないがしろにしないように。

10月（個人月5）

変化、驚き、混乱がもたらされ、一時的に負担が軽くなります。販売やプロモーションに良い時。自制心を保ちましょう。あきらめたり、降参してはいけません。浮気の誘惑に負けないで。今月は柔軟な対応がキーワード。計画通りに物事が進むと思ってはいけません。

11月（個人月6）

誰もがあなたに助けを求めてきます。人に奉仕する家庭的な時。ひょっとしたら結婚？　約束事には要注意。最後までやり抜きましょう。安心感に満たさるでしょうが、その感覚は「罠」かもしれません。今月は感情を育む大切な時。

12月（個人月7）

実質的に「冬眠」の時。今月はとにかくリラックスして、これまでやってきたことと今後の方向性を検討・分析しましょう。特技が人気を博していなければ、お金は期待できません。一人の時間を過ごしましょう。伴侶にはあまり要求しないように。田舎か暖かい土地に行きましょう。物事と戦ってはいけません。あなたの内側にひそむスピリチュアルな側面に触れましょう。

個人年 5

★こんなことに良い年です。

リスクを冒す
幸運を逃さないように気をつける
性的な出会いから学ぶ
慎重に契約する
ジョギングを始める
事業を展開する

演劇サークルに入る
魅力を感じる対象をリサーチする
約束しない
成功を思い描く
郵便受けにお金が入っているところを想像する
すごろくをする
競争心旺盛になる

個人年5の年は変化の年。9年サイクルのちょうど中間地点にいるあなたのもとに、今年、それも特に5月と9月に、びっくりするようなものが届くでしょう。

柔軟になりましょう。好奇心に従って動きましょう。5の年は行動の年です。制約だらけの昨年がようやく終わり、あなたは今、落ち着かない気分を味わっているかもしれません。計画だけで我慢していた旅行に出かけましょう。ただし、衝動的に動かないように気をつけて、ゆとりを持って行動しましょう。今年のあなたは新しいエネルギーに満ちあふれているので、放っておいても新しい仕事が舞い込んでくるはず。浮気の可能性もある年です。

自分自身とプロジェクトを積極的に宣伝して売り込みましょう。つとめて外に出かけ、人に会い、握手しましょう。あなたのエネルギーと熱意に多くの人々が引き寄せられてきます。

食べすぎ、飲みすぎの傾向には要注意。あふれんばかりのエネルギーを建設的に使いましょう。今年のあなたはルールには従いたくないと思うかもしれません。

個人年5の月別ガイド

1月（個人月6）

責任が増す月。家族や家庭に配慮しましょう。家庭内の状況に変化が生じ、何が起きているのかよくわからないと感じるかもしれません。将来の伴侶に出会う可能性大。人に奉仕しましょう。

2月（個人月7）

今年は忙しい年なので、今のうちに休養しておきましょう。今月は再評価の時。市場調査を行ない、対象を特定しましょう。失業中でも心配はいりません。お金はあなたが一番必要な時にやってきます。ほしいものと与えられるものとのギャップに、ストレスがつのるかもしれません。

3月（個人月8）

仕事を探している人は、期待以上の仕事にありつけます。昇進、昇給の可能性大。ただし、同時に出費も増えるでしょう。ビジネス面に素晴らしい影響力が働く月。充分調査してから、リスクを恐れず、間違いのない判断を下しましょう。自制心を忘れないで。

4月（個人月9）

すべてのプロジェクトを終了させましょう。今月は少々混乱の様相。調子が狂って、落ち着かず、新しいことを始めたいと思うかもしれません。でも何を？　迷ったら直感を働かせましょう。手がかりを教えてほしいと夢に頼みましょう。遠くに旅行して、新たな視点を得るのにも良い時です。決まりきった生活を抜け出しましょう。ただし何ごとも無理に進めないように。あなたが何もしなくても人生は充分変化します。寛容になりましょう。流れに身をまかせましょう。

5月（個人月1）

わくわくするような可能性が目の前に現われます。ただし、それが永続的なものかどうかは、この先、試されることになるでしょう。新たなエネルギーを満喫しましょう。新たな人物に出会いましょう。ビジネス面で誰よりも素晴らしい成長が予測される時。デザイン、旅行、リスクを恐れない行動、新規開拓が今月のキーワードです。

6月（個人月2）

ロマンチックな可能性に満ちた、ゆったりペースの月。友人関係に統合と変化が起こります。些細なことが大きな違いを生む時。入金は一時的に遅れるかもしれません。いつも以上に受容的になりましょう。自己主張は控えましょう。運転はくれぐれも慎重に。

7月（個人月3）

今月は怠けたいという衝動が強まります。休暇をとって、よく遊び、責任は無視してしまいましょう。ただしクレジットカードは手もとに置かないように。達成は期待できない散漫な月ですが、あなたは非常に忙しく動き回るでしょう。友人、知人、社交生活を中心としたエネルギー。集中力を保てれば創造力を発揮できます。

8月（個人月4）

ため息をつきながら仕事に復帰する月。仕事のスケジュールの変化が、さらに多くの制約をもたらすかもしれません。ペットを病院に連れていくという思いがけない事態も。集中しましょう。目標リストをつくりましょう。

9月（個人月5）

非常に不安定な月。あなたは混乱し、とりとめのない気持ちに襲われるでしょう。言い争いにならないように、くれぐれも気をつけて（雰囲気を一新するためには必要かもしれませんが）。旅行しましょう。可能ならパートタイムで働きましょう。自分を売り込みましょう。実演しましょう。営業しましょう。性にまつわる何らかの問題が出てくるかもしれません。不安定な今月は、重要な決断は避けたほうが無難です。

10月（個人月6）

家庭内に変化。突然結婚する？　家族の世話をしましょう。家を修理しましょう。人から頼りにされ、あなたはちょっぴり安心と幸せを感じるかもしれません。今月は他者に尽くす時。頑固になってはいけません。

11月（個人月7）

小休止。ペースを落としましょう。お金は予定通り入ってきますが、学びたくないと思うような課題があなたを待ち受けているかもしれません。運動しましょう。以前から知っているような気がする、とても変わった人物に出会う可能性があります。既婚者との不倫は厳禁。

12月（個人月8）

長らく待っていた変化がついに訪れ、今月は素晴らしいビジネスチャンスがもたらされます。あなたは熱心に働き、多くの成功を手にすることになるでしょう。昇進、お金、権威、監督、グループや組織とともに働く月。売り、買い、交換しましょう。今月のあなたは、これ見よがしな行動をとりがち。強さと自信を内側に感じます。

個人年 6

★こんなことに良い年です。

家族の意味を理解する
提案を受け入れる、あるいはみずから提案する
責任を担う
庭の手入れ、家の改造
外国人留学生を受け入れる
料理、奉仕
トレーナー（訓練士）になる
非行少年の指導員になる
教会に行く
親戚を訪ねる
抱き合う、伝え合う
歌う、絵を描く

個人年6の年、あなたは普段にも増してみずからの責任と義務に気づかされるでしょう。6の年は、調和した雰囲気をつくり出す機会をあなたに与えます。

チャートに現われる主な数字によっては、率先して人を助け、家族をサポートしながら、1年を過ごすことになるでしょう。ただし、チャートに3か5か1が多い人は、家庭的で常識的なこの年をそれほど楽しめないかもしれません。

今年は家庭内のあれこれに多くの時間を割くことになるでしょう。他者について考えざるを得ず、時には自分より人の欲求を優先させることになるかもしれません。また、仲が良くても悪くても、結婚生活そのものがテーマになる可能性もあります。今年は永遠の関係を結んだり、子どもをつくったり、家を建てたり、教師になるのにとても良い年です。

6の年はあなたを育て、試す影響力が働きます。言い換えれば、自分に与えられたものを、誰かに「お返し」することを求められる年なのです。衝動的で短気な行動や、自己中心的な態度を慎み、寛大に人を許しましょう。そして自分自身を成長させ、成熟させることを目指しましょう。

個人年6の月別ガイド

1月（個人月7）
ゆっくりしたスタート。健康が問題になる可能性があり、その時には家族に面倒をみてもらうことになるでしょう。何かの授業を受けたくなるかもしれません。あなたのスピリチュアルな一面が際立つ月。

2月（個人月8）
責任と重労働の月。家庭に関する重大な決断が下されます。保険に入り、家を修理し、リフォームし、増築しましょう。可能なら、ベンツを買いましょう。仕事で昇進するかもしれません。取り引き相手はグループや組織。売り買い吉。あなたは自信にみなぎるでしょう。

3月（個人月9）
「やり遂げた」「完成した」という感じがつのります。まだ新規の事業には手を出さないようにしましょう。今月のあなたは宗教もしくは何らかの地元のグループに心惹かれます。ひょっとしたら親族に不幸があり、何かを相続するかもしれません。家族かボランティアグループとの長距離旅行の可能性があります。

4月（個人月1）
新規プロジェクトを推進しましょう。達成感とともに、新鮮なエネルギーと活力がみなぎります。将来の伴侶との出会い、あるいは結婚にとても良い時。出産も大吉。新しい家を買いましょう。

5月（個人月2）
考慮すべき観点が多くあるという暗示。ペースを落としましょう。成長と成熟には時間が必要です。伴侶、家族、友人と一緒に過ごしましょう。入院して休むのも一つの道かもしれません。授業を受け、情報をさらに集めましょう。

6月（個人月3）
先月よりも元気に。クリエイティブな衝動が生まれ、美術や音楽にとても良い時。新しい服を買いましょう。旅に出ましょう。家に人を招きましょう。子どもをつくりましょう。ガーデニングを始め、カーペット、カーテン、壁紙、花を買いましょう。今月はお金の心配はなさそう。誰かの問題にあなたが光明をもたらす可能性。

7月（個人月4）

制約と責任が重くのしかかる月。旅行は控えましょう。家庭と職場における責任を果たしましょう。監督し、教えましょう。病気の親戚を見舞いましょう。通帳の赤字をなくしましょう。家のことに取り組みましょう。今は根気と忍耐、やり抜くことを学ぶ時です。

8月（個人月5）

家庭内に変化もしくは対立が起こる可能性。柔軟になって、融通をきかせましょう。旅行や公共奉仕に良い時。伴侶となりうる相手に出会うかもしれません。好奇心に従って、新しいアイデアを探求しましょう。

9月（個人月6）

肉体を酷使する月。スケジュールづくりは慎重に。交わした約束は果たさねばなりません。家族の喧嘩には巻き込まれないようにして、家の模様替えにエネルギーを注ぎましょう。自分にとっての優先順位を確認しておきましょう。今月は、他者からの非常に強い要求に抵抗し、頑として自分の立場を守ることになるかもしれません。

10月（個人月7）

事態の沈静化。もしかしてあなたが倒れる危険性も。一人の時間を過ごしましょう。一番大切なプロジェクトを慎重に仕上げましょう。あなたが自分の空間を必要としていることを家族に説明しましょう。エネルギーが内に向かう時。

11月（個人月8）

達成のためにもう一押し頑張る月。自分の有能さに気づきましょう。警報装置を買いましょう。健康増進のためのプログラムを始めましょう。昇進、あるいはしばらく遅れていた入金があるかもしれません。永続的な価値のあるものを買いましょう。家庭生活に関する重要な決断を下しましょう。地域の役員を引き受けましょう。

12月（個人月9）

素晴らしい業績に満足する月になりそうです。すべてのプロジェクトを終了させましょう。ただし、まだ新しいことは始めないように。すべてにおいて寛容に哲学的になりましょう。エゴではなく、ハイアーセルフ（高次の自己）に決断をゆだねましょう。人道的な運動に手を貸しましょう。

個人年　7

★こんなことに良い年です。

勉強する、瞑想する
休む、回復する、統合する
才能を開花させる
抜かりなく物事を行なう
批判的な自分に気をつける
目標を設定し直す
自分の進歩をチェックする
古くなったものを排除する
新たなアファメーション（確言）リストを作る
宗教を研究する、教会に入る
セラピーを受ける

個人年7の年に、あなたはあらゆるものを評価し直し、価値観をシフトさせる時を迎えます。9年サイクルの流れのなかで、今年はいったん歩みを止め、これまでの7年間を振り返り、分析し、統合する年なのです。

何かうまくいかないことがあれば、少しそこから離れて観察しましょう。成長したあなたに合わなくなったのは誰でしょう？　今年、大切にしていた何かを手放すことを促されますが、ここで手放したものは時が来ればまたあなたのもとに戻ってきます。

自分が持っている技術に注目しましょう。さらに教育を受けて、みがきをかけましょう。成熟した自分の価値に改めて気づきましょう。今年はゆっくりと、辛抱強く動く年。気長に待っていれば、お金はそのうち必ず入ってきます。

また今年は何ごとも無理にプッシュしないほうがうまくいきます。疲れを感じたら、「ペースを落として生活のバランスをとるべき」というサイン。結婚やパートナーシップは、共通の目標がない限り難しいかもしれませんが、どんなに激しく衝突しても感情に流されず、合意に達する努力を惜しまないことが肝心です。

多くを求められる6の年と8の年の間に挟まるこの7の年は、あなたの内側の一番大切なものに気づかせてくれる年。何が起きても、あなたは最善の結果を手にすることになるでしょう。

個人年7の月別ガイド

1月（個人月8）

今年最初の大きな決断。お金は新たな仕事か昇進によってもたらされます。長期プロジェクトに熱心に取り組みましょう。出費が多く、ことによると大きな金額に絡んで失望を味わうかもしれません。人生における物質面と精神面を同時に見る機会が訪れます。

2月（個人月9）

つらく、感情的な月。今のあなたに必要なのは大人の見解です。今年はスピリチュアルな憧れを育む年ですが、なかでも今月は自分の人生についてじっくり考え、目標を見つめ直すのに最適な時。予期せぬ報酬または失望が訪れるかもしれません。寛容になりましょう。

3月（個人月1）

今こそ新たなプロジェクトを始める時。エネルギーが回復し、目標が定まります。その成功のカギを握るのは、あなたの特別な才能か技術。古いものにまつわる新たな何かを学びましょう。このあたりで将来の伴侶に出会う可能性もあります。自分が孤立していると感じたら、今は孤独と理解と知恵を必要とする成長期間を過ごしていることを思い出して。学びの必要性を自覚しましょう。何かをあきらめましょう。

4月（個人月2）

特別な誰か、あるいは一風変わった人に出会うかもしれません。今月は直感が冴え、無意識のうちに正しい場所に導かれるでしょう。入金はかなり遅れがちで、それ以外もあらゆることを待つことになりそうです。今月は完璧主義者になることが求められる時。自己主張しようとせず、あくまでも従順に、協力的に対処しましょう。すべてのプロジェクトをやり抜きましょう。

5月（個人月3）

クリエイティブな衝動が無意識から何かを生み出します。古い習慣やパターンを見つめ直しましょう。サイキックなつながりを感じる、非常に興味深い月。社交生活が華やかになります。お金のプレッシャーは少ないでしょう。

6月（個人月4）

将来の計画を立てましょう。働きましょう。家庭、仕事、お金に関する制約が多い月。旅行はしないように。お金も使いすぎてはいけません。今月はいろいろなことを再編成する時。運転は慎重に。何かの授業を受けて、心に抱いているものを生み落としましょう。

7月（個人月5）

多くの興奮と可能性の暗示。あなたの内側には落ち着かない気分と情熱があふれます。生活環境を変えましょう。旅行しましょう。意思の疎通をはかりましょう。対立が生じたら、動機を調べて、自分の意図が明確かどうかを確かめましょう。

8月（個人月6）

家庭生活にスポットライトが当たる月。あなたに助けを求める人が増えるでしょう。安心感。家族の古い問題が表面化するかもしれません。今は約束を守るべき時。予定を入れすぎないように。精神修養に気持ちを集中させましょう（今年は瞑想と研究にとても良い年です）。何かの授業を受けましょう。芸術、裁縫、料理に関することは吉。夕食に仲の良い友人を招きましょう。

9月（個人月7）

あなたは今、自分の目標やライフスタイルを真剣に見直しています。今月はハイアーセルフ（高次の自己）とつながる時。直感を使いましょう。自分の意志を押し通してはいけません。過剰な刺激と疲労には注意して。ビタミンをとりましょう。田舎でのんびりしましょう。入金は辛抱強く待ちましょう。

10月（個人月8）

法的な書類はすべて丹念に見直すことが大切。長らく待っていたニュースもしくはお金を受けとる可能性があります。分析、試験、土地の売却や手術に良い時。調査、書き物、発明で認められるかもしれません。混乱の後の明晰さ。仕事か投資に関する新たな決断を下すでしょう。

11月（個人月9）

完成の時。無職の人も、来月には職が見つかります。失望しないで、辛抱強く待ちましょう。他者に手を差し伸べ、「こうなったらいいな」と思う状態をイメージしましょう。寛容になりましょう。許して、手放しましょう。旅行しましょう。

12月（個人月1）

新たな出発。エネルギーもチャンスも増えます。リスクを恐れず行動しましょう。教会に行きましょう。特別な関心を分かち合える新しい友に出会いましょう。新たな場所に出向きましょう。今月は必要なものをはっきりと口にすべき時。ほしいものをリクエストしましょう。毅然と自己主張しましょう。ヘアスタイルを変えましょう。何かの教室に出ましょう。

個人年 8

★こんなことに良い年です。

ダイヤモンドを買う
土地を買う
すべての取り引きを公正に行なう
強くなる、断定する
みずからの成長に気づく
残業する
寄付をする
新しいスーツを買う
名刺をつくる
ビジネスライクに、プロらしく
駆り立てられることなく、成功を確信する
公平な目で事実を直視する
先に進む努力をする
直感を信じる
過去の問題を終わらせるよう努める
すべての問題をチャンスととらえる
年上の人と友達になる
新車を買う

すべてがスローだった7の年が終わり、個人年8の年を迎えた途端、あなたの中に野心がむくむくと湧いてきます。今年は自分の強さを感じながら、多くの課題にすすんで取り組み、大きな決断を下していくでしょう。8の年は、9年サイクルのうちで達成の年。そしてそのための努力が求められる年です。

あなた自身、いつも以上に自信と調和を感じ、進むべき方向をしっかりと自覚できるでしょう。

この1年はいわば卒業試験のようなもの。さまざまな形で試され、評価されることになるでしょう。

8の年はお金が大きな課題になります。この1年は入った分だけ出ていくことになりがちですが、貸したお金が返ってくる可能性もあります。判断力が冴え、粘り強さもある時です。無理だと思えるようなことを頼まれるかもしれませんが、やると決めたら迷わずやりましょう。グループや組織との仕事、投資、土地の売買に良い時で、大きなお金が自然と集まってきます。

また今年、スピリチュアルな側面を開発できれば、今のあなたに見合う「答え」が手に入るはず。過去や失敗を振り返るのではなく、未来に目を向けましょう。今年はつまずきも後退も一時的。あなたはすぐ立ち直ります。

個人年8の月別ガイド

1月（個人月9）

年の始めに、まずはやりかけのことを片付けましょう。ペンディングになっている計画があるなら、何としても完成させるべき。今月は予期せぬ報酬が入ってくるかもしれません。あなたの権威が認められ、頼られるでしょう。いつも以上に自信に満ち、幸せで、満たされた自分を感じます。あなたは今、知恵と成熟を学んでいるのです。

2月（個人月1）

全力疾走で前進すべき時。今年は、過去7年間に蒔いた種の実りを手にする非常に大切な年です。かつてないほどの豊かさを手にする年ですから、試練や変化を恐れてはいけません。懸命に働く姿勢を保ち、むらのないようにしましょう。組織かグループに関わる仕事を探しましょう。お金のことに取り組みましょう。

3月（個人月2）

今月は少々ペースを落として、細部に気を配り、ていねいに仕事をすることを強いられます。自己主張を控え、協調的な態度を心がけましょう。無理やり頑張らされているような気がして、できないことはやめて何か別のことをやりたくなるかもしれません。頭の大部分を占めるのは愛。正義感が強く、高ぶりやすい傾向はありますが、今月のあなたは強い感情も上手にコントロールしていけるでしょう。

4月（個人月3）

困惑の月。芸能関係や贅沢品の販売には良いでしょう。社交がおもしろくなるものの、仕事の邪魔になるかもしれません。思うように仕事がはかどらないと感じがちですが、今はクリエイティブな時。絵を描きましょう。実演しましょう。書きましょう。教えましょう。近場に旅行して、贅沢をしましょう。

5月（個人月4）

とことん仕事志向の月。旅行するとしても、具体的な目的のある出張だけでしょう。何かと制約が多い時。浪費を控えましょう。買い物をする際は真剣に。生活必需品だけを買い求めましょう。家族か親戚に関わる責任がのしかかってくるかもしれません。

6月（個人月5）

驚くべき変化。融通をきかせて柔軟に対応しましょう。我慢は禁物です。ビジネスに大きな影響力が働く時なので、外に出かけ、自分を売り込み、裕福な人物に会いましょう。海外に旅行して、最高級ホテルに泊まりましょう。変わったところに投資しましょう。

7月（個人月6）

重大な約束をかわす時（結婚かも？）。安心し、落ち着きを感じます。家庭生活がつかの間、あなたの頭から仕事を閉め出すでしょう。子どもたちに自転車を買い与えましょう。家具を買い足し、家族用の車を買いましょう。人の要求に応じましょう。相続問題に巻き込まれるかもしれません。組織をサポートしましょう。学校に行きましょう。

8月（個人月7）

休養の月。避暑地に行きましょう。瞑想しましょう。健康と働きすぎに注意しましょう。ユニークで特別なことをしましょう。人々があなたの専門知識を求めてやってきます。入金は辛抱して待つしかありません。仕事を探している人は来月見つかるでしょう。

9月（個人月8）

とても忙しい月。大小を問わず、仕事もお金も山のようにあふれます。あなたの権威が認められ、本領を発揮することを求められるでしょう。あなた自身を教育することが大切。必要なら学校に行きましょう。投資は細心の注意を払って行なうこと。あきらめてはいけません。今月は、物質界における成長のためにとても大切な月。さまざまな形で試されるでしょう。

10月（個人月9）

ほっと一息。試されていたような状況が終わります。まだ新しいことは始めないように。あなた自身のエネルギーを損なう狭量な態度はすっぱりやめましょう。病気の完治。

11月（個人月1）

素晴らしいビジネスチャンス。大きなプロジェクトを始める時。目標達成に必要なエネルギーが信じられないほど手に入るでしょう。決断、買い物、売り込み、出世、意志の衝突、大型機械、出版、立ち上げ、英雄的な行為の時です。

12月（個人月2）

多くを成し遂げた後の虚脱感を感じるかもしれません。詳細を詰めていくうちに身動きがとれなくなる可能性もあります。悪い兆しは振り払いましょう。グループミーティングは時間をかけて行ないましょう。慎重な分析と改革が必要な時。人間関係に注意して行動し、平和を勝ちとりましょう。女性の影響力が強まります。

個人年 *9*

★こんなことに良い年です。

旅に出る
家を売る
離婚する
習慣や限界を取り除く
肩をすくめ、笑ってやりすごす
外国語を学ぶ
最後の仕上げをする
心配しない
展望やつきあいの幅を広げる
与える、ボランティアをする、教える、癒す
直感に耳を傾ける

個人年9の年は、9年サイクルが完了する年で

あり、成就と完成の年です。さまざまな出来事が仕事、結婚、ライフスタイルに突然の変化を引き起こすと同時に、「学び終えた」という感覚をもたらすでしょう。

あなたは今、来年の大きな変化に備えて、新たなスタートを切る準備を整えているところなのです。旅の支度をするように、仕事や問題をすべてひとまとめにしておきましょう。長距離旅行の可能性もある年です。

古くなったものは手放しましょう。あなたのエネルギーを奪う人物から離れて、今のあなたにぴったり合う人たちが入り込むスペースをつくりましょう。たんすや押し入れの中を整理しましょう。寛容になって、正しい目で物事を見るように努めましょう。干渉ではなく共存を目指しましょう。そして許しましょう。今年はけちけちしたり、うるさく小言をいったり、落ち込む時ではありません。すぐそこに良いことが待ち受けています！

新しいことはまだ始めないで。結婚や引っ越しもしばらく待ちましょう。8月までは古いサイクルの影響力が強いので、大きな決断は少なくとも9月以降に延ばしましょう。

9の年はドラマチックで、破壊的、感情的な年になるかもしれませんが、いっぽうであふれんばかりの豊かさも与えられるはず。驚くような形で報酬を受けとることになるかもしれません。無理に進めようとせずに、おのずと現われてくる結果に心を開き、受けとめていきましょう。

個人年9の月別ガイド

1月（個人月1）

ありあまるほどのパワーと変化の兆しを感じるものの、今決めたことは続いても今年いっぱいのはず。古いプロジェクトの新たな局面に着手するか、最終段階を実行するための新しい方法を探しましょう。楽観的な気分で、改善への欲求を感じます。

2月（個人月2）

気分の落ち込みや疲労に要注意。休息をとりましょう。健康診断を受けましょう。浪費は禁物。誰かと話したい気分になったら、セラピーを受けましょう。一つの関係が終わるかもしれません。重要なことを始めてはいけません。今月は、あなたの人生の価値を見極めるスピリチュアルな月。

3月（個人月3）

創造力の爆発。文章を書きましょう。絵を描きましょう。小旅行でも大旅行でも、かまわず出かけましょう。友達を楽しませましょう。気前よくふるまいましょう。外国語を学びましょう。社交生活が活発になる時。今月のあなたは他者に与え、共鳴します。

4月（個人月4）

つらい仕事や細部に関わる月。契約書にサインしましょう。親戚ともめるか、家族に変化が起こるかもしれません。すべてのプロジェクトを終わらせましょう。可能なら、お金を寄付しましょう。今月は堅実さを求められ、制約が多いと感じるかもしれません。すべての計画を見直し、確認しましょう。

5月（個人月5）

新たなチャンスが予期せぬ変化をもたらします。もめごとになるかもしれません。柔軟に。自由に旅行できる月。ロマンチックで性的な影響力が高まります（でもいずれ、一時的な盛り上がりだったと気づくことになるでしょう）。今月のあなたは精力的で、人を惹きつけます。売り込みましょう。演じましょう。

6月（個人月6）

きわめて家庭的な時。家庭生活に変化がもたらされる可能性があります。寛大かつ寛容になって、人を助けましょう。親戚か知人に不幸があるかもしれません。相続。富と安全の感覚。芸術的な試みに良い時です。

7月（個人月7）

精神的、霊的、宗教的な影響力がきわめて強い月。なりゆきに任せて、運命の導きに従いましょう。あなたが今いる場所と、今後の行く手を見極めましょう。新規のプロジェクトはまだ始めてはいけません。すでにやっていることを終わらせるか、自然消滅させましょう。休みをとり、瞑想し、遠方の旅に出かけましょう。

8月（個人月8）

ビジネスチャンス到来！　昇進、引退、ボーナス。プロジェクトの完成に打ち込みましょう。国際的な代理店、大会社、慈善事業の仕事、文化事業、出版、調査研究、指導に関わる分野を追求しましょう。結果はおそらく来月に出ます。大金、もしかすると遺産。人生の大きな決断をすることになるので、良い判断を下しましょう。

9月（個人月9）

かなめとなる月。9年サイクルの終了を間近に控え、完成させる影響力がきわめて強くはたらく時です。次にすべきことがわからなくて、混乱した気分を味わうかもしれません。リラックスして。戦ってはいけません。手放し、なりゆきに任せましょう。すべてはなるようになるのですから。長距離の旅行は吉。のんきに構え、寛容になりましょう。新しいことを始めるのはまだ先です。

10月（個人月1）

新しいアイデアがぼんやりと見えてきます。再出発への欲求。今後の計画を立てはじめましょう。新しい人に出会いましょう。必要なら、転職か引っ越しを。今まで以上の明晰さと自信を感じます。

11月（個人月2）

先月のアイデアの結果を待ちましょう。今しばらくは辛抱を。完成すべきことがまだ残っています。今月は人間関係の月。母親、姉妹、妻にカードを送りましょう。健康に気を配りましょう。

12月（個人月3）

過去9年間の良い思い出を振り返りましょう。想像力と直感をはたらかせ、これからあなたが入ろうとしている新たな局面を感じましょう。未来に目を向けましょう。

個人日とは

個人日を調べると、あなたにとって今日がどんな日かを知ることができます。結婚式や引っ越し、融資の申し込み、旅行、就職試験など、あなたの人生の節目となる「大切な日」を選ぶ時は、個人日を計算してみましょう。

個人日の計算方法

①調べたい月・日と、その年のあなたの個人年を書き出します。

②それらの数字をすべてひと桁になるまで足し合わせた数字が、あなたの個人日となります。

たとえば今年はあなたの個人年8の年だとして、この年の6月5日が結婚式を挙げるのに良い日かどうか知りたいとしましょう。すると8＋6＋5で、下記のとおり個人日は1となります。したがって重要なプロジェクトを決断したり、開始するのにふさわしい日であることがわかります。

個人日の計算方法

①個人年**8**	＋	**6**月**5**日
②**8＋6＋5＝19**＝個人日**1**		

＊＊＊

個人日があなたに及ぼす影響

個人日1

重要な決断、新たな動き・仲間づくり・仕事のスタート、目的ある旅に出るのに大変良い日。自分を正直に主張し、トップを目指しましょう。大きな手術にも良い日です。

個人日2

友情、デート、ミーティング、あるいは静かに仕事に励むのに良い日です。辛抱して待ちましょう。研究に励みましょう。いつも以上に協調的になりましょう。細部に目を光らせましょう。強引になってはいけません。落ち着いた結婚披露宴には良い日です。手術は避けること。

個人日3

楽しい一日でおねだりにも良い日。パーティを開きましょう。近場に出張しましょう。手術にも悪くありません。その気になったら競馬やレースで運試ししましょう。ただし浪費には要注意。

個人日4

事業計画を立てるのに良い日。旅行には不向きです。弁護士に会いましょう。お金を受けとるか投資の手続きをしましょう。ただし契約書の内容はすべて理解しておくこと。多少煩雑なことが生じる可能性があるものの、結婚話を進めるのにも良い日です。治療や軽い手術はうまくいきます。

個人日5

人前で話したり、ネットワークづくりやパーティ、売り込みにとても良い日。気が向いたら旅に出ましょう。変化や驚きの展開に心の準備をしておきましょう。結婚式には向きません（情事なら良いかも）。

個人日6

結婚式に良い日。家族の集いや養子を迎えるのも大吉。離婚手続きもうまく進みます。ささいなことに熱くなって言い争わないように。旅行は控えましょう。お金を相続する可能性があります。健康診断を受けるのにも向いています。一人ぼっちになるのは避けましょう。

個人日7

海辺の散歩に良い日。朝、10分ほど静かな時間をつくり、自分の考えをまとめましょう。手術は避けましょう。遅れを覚悟しておくこと。独断的なスタンスはとってはいけません。車のエンジンがかからなくてもいらいらしたり、自暴自棄にならないようにしましょう。

個人日8

不動産売買をはじめ、財政面全般に良い日。ただし契約書の内容はすべて理解しておくこと。出張ならいいのですが、休暇旅行に出かけるのは控えましょう。今日一日は服装に気をつけ、堂々とした態度でいましょう。昇給を願い出るのにも良い日です。

個人日9

友人と過ごすのに最高の日。また障害を持つ人々と一緒に働いたり、病院にお見舞いに行くにも最適な日。大きな手術は延期しましょう。長年つきあった人との結婚を決めたり、海外旅行に出るのにも向いています。今日一日はいつも以上に気前よく、寛容に、愛情深くなりましょう。どうにもできない問題に頭を悩ますのはやめましょう。気分が落ち込んだら、明日からまた1の日が始まることを思い出しましょう。

Number Combinations

付録 数字の相性

数字の相性について

自分の数字がわかると、今度は「あの人の数字は何だろう」「私の数字との相性は？」といった疑問が出てくるかもしれません。そんな時は、たとえば生まれ日、誕生数、運命数、ハート数などの数字を見比べてみると、いろいろな発見や気づきを得られるでしょう。

ただし、それはあくまでも数字どうしの相性だということを忘れないでください。チャートに現われる数字を媒介にして人と人との相性を知るためには、その前にまず、さまざまな数字を総合的にとらえる視点や感覚を時間をかけて養っておかなければなりません。

参考のために、一般的な数字どうしの相性例を以下に挙げておきましょう。

1＋1＝どちらも強い個性と明確な意見を持ち、妥協しないタイプなので、言い争いになると収拾がつかなくなるかもしれません。

1＋2＝男女のペアなら、男らしい男性と女らしい女性という、とてもロマンチックなカップルになるでしょう。

1＋3＝贅沢品や娯楽用品の販売に向く、活動的で社交的な組み合わせです。この二人は喧嘩をしても、翌日には忘れてしまうでしょう。

1＋4＝結婚より、ビジネスに向いています。この関係を活かすには、互いの才能を尊重しあうことが不可欠です。

1＋5＝ダイナミックなエネルギーを感じさせる組み合わせ。最初から責任分担をはっきり決めておけば、最高のビジネス・パートナーになれるでしょう。

1＋6＝率直で、責任感が非常に強く、忠実な二人。豊かな家庭生活や財政的な安定を築くのに良い組み合わせです。

1＋7＝高学歴どうしの組み合わせかもしれません。どちらも家庭より、最高の成果を出すべく仕事や研究に没頭するタイプです。

1＋8＝二人のプロ。つきあい始めた当初は、不確かさが付きまとうかもしれません。でも、二人の関係さえはっきりすれば、完璧な協力体制が出来上がります。

1＋9＝性質はまったく異なるものの、愛と情熱にあふれる組み合わせ。自分にないものを相手から学びつつ、ともに成長していける二人です。

2＋1＝（1＋2を参照）

2＋2＝意見が一致しやすい組み合わせ。わかりすぎるほどわかりあえる二人なので、むしろ結婚してもすぐに相手に退屈してしまうかもしれません。ビジネスなら好都合でしょう。

2＋3＝工芸や芸術に関するビジネス・パートナーとして最高の組み合わせ。ただし、どちらもたまに、相手のふとした言動に苛立つことがあるかもしれません。

2＋4＝それぞれの役割がはっきりした、安定感のある組み合わせ。「この関係を大切にしたい」と思う二人なので、長続きする関係を育んでいけるでしょう。

2＋5＝結婚よりも、恋愛向きの組み合わせ。二人の価値観が異なるので、長期の関係には不向きでしょう。

2＋6＝互いを思いやる、とても相性の良い組み合わせ。ただし、どちらも相手の癖が気になる傾向があるので、一緒にいる時間は短いほうがいいでしょう。

2＋7＝どちらも警戒心旺盛で、こだわりの強いタイプ。妥協点を見つけるまでは、それぞれに「わが道を行く」ことになるかもしれません。

2＋8＝ビジネスでも、プライベートでも、長くつきあえる組み合わせ。互いの良さを理解し、伸ばしあっていけるでしょう。

2＋9＝消極的か情熱的か、どちらかに傾きやすい組み合わせ。感情をあらわに出しすぎないように気をつけましょう。

3＋1＝（1＋3を参照）

3＋2＝（2＋3を参照）

3＋3＝刺激的で、かなり不安定な組み合わせ。バランスのとれた関係は築きにくいでしょう。「現実より夢に生きたい」「相手より注目されたい」と望む二人。

3＋4＝収支のバランスがカギを握る組み合わせ。経済的な目標や優先順位について話し合い、遊興費や交際費を上手に設定しましょう。

3＋5＝やり手どうしの組み合わせ。化粧品の販売、インテリアデザインなどの自営業を一緒に行なえば、大きな成功を手にできるでしょう。

3＋6＝ロマンスを求めながらも、親子のような関係になる可能性があります。二人で不動産関係の仕事をするか、レストランを経営するようになるかもしれません。

3＋7＝ひとたび好奇心が失せると、互いの相違点ばかりが目につくようになるでしょう。価値観も著しく異なる二人です。

3＋8＝相手が求めるものを互いに与え合う組み合わせ。阿吽《あうん》の呼吸でサポートしあい、何でも見事に成功させていくでしょう。

3＋9＝激しい感情とドラマチックな人生を予感させる組み合わせ。どちらも目立つ存在として、幅広くさまざまな友人たちとの交際を楽しんでいくでしょう。

4＋1＝（1＋4を参照）

4＋2＝（2＋4を参照）

4＋3＝（3＋4を参照）

4＋4＝保守的で、頑固な二人。予算にまつわることで対立する恐れはありますが、どちらも几帳面なタイプならビジネスに良い組み合わせです。

4＋5＝互いの存在が互いの神経を逆なでする組み合わせ。つきあうのは楽ではないでしょうが、プラスとマイナスが引き合うという形の、興味深い展開も予想されます。

4＋6＝相性の良い安定した組み合わせ。伝統行事を大切にする、居心地のよい家庭をつくるでしょう。

4＋7＝どちらも仕事志向で真面目なタイプ。感情をあまり表に出さない二人なので、恋愛関係にはなりにくいでしょう。

4＋8＝無駄なことは極力行なわないという、勤勉かつ合理的な二人。どちらも愛情表現が苦手なほうですが、いったん結婚したら「自分の間違いを認めたくない」という理由で別れないでしょう。

4＋9＝共依存的な関係になりやすい組み合わせです。本当の意味で相性が良いとは言えないでしょう。

5＋1＝（1＋5を参照）

5＋2＝（2＋5を参照）

5＋3＝（3＋5を参照）

5＋4＝（4＋5を参照）

5＋5＝休暇のために生きるような二人。どちらも情熱的で衝動的、そしておそらく嫉妬しやすいでしょう。

5+6=価値観やライフスタイルに関する対立が生じる可能性があります。話し合いによる解決を目指しましょう。

5+7=異なる興味を追求する二人。どちらも共通の関心事を探すより、互いの自由を尊重して、両者の関係のバランスをとろうとするでしょう。

5+8=成功と達成をとことん目指していくでしょう。不動産チーム、もしくは映画のプロデューサーと監督の組み合わせに最適です。

5+9=どちらも危険を冒すことを恐れないタイプなので、実に自然な形で人生に対応していくでしょう。金銭管理と飲みすぎに気をつけましょう。

6+1=（1+6を参照）

6+2=（2+6を参照）

6+3=（3+6を参照）

6+4=（4+6を参照）

6+5=（5+6を参照）

6+6=他者の役に立つ時に最高の幸せを感じる二人。互いを映し出す合わせ鏡のような組み合わせなのですが、どちらも自分の非を認めず、相手を非難したり責めがちかもしれません。

6+7=相手に対する理想と現実のギャップに不満がつのる組み合わせ。それぞれに人生経験を重ね、人間的に成熟した後に出会うのが望ましいでしょう。

6+8=とても相性の良い組み合わせ。結婚も、ビジネス・パートナーシップも、互いにとって当然のことのように感じるでしょう。

6+9=愛情と好意が満ちあふれる組み合わせ。

芸術もしくは哲学的な観点を共有していけるでしょう。

7＋1＝（1＋7を参照）

7＋2＝（2＋7を参照）

7＋3＝（3＋7を参照）

7＋4＝（4＋7を参照）

7＋5＝（5＋7を参照）

7＋6＝（6＋7を参照）

7＋7＝相手のことより、自分の仕事に関心を向ける二人。交わされる言葉も必要最小限になるかもしれません。

7＋8＝愛情深い組み合わせではありませんが、互いにカルマ的な強いつながりを感じるかもしれません。どちらも珍しい職業につき、「その道のプロ」といえる友人に恵まれるでしょう。

7＋9＝互いのスピリチュアルな側面に惹かれあう組み合わせ。高次のレベルで非常に尊敬し合うものの、どちらも日常生活を損なうような癖を持っているかもしれません。

8＋1＝（1＋8を参照）

8＋2＝（2＋8を参照）

8＋3＝（3＋8を参照）

8＋4＝（4＋8を参照）

8＋5＝（5＋8を参照）

8＋6＝（6＋8を参照）

8＋7＝（7＋8を参照）

8＋8＝二人とも押しが強いうえに仕事志向なので、恋愛や結婚をするなら、意識的に愛情を育てていく必要があるでしょう。この組み合わせの最大の課題は妥協です。

8＋9＝非常にバランスが良く、愛情あふれる組み合わせ。ともに働くことによって二人の絆がさらに深まるでしょう。何らかの運動を組織するかもしれません。

9＋1＝（1＋9を参照）

9＋2＝（2＋9を参照）

9＋3＝（3＋9を参照）

9＋4＝（4＋9を参照）

9＋5＝（5＋9を参照）

9＋6＝（6＋9を参照）

9＋7＝（7＋9を参照）

9＋8＝（8＋9を参照）

9＋9＝たとえばスピリチュアルな探求、社会学的な研究、あるいは演劇表現といった共通の理想をともに追求する可能性が高い組み合わせ。圧倒的といえるほどの深い感情や思いが、二人の間に生まれるでしょう。

謝辞（それぞれの重要な数字を添えて）

そのビジョンと揺るぎない心で本書を現実化してくれたキャンディス・フールマン（1）に。

新たな扉を開いてくれた数秘術家であり、旅人であるルース・ドレイヤー（5）に。

この本のための情報収集を助けてくれたジュノ・ジョーダン博士、ジュリア・シートン博士、オースティン・コーツ、その他すべての研究者、ならびに数字を愛する人々に。

この本をあっという間に目に見える形にしてくれたチャールズ・フールマン（2）に。

私の助手となり、相談役となり、教師となってくれた娘のシクリッド・アドリエンヌ（11／2）に。息子、ガンサー・ローラー（9）の強さとユーモアのセンスに。

数字の話に長年耳を傾け続けてくれた友人たち、特にOB（9）とゼノビア（8）のウェッツェル夫妻、そしてエレノア・コッポラ（5）に感謝します。

キャロル・アドリエンヌ

訳者あとがき

もしも内側に魂がすまうなら、その声が聞きたい。

そして私の魂がこの人生に望んでいることを知りたい。

そんな思いに突き動かされ、あてもなく手がかりを探していた時、私はキャロルさんの数秘術に出会いました。２００１年のことです。届いた数秘術ライフチャートを開くと、そこには「私だけが知っているはずの内に秘めた思い」、「どこかでそこはかとなく感じていたものの確信が持てずに追いやっていた夢や可能性」、さらには私の「過去・現在・未来の流れ」までもがぎっしりと書いてありました。それをはじめて読んだ時の感動と衝撃は、今も私の中に鮮明に残っています。

思えば１９７０年代にピタゴラスの数秘術を知り、以来東洋西洋の神秘学や宗教、深層心理学と、興味を広げつつ深めてきた私が、21世紀を迎えた年にさまざまなシンクロニシティに導かれてピタゴラスの数秘術に再会することになったわけなのですが、その展開にもまた、いまだに不思議な感慨を覚えます。と同時にそのことを思うたびに、なぜか私は目に見えない大きな存在の暖かな眼差しを感じるのです。もしかしたらそれは、無意識と呼ばれ、潜在意識と呼ばれ、あるいは魂と呼ばれる内なる領域にアクセスする方法を人が求める時、そうした目に見えない宇宙の意図が働いて、そのために必要なものをその人に一番合う形と方法で与えてくれるということなのでしょうか……。

とにかく私は数秘術との劇的な再会を皮切りに、願ってやまなかったスピリチュアルな真実の確かさを体験し分かち合う日々を、このように生きることになったのです。

新たな視点、新たな生き方を模索しているあなたにとってもまた、この本が内側奥深くに潜む資源や可能性とつながり、魂とともに新たな一歩を踏み出すスタート地点となりますようにと、私は願ってやみません。数秘術で読み解かれる情報はスピリチュアルな情報なので、長く付き合えば付き合うほど理解が深まり、体験とも結びつくようになります。自分の数字の情報をたまに読み返して、「必要なものはすべて与えられる」という真実をあなた自身の目と心で確かめ、実感してみてください。

最後になりましたが、数秘術への興味と情熱を分かち合い、最高の数秘術入門書を最善の形で読者のみなさんにお届けするために共に尽力してくださったナチュラルスピリット社の今井社長、編集の秋田さん、デザインの日比野さんに心より感謝します。

２００５年５月　斎藤昌子

数秘術 マスター・キット

あなたの魂に刻まれた情報を読み解く

●

2005 年 5 月 23 日　初版発行
2025 年 8 月 8 日　第 14 刷発行

著者／キャロル・アドリエンヌ
訳者／斎藤昌子

装幀／日比野智代
編集／秋田幸子、津賀由紀子

発行者／今井博揮
発行所／株式会社 ナチュラルスピリット
〒101-0052 東京都千代田区神田小川町 3-6-10 M.Oビル 5 階
TEL 03-6450-5938　FAX 03-6450-5978
info@naturalspirit.co.jp
https://www.naturalspirit.co.jp/

印刷所／モリモト印刷株式会社

ISBN978-4-931449-49-7 C2011

The Numerology Chart

数秘術チャート

名前（出生届に記載された本名、ヘボン式ローマ字）

名　　　　　　姓

生年月日（西暦）　　年　　月　　日

〈変換表〉

1	2	3	4	5	6	7	8	9
A	B	C	D	E	F	G	H	I
J	K	L	M	N	O	P	Q	R
S	T	U	V	W	X	Y	Z	•

誕生数 生年月日の合計 （年＋月＋日）		
運命数 名前の文字を 変換表で数字に 置き換えて合計		
実現数 誕生数＋運命数		
ハート数 名前の中の 母音の合計		
人格数 名前の中の 子音の合計		
習慣数 名前の文字の総数		

	1	2	3	4	5	6	7	8	9	**欠落数** （カルマのレッスン） 名前の中にない数字
特性数 名前の中にある 数字：それぞれ 出てくる回数										

気質のバランス	名前の数字		•
	身体数 4と5の総数		
	知性数 1と8 の総数		
	感情数 2と3と6の総数		
	直感数 7と9 の総数		

＊ふた桁の数字はひと桁になるまで足し合わせる（例：15 ＝ 1 ＋ 5 ＝ 6）
＊ 13、14、16、19：カルマナンバー　11、22：マスターナンバー

★四つの時期の年齢区分（頂点数と試練数の期間）

36－誕生数　　　＝　　　　歳（第１期終了）

1．誕生から　　　　歳（第１期終了）　＋１＝　　　　歳（第２期開始）

2．　　　　歳（第２期開始）＋８＝　　　　歳（第２期終了）　＋１＝　　　　歳（第３期開始）

3．　　　　歳（第３期開始）＋８＝　　　　歳（第３期終了）　＋１＝　　　　歳（第４期開始）

4．　　　　歳（第４期開始）から終生

生年月日（西暦）　　　　年　　　月　　　日

＊それぞれひと桁にする　年（　　）月（　　）日（　　）

★頂点数（ひと桁にした数字を使う）

第１期：月（　　）＋日（　　）＝

第２期：日（　　）＋年（　　）＝

第３期：第１期頂点数（　　）＋第２期頂点数（　　）＝

第４期：月（　　）＋年（　　）＝

★試練数（ひと桁にした数字を使う。常に大きい数から小さい数を引く）

第１期：月（　　）－日（　　）＝

第２期：日（　　）－年（　　）＝

第３期：第１期試練数（　　）－第２期試練数（　　）＝

第４期：月（　　）－年（　　）＝

	年齢区分	頂点数	試練数
第１期	誕生　～　　歳		
第２期	歳～　　歳		
第３期	歳～　　歳		
第４期	歳以降		

MEMO

The Numerology Chart

数秘術チャート

名前（出生届に記載された本名、ヘボン式ローマ字）

名　　　　　　　　　　姓

生年月日（西暦）　　　　年　　　月　　　日

〈変換表〉

1	2	3	4	5	6	7	8	9
A	B	C	D	E	F	G	H	I
J	K	L	M	N	O	P	Q	R
S	T	U	V	W	X	Y	Z	•

誕生数 生年月日の合計 （年＋月＋日）	
運命数 名前の文字を 変換表で数字に 置き換えて合計	
実現数 誕生数＋運命数	
ハート数 名前の中の 母音の合計	
人格数 名前の中の 子音の合計	
習慣数 名前の文字の総数	

	1	2	3	4	5	6	7	8	9	
特性数 名前の中にある 数字：それぞれ 出てくる回数										**欠落数** （カルマのレッスン） 名前の中にない数字

気質のバランス			
	名前の数字		•
	身体数 4と5の総数		
	知性数 1と8 の総数		
	感情数 2と3と6の総数		
	直感数 7と9 の総数		

＊ふた桁の数字はひと桁になるまで足し合わせる（例：15 ＝ 1 ＋ 5 ＝ 6）
＊ 13、14、16、19：カルマナンバー　11、22：マスターナンバー

★四つの時期の年齢区分（頂点数と試練数の期間）

36 －誕生数　　　＝　　　　歳（第１期終了）

1．誕生から　　　　歳（第１期終了）　＋１＝　　　　歳（第２期開始）

2．　　　　歳（第２期開始）＋８＝　　　　歳（第２期終了）　＋１＝　　　　歳（第３期開始）

3．　　　　歳（第３期開始）＋８＝　　　　歳（第３期終了）　＋１＝　　　　歳（第４期開始）

4．　　　　歳（第４期開始）から終生

生年月日（西暦）　　　　年　　　月　　　日

＊それぞれひと桁にする　年（　　）　月（　　）　日（　　）

★頂点数（ひと桁にした数字を使う）

第１期：月（　　）＋日（　　）＝

第２期：日（　　）＋年（　　）＝

第３期：第１期頂点数（　　）＋第２期頂点数（　　）＝

第４期：月（　　）＋年（　　）＝

★試練数（ひと桁にした数字を使う。常に大きい数から小さい数を引く）

第１期：月（　　）－日（　　）＝

第２期：日（　　）－年（　　）＝

第３期：第１期試練数（　　）－第２期試練数（　　）＝

第４期：月（　　）－年（　　）＝

	年齢区分	**頂点数**	**試練数**
第１期	誕生　～　　歳		
第２期	歳～　　歳		
第３期	歳～　　歳		
第４期	歳以降		

MEMO

The Numerology Chart

数秘術チャート

名前（出生届に記載された本名、ヘボン式ローマ字）

名　　　　　　　　姓

生年月日（西暦）　　　年　　　月　　　日

〈変換表〉

1	2	3	4	5	6	7	8	9
A	B	C	D	E	F	G	H	I
J	K	L	M	N	O	P	Q	R
S	T	U	V	W	X	Y	Z	・

誕生数 生年月日の合計 （年＋月＋日）		
運命数 名前の文字を 変換表で数字に 置き換えて合計		
実現数 誕生数＋運命数		
ハート数 名前の中の 母音の合計		
人格数 名前の中の 子音の合計		
習慣数 名前の文字の総数		

特性数 名前の中にある 数字：それぞれ 出てくる回数	1	2	3	4	5	6	7	8	9	**欠落数** （カルマのレッスン） 名前の中にない数字	

気質のバランス	名前の数字		・
	身体数 4と5の総数		
	知性数 1と8 の総数		
	感情数 2と3と6の総数		
	直感数 7と9 の総数		

＊ふた桁の数字はひと桁になるまで足し合わせる（例：15 ＝ 1 ＋ 5 ＝ 6）
＊13、14、16、19：カルマナンバー　11、22：マスターナンバー

★四つの時期の年齢区分（頂点数と試練数の期間）

36－誕生数　＝　歳（第１期終了）

1．誕生から　歳（第１期終了）＋１＝　歳（第２期開始）

2．　歳（第２期開始）＋８＝　歳（第２期終了）＋１＝　歳（第３期開始）

3．　歳（第３期開始）＋８＝　歳（第３期終了）＋１＝　歳（第４期開始）

4．　歳（第４期開始）から終生

生年月日（西暦）　年　月　日

＊それぞれひと桁にする　年（　）月（　）日（　）

★頂点数（ひと桁にした数字を使う）

第１期：月（　）＋日（　）＝

第２期：日（　）＋年（　）＝

第３期：第１期頂点数（　）＋第２期頂点数（　）＝

第４期：月（　）＋年（　）＝

★試練数（ひと桁にした数字を使う。常に大きい数から小さい数を引く）

第１期：月（　）－日（　）＝

第２期：日（　）－年（　）＝

第３期：第１期試練数（　）－第２期試練数（　）＝

第４期：月（　）－年（　）＝

	年齢区分	頂点数	試練数
第１期	誕生　～　歳		
第２期	歳～　歳		
第３期	歳～　歳		
第４期	歳以降		

MEMO

The Numerology Chart

数秘術チャート

名前（出生届に記載された本名、ヘボン式ローマ字）

名　　　　　　姓

生年月日（西暦）　　年　　月　　日

〈変換表〉

1	2	3	4	5	6	7	8	9
A	B	C	D	E	F	G	H	I
J	K	L	M	N	O	P	Q	R
S	T	U	V	W	X	Y	Z	・

誕生数 生年月日の合計 （年＋月＋日）											
運命数 名前の文字を 変換表で数字に 置き換えて合計											
実現数 誕生数＋運命数											
ハート数 名前の中の 母音の合計											
人格数 名前の中の 子音の合計											
習慣数 名前の文字の総数											
特性数 名前の中にある 数字：それぞれ 出てくる回数	1	2	3	4	5	6	7	8	9	**欠落数** （カルマのレッスン） 名前の中にない数字	

気質のバランス	名前の数字		・
	身体数 4と5の総数		
	知性数 1と8の総数		
	感情数 2と3と6の総数		
	直感数 7と9の総数		

＊ふた桁の数字はひと桁になるまで足し合わせる（例：15＝1＋5＝6）
＊13、14、16、19：カルマナンバー　11、22：マスターナンバー

★四つの時期の年齢区分（頂点数と試練数の期間）

36－誕生数　　　＝　　　　歳（第１期終了）

1．誕生から　　　　歳（第１期終了）　＋１＝　　　　歳（第２期開始）

2．　　　　歳（第２期開始）＋８＝　　　　歳（第２期終了）　＋１＝　　　　歳（第３期開始）

3．　　　　歳（第３期開始）＋８＝　　　　歳（第３期終了）　＋１＝　　　　歳（第４期開始）

4．　　　　歳（第４期開始）から終生

生年月日（西暦）　　　　年　　　月　　　日

＊それぞれひと桁にする　年（　　）月（　　）日（　　）

★頂点数（ひと桁にした数字を使う）

第１期：月（　　）＋日（　　）＝

第２期：日（　　）＋年（　　）＝

第３期：第１期頂点数（　　）＋第２期頂点数（　　）＝

第４期：月（　　）＋年（　　）＝

★試練数（ひと桁にした数字を使う。常に大きい数から小さい数を引く）

第１期：月（　　）－日（　　）＝

第２期：日（　　）－年（　　）＝

第３期：第１期試練数（　　）－第２期試練数（　　）＝

第４期：月（　　）－年（　　）＝

	年齢区分	**頂点数**	**試練数**
第１期	誕生　～　　歳		
第２期	歳～　　歳		
第３期	歳～　　歳		
第４期	歳以降		

MEMO

The Numerology Chart

数秘術チャート

名前（出生届に記載された本名、ヘボン式ローマ字）

名　　　　　　　　姓

生年月日（西暦）　　　年　　　月　　　日

〈変換表〉

1	2	3	4	5	6	7	8	9
A	B	C	D	E	F	G	H	I
J	K	L	M	N	O	P	Q	R
S	T	U	V	W	X	Y	Z	•

誕生数 生年月日の合計 （年＋月＋日）		
運命数 名前の文字を 変換表で数字に 置き換えて合計		
実現数 誕生数＋運命数		
ハート数 名前の中の 母音の合計		
人格数 名前の中の 子音の合計		
習慣数 名前の文字の総数		

特性数 名前の中にある 数字：それぞれ 出てくる回数	1	2	3	4	5	6	7	8	9	**欠落数** （カルマのレッスン） 名前の中にない数字

気質のバランス	名前の数字		•
	身体数 4と5の総数		
	知性数 1と8 の総数		
	感情数 2と3と6の総数		
	直感数 7と9 の総数		

＊ふた桁の数字はひと桁になるまで足し合わせる（例：15 ＝ 1 ＋ 5 ＝ 6）
＊ 13、14、16、19：カルマナンバー　11、22：マスターナンバー

★四つの時期の年齢区分（頂点数と試練数の期間）

36 －誕生数　　　＝　　　　歳（第１期終了）

１．誕生から　　　　　歳（第１期終了）　＋１＝　　　　　歳（第２期開始）

２．　　　　　歳（第２期開始）＋８＝　　　　　歳（第２期終了）　＋１＝　　　　　歳（第３期開始）

３．　　　　　歳（第３期開始）＋８＝　　　　　歳（第３期終了）　＋１＝　　　　　歳（第４期開始）

４．　　　　　歳（第４期開始）から終生

生年月日（西暦）　　　　　年　　　月　　　日

＊それぞれひと桁にする　年（　　）月（　　）日（　　）

★頂点数（ひと桁にした数字を使う）

第１期：月（　　）＋日（　　）＝

第２期：日（　　）＋年（　　）＝

第３期：第１期頂点数（　　）＋第２期頂点数（　　）＝

第４期：月（　　）＋年（　　）＝

★試練数（ひと桁にした数字を使う。常に大きい数から小さい数を引く）

第１期：月（　　）－日（　　）＝

第２期：日（　　）－年（　　）＝

第３期：第１期試練数（　　）－第２期試練数（　　）＝

第４期：月（　　）－年（　　）＝

	年齢区分	頂点数	試練数
第１期	誕生　～　　歳		
第２期	歳～　　歳		
第３期	歳～　　歳		
第４期	歳以降		

MEMO

The Numerology Chart

数秘術チャート

名前（出生届に記載された本名、ヘボン式ローマ字）

名　　　　　　　姓

生年月日（西暦）　　年　　月　　日

〈変換表〉

1	2	3	4	5	6	7	8	9
A	B	C	D	E	F	G	H	I
J	K	L	M	N	O	P	Q	R
S	T	U	V	W	X	Y	Z	•

誕生数 生年月日の合計 （年＋月＋日）											
運命数 名前の文字を 変換表で数字に 置き換えて合計											
実現数 誕生数＋運命数											
ハート数 名前の中の 母音の合計											
人格数 名前の中の 子音の合計											
習慣数 名前の文字の総数											
特性数 名前の中にある 数字：それぞれ 出てくる回数	1	2	3	4	5	6	7	8	9	**欠落数** （カルマのレッスン） 名前の中にない数字	
気質のバランス 名前の数字											•
気質のバランス **身体数** 4と5の総数											
気質のバランス **知性数** 1と8 の総数											
気質のバランス **感情数** 2と3と6の総数											
気質のバランス **直感数** 7と9 の総数											

＊ふた桁の数字はひと桁になるまで足し合わせる（例：15 ＝ 1 ＋ 5 ＝ 6）
＊ 13、14、16、19：カルマナンバー　11、22：マスターナンバー

★四つの時期の年齢区分（頂点数と試練数の期間）

36 −誕生数　　＝　　　歳（第１期終了）

1．誕生から　　　歳（第１期終了）＋１＝　　　歳（第２期開始）

2．　　　歳（第２期開始）＋８＝　　　歳（第２期終了）＋１＝　　　歳（第３期開始）

3．　　　歳（第３期開始）＋８＝　　　歳（第３期終了）＋１＝　　　歳（第４期開始）

4．　　　歳（第４期開始）から終生

生年月日（西暦）　　　年　　　月　　　日

＊それぞれひと桁にする　年（　　）月（　　）日（　　）

★頂点数（ひと桁にした数字を使う）

第１期：月（　　）＋日（　　）＝

第２期：日（　　）＋年（　　）＝

第３期：第１期頂点数（　　）＋第２期頂点数（　　）＝

第４期：月（　　）＋年（　　）＝

★試練数（ひと桁にした数字を使う。常に大きい数から小さい数を引く）

第１期：月（　　）−日（　　）＝

第２期：日（　　）−年（　　）＝

第３期：第１期試練数（　　）−第２期試練数（　　）＝

第４期：月（　　）−年（　　）＝

	年齢区分	頂点数	試練数
第１期	誕生　～　　歳		
第２期	歳～　　歳		
第３期	歳～　　歳		
第４期	歳以降		

MEMO

The Numerology Chart

数秘術チャート

名前（出生届に記載された本名、ヘボン式ローマ字）

名　　　　　　姓

生年月日（西暦）　　年　　月　　日

〈変換表〉

1	2	3	4	5	6	7	8	9
A	B	C	D	E	F	G	H	I
J	K	L	M	N	O	P	Q	R
S	T	U	V	W	X	Y	Z	•

誕生数 生年月日の合計（年＋月＋日）		
運命数 名前の文字を変換表で数字に置き換えて合計		
実現数 誕生数＋運命数		
ハート数 名前の中の母音の合計		
人格数 名前の中の子音の合計		
習慣数 名前の文字の総数		
特性数 名前の中にある数字：それぞれ出てくる回数	1 2 3 4 5 6 7 8 9	**欠落数**（カルマのレッスン）名前の中にない数字
気質のバランス 名前の数字		•
身体数 4と5の総数		
知性数 1と8の総数		
感情数 2と3と6の総数		
直感数 7と9の総数		

＊ふた桁の数字はひと桁になるまで足し合わせる（例：15＝1＋5＝6）
＊13、14、16、19：カルマナンバー　11、22：マスターナンバー

★四つの時期の年齢区分（頂点数と試練数の期間）

36 −誕生数　　　＝　　　　歳（第１期終了）

１．誕生から　　　　歳（第１期終了）　＋１＝　　　　歳（第２期開始）

２．　　　　歳（第２期開始）＋８＝　　　　歳（第２期終了）　＋１＝　　　　歳（第３期開始）

３．　　　　歳（第３期開始）＋８＝　　　　歳（第３期終了）　＋１＝　　　　歳（第４期開始）

４．　　　　歳（第４期開始）から終生

生年月日（西暦）　　　　年　　　月　　　日

＊それぞれひと桁にする　年（　　）月（　　）日（　　）

★頂点数（ひと桁にした数字を使う）

第１期：月（　　）＋日（　　）＝

第２期：日（　　）＋年（　　）＝

第３期：第１期頂点数（　　）＋第２期頂点数（　　）＝

第４期：月（　　）＋年（　　）＝

★試練数（ひと桁にした数字を使う。常に大きい数から小さい数を引く）

第１期：月（　　）−日（　　）＝

第２期：日（　　）−年（　　）＝

第３期：第１期試練数（　　）−第２期試練数（　　）＝

第４期：月（　　）−年（　　）＝

	年齢区分	**頂点数**	**試練数**
第１期	誕生　～　　歳		
第２期	歳～　　歳		
第３期	歳～　　歳		
第４期	歳以降		

MEMO

The Numerology Chart

数秘術チャート

名前（出生届に記載された本名、ヘボン式ローマ字）

名　　　　姓

生年月日（西暦）　　年　　月　　日

〈変換表〉

1	2	3	4	5	6	7	8	9
A	B	C	D	E	F	G	H	I
J	K	L	M	N	O	P	Q	R
S	T	U	V	W	X	Y	Z	・

誕生数 生年月日の合計 （年＋月＋日）		
運命数 名前の文字を 変換表で数字に 置き換えて合計		
実現数 誕生数＋運命数		
ハート数 名前の中の 母音の合計		
人格数 名前の中の 子音の合計		
習慣数 名前の文字の総数		
特性数 名前の中にある 数字：それぞれ 出てくる回数	1 2 3 4 5 6 7 8 9	**欠落数** （カルマのレッスン） 名前の中にない数字

気質のバランス	名前の数字		・
	身体数 4と5の総数		
	知性数 1と8 の総数		
	感情数 2と3と6の総数		
	直感数 7と9 の総数		

＊ふた桁の数字はひと桁になるまで足し合わせる（例：15 ＝ 1 ＋ 5 ＝ 6）
＊ 13、14、16、19：カルマナンバー　11、22：マスターナンバー

★四つの時期の年齢区分（頂点数と試練数の期間）

36 －誕生数　　＝　　歳（第１期終了）

1．誕生から　　歳（第１期終了）＋１＝　　歳（第２期開始）

2．　　歳（第２期開始）＋８＝　　歳（第２期終了）＋１＝　　歳（第３期開始）

3．　　歳（第３期開始）＋８＝　　歳（第３期終了）＋１＝　　歳（第４期開始）

4．　　歳（第４期開始）から終生

生年月日（西暦）　　年　　月　　日

＊それぞれひと桁にする　年（　）月（　）日（　）

★頂点数（ひと桁にした数字を使う）

第１期：月（　）＋日（　）＝

第２期：日（　）＋年（　）＝

第３期：第１期頂点数（　）＋第２期頂点数（　）＝

第４期：月（　）＋年（　）＝

★試練数（ひと桁にした数字を使う。常に大きい数から小さい数を引く）

第１期：月（　）－日（　）＝

第２期：日（　）－年（　）＝

第３期：第１期試練数（　）－第２期試練数（　）＝

第４期：月（　）－年（　）＝

	年齢区分	頂点数	試練数
第１期	誕生　～　歳		
第２期	歳～　歳		
第３期	歳～　歳		
第４期	歳以降		

MEMO